교회교육행정론

총회교육부 편 | 홍정근 지음

한국장로교출판사

추천사

한국의 기독교교육의 중심기관인 교회학교의 교육문제가 지난 세기에 계속 제기되어 왔다. '학교는 학교인데 학교가 아닌 학교운영'을 해 오고 있다는 그동안의 문제 제기는 한마디로 교육의 비전문성을 질타하는 뜻이기도 하다. 교육의 본질이 지닌 '계획성', '체계성', '지속성'이 결여된 교회학교 교육의 운영, 환언하면 교육목표 수립에서 목표달성을 위한 프로그램 개발과 운영에 이르기까지 인적(교사문제), 물적(공과를 포함한 교육 기자재) 조건의 열악함, 그리고 학습 진행 과정에서의 지도, 감독의 조직 및 관리체계가 전혀 교육적이지 못하다는 지적이다. 이는 한마디로 말해서 '교육행정'의 부재를 의미한다.

21세기 효율적인 교회교육을 위해 우선적인 과제는 교회의 교육구조 확립과 관리의 합리적 운영체계를 기독교교육의 행정이론 측면에서 조속히 수립하는 일이다. 이와 때를 같이해서 교회학교의 행정 전문가인 홍정근 목사에 의해 본 서가 출판됨을 매우 기뻐하면서 본 서를 집필하기까지의 노고를 높이 치하한다. 홍 목사는 대학시절부터 교회학교 교사로서 교회학교 연합회에 참여해서 교육행정에 대한 폭넓은 경험을 했고, 장신대대학원에서 기독교교육을 전공, 졸업 후 장신대 부설기관인 기독교교육연구원에서 수년간 전임 연구원으로 봉직했다. 그리고 현재 장신대 강사로 학생들을 가르칠 뿐 아니라 교육목회실천협의회 연구위원으로서 교회교육 지도자들로부터 교회교육 현장에 이르기까지 폭넓게 교회교육 컨설팅을 계속 담당해 오고 있다.

그동안 터득해 온 기독교교육의 폭넓은 이론과 경험을 바탕으로 집필된 본서는 교회학교에 종사하는 교사는 물론, 교회학교 현장에서 부서별 교육지도를 담당하고 있는 교육전도사들, 그리고 교육목회를 지향하는 교회의 목회자들과 교육지도자들에게 교회교육의 행정지침서로써 유용하게 사용될 자료로 믿기에 일독을 권하면서 본 서를 추천한다.

2002년 7월
장로회신학대학교 총장 고용수

추천사

현대를 기획의 시대라고 합니다. 이전의 무기획의 시대에서 기획의 시대로 전환되면서 행정의 필요성은 더욱 증대되었습니다. 더구나 정보사회로 진입하면서 사회의 구조나 인간의 사고는 더욱 복잡하게 되고 사회변동은 가속도를 더했습니다. 이러한 때에 행정은 교회의 필수 도구라고 할 수 있을 것입니다.

더구나 한국교회의 교육은 침체의 늪을 벗어나지 못하고 있습니다. 한국 기독교 초기에는 교회교육이 사회교육을 앞서 이끌었습니다. 그러나 이제는 사회교육의 가치 증대로 교회교육은 상대적 빈곤을 면치 못하고 있습니다.

교육이란 미래에 대한 투자입니다. 현재의 교회가 아니라 미래의 교회를 보려면 교회학교를 보면 알 수 있습니다. 좋은 교회는 미래를 건설하는 교회이며 미래를 위해 투자하는 교회입니다. 교회학교가 든든한 교회가 가장 미래전망이 밝은 교회입니다. 교회 행정이란 교회성장과 밀접한 관계를 가집니다. 교회 행정의 신약적 근거는 사도행전 6장의 일곱 사람을 세워 구제의 일을 하게 한 것입니다. 사도들이 업무를 분담하여 일곱 사람이 대행하게 하여 교회의 업무분담과 조직관리와 인사행정이 시작됩니다. 이러한 결과는 교회가 성장하고 많은 제사장도 개종하여 예수님을 믿게 된 것입니다. 교회행정을 바르게 하면 교회가 성장하는 것입니다. 한국교회는 교회교육의 위기를 맞이했다고 합니다. 한국교회는 교회성장의 침체를 맞이했다고 합니다. 이러한 한국교회의 정체기에 「교회교육행정론」을 발간하게 된 것은 한국교회의 희망입니다.

홍정근 목사님은 교회교육에 있어서 이론과 현장에 강한 교육자이시며 목회자이십니다. 그동안 경신중학교와 장로회신학대학교 기독교교육연구원에서의 경험은 풍성하고 알뜰한 내용을 제공할 것입니다. 그리고 연동교회에서 함께 섬기면서 습득한 목회적 경험은 뜨거운 열정과 가슴 깊은 사랑을 전할 것입니다. 꼭 필요한 때에 「교회교육행정론」이 발간되게 됨을 감사드리며 이 책을 기쁜 마음으로 추천합니다.

2002년 7월
이성희 목사

머리말

금번에 총회교육부는 「교회교육행정」이라는 책을 내놓게 되었다. 교회교육은 행정적 과정을 필연적으로 동반하게 되는데 이러한 교회교육행정은 교회교육의 목적에 따라 효율적인 교육이 이루어지게 하며 하나님이 원하시는 좋은 열매를 맺게 해주는데 필수 불가결한 역할을 한다. 이 책은 교회교육행정에 대한 새로운 이해를 하도록 도울 것이다. 행정은 교회교육을 더 딱딱하고 복잡하고 어렵게 하는 것이 아니다. 모든 일들이 잘 조화를 이루어 원활히 이루어지도록 할 뿐 아니라 같은 시간과 노력으로도 최대의 교육 효과를 거둘 수 있도록 도와주는 것이다. 그러므로 교회교육의 목적을 설정하고 교육계획을 수립하는 일에서부터 교사와 학생을 조직하고 인사 관리하는 것이나 교재와 재정을 준비하고 지휘와 감독, 조정과 평가 등 모든 교육 행위에는 반드시 교회교육행정이 뒤따르게 된다.

본 서는 그리스도의 몸 된 교회에 하나님께서 맡기신 교회교육을 위해 교회의 다양한 기능과 재능을 어떻게 효과 있게 동원하고 통합해야 할 것인지에 관하여 현장 경험을 통해 발굴된 자료를 근거로 실체적 이론과 학문적으로 일목요연하게 잘 정리된 글들이므로 교회교육 현장에 새로운 활기를 불러일으키게 될 줄로 믿는 바이다. 특별히 총회교육부는 제3차 교육과정을 개발하고 '하나님의 나라 부르심과 응답'이라는 주제로 2001년부터 교육목회 시리즈를 새 교재로 개발하여 총회 산하 전국 교회가 사용하고 있다. 본 서가 새 교육과정의 교육목적을 달성하는 데도 크게 기여할 줄로 기대하는 바이다. 본 서를 집필하신 홍정근 목사님은 새 교육과정 개발 연구원으로도 수고했으며 특별히 교회교육행정 분야에 연구 및 강의에 힘써 왔고 바쁘신 가운데서도 깊이 있는 연구와 좋은 글을 써서 책을 낼 수 있도록 해주신 데 대하여 깊은 감사를 드린다.

편집을 위해 수고하신 간사 엄순희 목사와 함께 수고한 심재희 전도사와 한국장로교 출판사 박노원 사장과 직원 여러분께도 감사를 드린다.

2002년 7월
대한예수교장로회 총회교육부
총무 최기준

차례

추천사 / 3

제 1 장
교육행정에 대한 서론적 이해 / 8

제 2 장
교회교육행정의 성격 / 24

제 3 장
교육행정의 과정과 기능 / 36

제 4 장
교회교육행정의 단위와 행정기술 / 50

제 5 장
교회교육행정 기획론 / 58

제 6 장
교육계획서의 작성 / 74

제 7 장
교회의 교육조직에 대한 이해 / 83

제 8 장
교육조직의 원리 / 92

제 9 장
교육부 조직의 실제 / 101

제 10 장
교육부서 조직의 실제 / 108

제 11 장 교육위원회 / *117*

제 12 장 각급 지도자의 역할 이해 / *127*

제 13 장 조직운영의 실제 – 위임, 역할분담, 직무기술 / *136*

제 14 장 인사행정의 원리 / *145*

제 15 장 교사 관리론 / *160*

제 16 장 교사교육론 / *173*

제 17 장 동기부여와 사기앙양 / *186*

제 18 장 재무관리론 / *203*

제 19 장 성경학교와 수련회를 위한 행정 / *221*

제 20 장 교회교육 환경관리론 / *229*

제 21 장 교회교육 컨설팅 / *247*

제 1 장

교육행정에 대한 서론적 이해

1 성경의 행정 이야기

1) 구약 이야기

극적으로 애굽을 벗어난 이스라엘 백성들은 광야에서 고통스러운 훈련의 기간을 보내고 있었다. 모세는 힘을 다해 백성들을 자식처럼 돌보며 섬겼다. 그러나 모세에게 어려움이 닥쳐왔다. 백성들을 위해 한다고 하였으나, 밤낮없이 밀려드는 일들을 혼자서 감당하기에는 도저히 역부족이었다. 모세의 헌신적인 수고에도 아랑곳없이 백성들의 원망은 날이 갈수록 높아만 갔다. 이를 안타까운 마음으로 지켜보고 있던 장인 이드로가 모세에게 말한다. "그대가 혼자 할 수 없으리라"(출 18 : 18 하). 이어서 이드로는 모세에게 '부장제도'를 소개하면서 사용해 볼 것을 권한다. 장인 이드로가 모세에게 '행정 자문'을 해준 것이다. 일종의 행정 컨설팅이라 할 수 있다. 모세는 장인의 자문을 받아들여 부장제도를 채택하게 된다. 10부장, 50부장, 100부장을 세우고 행정의 체계와 질서를 잡아 갔다. 그 후로 모세는 백성들을 더욱 효율적으로 돌보며 다스릴 수가 있었다(출 18 : 13 - 27).

2) 신약 이야기

하루는 야고보와 요한이 예수께 다가왔다. 그리고는 은밀한 청탁을 드렸다. "주의 영광 중에서 우리를 하나는 주의 우편에, 하나는 좌편에 앉게 하여 주옵소서." 야고보와 요한이 품고 있던 '권력에의 욕망'이 드러나는 순간이었다. 저들은 예수님의 지도력을 몰라도 한참 몰랐던 것이다. 더욱 한심한 것은 그 다음 대목이다. '열 제자가 듣고 야고보와 요한에 대하여 분히 여기거늘' 저들은 왜 분개했을까? 야고보와 요한이 예수님의 마음을 몰라도 너무 모른다는 것 때문이었을까? 아니면 선수를 빼앗겼다는 억울함 때문이었을까? 아마도 열 제자들의 마음에도 똑같은 '권력에의 욕망'이 숨겨져 있었던 게 아닐까? 예수께서는 제자들을 불러 놓고 말씀하셨다. "'집권'한다는 것이 무엇이냐? 다스린다는 것은 어떻게 하는 것이냐? 행정을 한다는 것은 어떤 것이냐?" 사람들은 권세를 가지고 지시하고 명령하고 세도를 부리는 것처럼 생각한다. 즉, 헤드쉽(headship)을 생각한다. 그래서 권력에 집착한다. 하지만 예수님의 생각은 달랐다. 그래서 예수께서는 권위, 행정에 대한 그릇된 환상을 깨뜨리기 원하셨다. 오히려 참된 권위는 섬김에서 나오는 것이다. 섬기는 자가 되고 심지어 종이 되어야 함을 강조하셨다. 종의 도(servantship)를 말씀하신 것이다. 섬김의 리더쉽이요, 봉사의 행정이다. 이것이 청지기직(stewardship)의 핵심이며, 여기에서 참된 리더쉽(leadership)이 나온다. 그러기에 예수님이 가르치신 행정가는 군림하고 지시하는 사람이 아니다. 앞장서서 행하며 섬기는 사람이다. '섬김과 종됨', 이것이 예수님이 가르쳐 주신 행정의 본질이다(막 10 : 35-45).

행정은 성경적인 지혜이다. 성경에는 행정에 관한 지혜들로 가득 차 있다. 족장 시대부터 사용되었던 지파제도는 이스라엘공동체가 일찍부터 행정질서를 갖고 있었음을 보여 준다. 출애굽기와 레위기에 소개되어 있는 제사제도는 이스라엘 백성들의 제사행정에 대하여 자세한 부분까지 다루고 있음을 알 수 있다. 심지어 제사 집전에 필요한 당번의 순서표까지 소개하고 있다. 이스라엘 백성은 광야에서 성막을 중심으로 동서남북 네 방향에 각 세 개의 지파를 배치하여 생활하고 행진하였다. 이는 영적인 면에서 뿐만 아니라 군사, 행정적인 면에서도 많은 시사를 주는 광경이다. 또한 모세가 이스라엘 백성들을 다룰 때 사용했던 부장제도는 조직관리에 있어서 탁월한 행정적인 아이디어이다. 우리는 성경에서 삼위일체이신 하나님이 얼마나 질서의 하나님이시며 행정적인 아이디어로 충만해 계신지를 느낄 수 있다. 하나님은 위대한 행정가이다.[1] 하나님은 우주만물을 창조하시고 보존하시고 다스리신다. "천지창조도 위대한 행정가가 창조한 행정질서의 모본이요 공동체의 조화이다."[2] 하나님의 행정은 놀랍도록 광대하고, 놀랍도록 정교하다. 우주적인 행정이면서 치밀하고 섬세한 행정이다. 하나님의 '섭리'는 행정을 위한 하나님의 마스터플랜(master plan)이다. 지금도 하나님의 행정의 손길이 미치지 않는 곳이 없다. 예수께서는 12제자, 70명의 제자

---

1. 이용호, 「주교행정」(부산 : 예장 총회교육위원회, 1987), p. 3.
2. 앞의 책, p. 10.

등을 통하여 행정의 모범을 보이셨다. 복음서에서 예수님의 치밀한 행정적인 조치를 발견할 수 있다. 예수님의 행정은 한치의 오차도, 낭비도 없이 이루어졌다. 예수님은 최소한의 행정으로 최대한의 효과를 거두어들이는 경제적인 행정이라 할 수 있다. 성령께서는 사도행전을 통하여 행정의 구체적인 모습들을 보여 주셨다. 가룟 유다의 배신과 죽음으로 생긴 12사도의 빈자리를 채우기 위한 보선투표(행 1장), 예루살렘 교회의 창립과 목회 실제(행 2장), 재무관리의 실제 사례들(행 4-5장), 최초의 집사제도와 효율적인 역할분담(행 6장) 등 그 사례는 수없이 많다. 성경이 제공하는 이러한 행정의 지혜들은 서신서로 가면서 더욱 구체화되고 세분화된다. 다양한 직제가 생기고, 다양한 직분이 생기게 된다. 이러한 행정의 분화는 교회 성장의 원동력이 되었다. 그러기에 행정은 하나님이 주신 성경적인 지혜요, 영적인 선물이다.

2 행정, 성령님의 은사

행정은 성령님의 은사 중의 하나이다. 성령께서는 우리에게 여러 가지 은사를 주신다. 모두가 하나님의 사역을 위해 요긴한 것들이다. 성령께서 주시는 은사 가운데 행정과 관련된 은사가 있다. 지도력의 은사(롬 12 : 8, 딤전 5 : 17)와 행정의 은사(고전 12 : 28)이다. 지도력의 은사란 '미래를 위해 하나님의 목적과 일치하는 목표들을 설정하고, 이런 목표들을 다른 사람들과 나누도록 하나님께서 교회의 어떤 사람들에게 주시는 특별한 능력'[3]이다. 행정의 은사란 "교회의 각 분야의 장·단기 목표들을 분명히 이해하고 이러한 목표들을 수행하기 위해 효과적인 계획들을 고안하고 실행할 수 있도록 하나님께서 교회의 어떤 회원들에게 주시는 특별한 능력이다."[4] 이처럼 행정은 성령께서 주시는 하늘의 지혜이다. 이미 앞에서 살펴본 바와 같이 행정은 성령님의 지혜이며 성령님의 은사이

---

3. 찰스 안 외, 노재관 역, 「교회 성장을 위한 새로운 비전」(서울 : 솔로몬, 1995), p. 198.
4. 앞의 책, pp. 198-199.

다. 비록 행정학, 경영학, 관리과학 등의 도움을 받기는 하지만 모두가 성령님의 지혜를 담는 그릇에 불과하다. 따라서 성령님의 도우심을 받지 못하는 행정은 교회 행정이 될 수 없다. 교회 행정가는 끊임없이 성령님의 지원을 받아야 한다. 성령님께 묻고, 성령님의 검증을 받는 행정을 해야 한다. 거듭나지 못한 지식은 하나님의 일에 오히려 걸림돌이 된다. 그러기에 성령께서는 "지식에까지 새롭게"(골 3 : 10) 하신다. 성령께서는 우리의 이성을 거듭나게 하시고, 우리의 지식을 새롭게 하시므로 하나님의 일에 합당하게 변화시키신다.

3 교육행정의 필요성

1) 변화에 능동적으로 대처하는 교회교육을 위해서이다

오늘날 교회는 변화의 한 가운데 서 있다. 그리고 오늘 교회가 겪고 있는 변화의 물결은 간단치가 않다. 우선 변화의 속도가 엄청나게 빨라졌다. "10년이면 강산이 변한다"는 말은 이제 옛말이 되었다. 부모 세대와 자녀 세대간의 세대 차는 문제가 아니다. 자녀 세대간에도 세대 차를 느끼는 시대이다. 중학생 아이들이 고등학생 아이들을 보고 세대 차가 나서 같이 못 놀겠다고 하는 시대이다. 아침에 유행하던 옷이 저녁이면 구식이 되어 버릴 지경이다. 자고 나면 새로운 유행어가 떠돌아다닌다. 아무리 인기를 끄는 대중가요라 하더라도 그리 오래가지를 못한다. 복음성가만 하더라도, 선풍적인 반응을 일으켰어도 그 인기가 3개월을 넘기지 못한다. 얼마나 빠르게 변하고 바뀌는지 정신을 차릴 수 없다. 더욱이 우리를 당황하게 만드는 것은 미래사회는 변화의 속도가 더욱더 가속화될 것이라는 점이다.[5]

사회의 변화는 교회에 보다 적극적인 변화와 개혁 그리고 능동적인 대응을 요청하고 있다. 하지만 교회는 행정 체질상 변화에 대해 보수적인 특성을 지닌

---

5. 이성희, 「미래사회와 미래교회」(서울 : 대한기독교서회, 1996), pp. 97ff.

조직체이다. 변화를 싫어한다. 갱신을 말하지만 갱신을 꺼려한다. 그냥 화장실에 못 하나 치는 일도 제직회에 내어놓으면 몇 개월이 걸린다. 주보 한 장 바꾸는 일도 쉽지 않다. 혁명적인 기도를 하지만 부분적인 개선도 쉽지 않다. 보수적인 경향 때문이다. 그러기에 아예 마음먹고 의도적으로 노력하지 않는 한 변화에 대응하기 어렵다. 변화에 대처하는 것은 선택의 문제가 아니다. 사활이 걸린 문제이다. 변화에 능동적으로 대처하는 교회에는 기회가 될 것이다. 하지만 변화의 흐름을 제대로 파악하지 못한 채 현실에 안주해 있거나 변화를 거부하는 교회는 "살았다 하는 이름은 가졌으나 죽은 자"(계 3 : 1) 같은 교회가 될 것이다. 교회학교도 마찬가지이다. 급변하는 세계 속에서 변화에 능동적으로 대응하지 못할 때, 하나님이 맡기신 사명을 감당하기 어렵다. 더욱이 교회교육은 주변환경의 영향에 민감하다. 학교 입시제도의 변화에 따라 교회학교 출석률이 급변하는 것이 교회교육의 현장이다. 따라서 교회교육은 주변환경의 가속적인 변화에 능동적으로 대처해 나가야 한다. 변화에 신속하고 능동적으로 대처하지 못하는 교회, 교회교육은 쇠퇴할 수밖에 없다.

행정은 변화의 한 가운데 서 있는 교회를 효율적으로 이끌어 가기 위해 필요하다.[6] 행정은 변화에 효과적으로 대처하는 데 유용한 도구이다. 우리는 행정을 통하여 다가오는 미래를 예측하면서 설계하는 데 필요한 방법을 배울 수 있다. 미래를 예측하고 미래를 설계하는 것에서부터 시작하는 것이 행정이기 때문이다. 행정 기획론이 바로 그것이다. 로버트 린(Robert W. Lynn)은 기획활동의 필요성에 대해 이렇게 말하고 있다. "시대 조류에 대한 필자의 판단이 과히 틀리지 않는다면 이 시대의 최후의 주장은 기획이라는 것으로 말할 수 있겠다."[7] 존 웨스터호프(John H. Westerhoff III)는 "전망 : 미래설계"라는 글에서 미래에 대한 우리의 비전을 설계하는 일에 관심을 가져야 할 것을 강조하고 있다.[8] 사회가 빠

---

6. 이성희, 「교회행정학」(서울 : 한국장로교출판사, 1994), p. 29.
7. John H. Westrehoff III, *A Colloquy on Christian Education*, 김재은 역, 「기독교교육논총」(서울 : 대한기독교출판사, 1978), p. 212.
8. 앞의 책, pp. 280ff. 여기서 존 웨스터호프는 자신의 다섯 단계로 구성된 "미래설계"라는 이름의 교육기획방법론을 제시하고 있다. 자세한 내용은 다음에 교회교육기획론에서 다루고자 한다.

른 속도로 변하고 있고, 교회교육이 변화의 속도와 내용을 파악하여 능동적으로 대처해 나가기 위해 교육행정이 필요하다.

2) 목표를 효율적으로 성취하기 위해서이다

교회는 사명공동체이다. 교회는 주님으로부터 위대한 사명(The Great Commission)을 위임받은 사명공동체이다. 그러므로 교회는 위대한 사명을 가진 목표 지향적인 공동체이다. 올란 핸드릭스(Olan Hendrix)는 조직의 성향에 따라 조직을 세 가지 유형으로 나누고 있다. 과업 지향적인 조직, 통제 지향적인 조직 그리고 목표 지향적인 조직이다.[9] 그러면서 그는 교회는 목표 지향적이 되어야 함을 강조하고 있다. 아울러 '목표 지향은 매우 성경적'[10]임을 강조하고 있다. 확고하고 분명한 목회 철학으로 성공적인 목회의 사례를 만든 새들백 교회의 릭 워렌(Rick Warren)은 자신의 경험을 「목적이 이끌어 가는 교회」(*The Purpose Driven Church*)라는 제목으로 펴 내었다. 릭 워렌은 이 책을 통해서 목적의 중요성을 역설하고 있다. "21세기 교회의 핵심 이슈는 교회의 성장이 아닌 교회의 건강이라고 믿는다"[11]고 밝히고 있다. 여기서 말하는 건강한 교회란 다름 아닌 목적이 분명한 교회이다. 그는 교회를 움직이는 것이 무엇이냐에 따라 교회를 전통에 따라 움직이는 교회, 인물에 의해 움직이는 교회, 재정에 의해 움직이는 교회, 프로그램에 의해 움직이는 교회, 건물에 의해 움직이는 교회, 행사에 의해 움직이는 교회, 구도자에 의해 움직이는 교회 등으로 나누고 있다.[12]

이어서 "오늘날 필요한 것은 다른 힘들에 의해서가 아니라 목적에 의해 움직이는 교회들이다"[13]라고 밝히고 있다. 교회는 목적이 분명해야 하고, 목적이 분명한 교회가 성장한다는 것이다. 활력이 넘치는 교회가 되기 위해서 교회는 목

---

9. Olan Hendrix, *Management For The Christian Leader*, 「교회 지도자를 위한 운영과 관리」(서울 : 생명의 말씀사, 1992), pp. 48-52.
10. 앞의 책, p. 51.
11. Rick Warren, *The Purpose Driven Church*, 김현회·박경범 공역, 「목적이 이끌어 가는 교회 - 새들백교회 이야기」(서울 : 데모데, 1997), p. 25.
12. 앞의 책, pp. 93-97.
13. 앞의 책, p. 97.

적(비전)을 분명히 세워야 한다. 교회는 하나님이 세우신 사명공동체이기 때문이다. 교회가 목표 지향적인 공동체임과 동시에 교육 역시 목표 지향적인 활동이다. 교육은 바람직한 목표를 향해 달려가는 계획된 노력이다. 아무런 목표도 없이 그냥 닥치는 대로 교육한다는 것은 생각할 수도 없다. 목표가 분명하지 않은 교육 역시 생각할 수 없다. 그것은 교육이 아니다.

그러므로 교회교육을 효과적으로 수행하기 위해서는 목표를 분명하게 세우고 그 목표를 성취할 수 있는 효율적인 지혜가 필요하다. 우리는 이러한 지혜를 행정에서 얻을 수 있다. 행정 역시 목표 지향적인 활동이기 때문이다. 행정은 목표를 명료화하고 그 목표를 효율적으로 성취하기 위한 노력이다. 행정은 모든 조직과 사람과 여타의 자원들이 일관된 목표를 향하여 달려가도록 한다. 이를 통해 행정은 일의 능률을 높이고 목표의 성취를 극대화한다. 행정은 효율성을 지향한다. 목표를 달성하되 보다 더 효과적이고 능률적으로 달성하려는 것이 행정이다. 즉, '효율의 극대화' 이것이 행정이 추구하는 이념이다.[14] 그러기에 효율성은 합법성, 민주성, 능률성 등과 함께 행정이 추구하는 주요이념이다.[15] 이처럼 행정은 목표를 보다 효율적으로 달성하기 위한 합리적이고 실제적인 노력의 총체이다.

우리는 이러한 건강한 행정활동을 통하여 교회가 가진 사명을 더욱 명료화할 수 있다. 아울러 그 목표를 효율적으로 달성할 수 있게 된다. "교회 행정은 항상 행정활동 그 자체가 목적이 되어서는 안 되며, 기독교교육의 목적 달성을 위한 하나의 도구가 되어 봉사하는 '목적 지향적 행정'이 되어야 할 것이다."[16] 이처럼 우리는 교육행정을 잘 활용하므로 교회교육이 추구하는 교육목적을 보다 효

---

14. "종래 효과성, 능률성 또는 효율성을 구별하지 않고 이용하는 것을 금후는 분별을 하여 효과성은 행정 또는 조직이 내건 목표달성도를 의미하며, 능률은 이를 이룩하는 과정에서의 경제성 또는 비용의 절약·절감을 의미하며, 효율성이란 이 양자를 동시에 의미하는 것으로 하는 것이 적절할 것 같다." 박동서, 「한국행정학」(서울 : 법문사, 1982), pp. 89f. 이처럼 일반행정학에서는 용어의 의미를 구별하여 사용하고 있기도 하나 이 글에서는 혼용하여 쓰기로 한다.
15. 앞의 책, pp. 85ff.
16. 김영호, 「교회교육행정」(서울 : 종로서적, 1995), p. 20

율적으로 이룰 수 있다. 이런 점에서 행정이란, 교회가 하나님이 맡기신 사명을 효과적으로 성취하기 위하여 주신 영적인 선물이다.

3) 교육정책의 효과적인 개발과 관리를 위해 필요하다

우리나라 교육이 안고 있는 고질병 중의 하나는 '교육 정책의 부재'이다. 장관이 바뀌면 정책이 바뀐다. 그러다가 여론이 떠들면 다음날로 새로운 정책이 발표된다. 그러다 보니 중요한 교육정책이 하루아침에 뒤바뀌는 경우가 한두 번이 아니다. 명확하고 확고한 정책이 없이 교육이 이루어지다 보니 우왕좌왕하기 일쑤이다. 결국 학생들만 고생하고 피해를 보게 된다. 교육이 제대로 될 리가 없다. 정책이 없다는 이야기는 목적지도 정하지 않고 지도도 없이 항해를 떠나는 배와 같다. 정책 없는 교육은 실패할 수밖에 없다. 교육의 정책 부재 현상은 교회교육도 예외는 아니다. 사실 교회마다 정책을 제대로 갖고 교육하는 교회를 찾기가 쉽지 않다. 있다 하더라도 가만히 살펴보면 정책이라기보다는 방침정도를 갖고 있을 뿐이다. 분명한 정책이 없는 방침이라는 것이 무슨 의미가 있을까? 그나마도 책임자가 바뀔 때마다 정책이나 방침이 바뀐다. 해마다 주제를 내걸기는 하지만 대개가 구호로 그칠 뿐이다. 담임목사의 목회방향이 발표되지만 그것이 교육정책으로 스며들지 못한다. 어떤 점에서는 '성장' 또는 '배가운동'이 암묵적인 교육목표요, 교육정책이었다. 그것을 하면 얼마나 모일 수 있는가, 얼마나 성장했는가? 모든 활동, 모든 평가의 기준이 여기에 맞추어져 있었다. 한국교회 교육의 정책 부재현상은 심각한 상태이다.

어느 교회에서 여러 가지 사정으로 일 년에 학생부서 교역자가 세 번 바뀐 적이 있었다. 그런데 더 놀라운 일은 교역자가 바뀔 때마다 교재가 바뀌었다는 점이다. 그러니 교육이 제대로 될 수가 없다.

교회교육이 제대로 되기 위해서는 교회에 적합하고 필요한 정책의 개발이 필요하다. 기도하고 묵상해서 설정한 목표(비전)에 입각한 교육정책을 펼쳐 나가야 한다. 이 정책은 한 사람의 지도자에 의해 좌지우지되는 정책이 아니라 전교회가 함께 공유하고 기도하고 노력하는 목표가 담기고 미래가 담긴 정책이어야 한다. 이처럼 교회가 세운 목표에 적합하고 필요한 교육정책을 개발하고, 이를 잘 관리하기 위해서는 행정적인 뒷받침이 필요하다. "교육은 많은 종류의 기관과 방대한 형식적 제도와 교육적 필요에 부응하는 정책에 의하여 운영된다. 그러므로 효율적인 운영을 위하여 체계적인 행정을 필요로 하게 된다."[17]

4) 자원을 효율적으로 활용하기 위해서이다

교회교육에는 많은 자원이 동원된다. 많은 사람이 동원되고, 예산이 투입된다. 시설 면에서도 크고 작은 시설들이 사용된다. 시간적으로도 많은 시간이 투입된다. 더욱이 시간에 있어서는 주일 오전이라는 제한된 시간 안에 많은 교육 부서들의 활동이 집중되어 있다. 인적인 자원이라는 면에 있어서도 그렇다. 대부분의 교회의 경우 많은 교사들이 성가대, 청년부서, 남·여전도회의 활동과 중첩되어 있다. 또한 교회마다 보유하고 있는 자원의 정도도 다르다. 규모가 큰 교회의 경우, 엄청난 인적·물적 자원들을 갖고 있다. 한편 중·소형 교회는 한정적인 자원을 갖고 있다. 많은 자원을 소유하고 있는 교회의 경우라 하더라도 충분한 사람과 시설과 예산을 갖고 있다고 하기는 어렵다. 그러기에 자원들을 어떻게 효율적으로 배분하며 관리하고 사용할 수 있는가 하는 점이 문제이다. 반면에 한정된 자원을 갖고 있는 교회의 경우, 갖고 있는 적은 자원을 어떻게 효과적으로 사용할 수 있을 것인가, 그리고 어떻게 새로운 자원의 개발을 극대화할 수 있을 것인가 하는 것이 문제이다. 안타까운 것은 많은 교회들이 자신들이 가지고 있는 자원들조차도 제대로 사용하지 못하고 있다는 점이다. 사람의 은사를 발굴하여 적재적소에 배치한다든지, 예산 사용의 거품을 빼고 낭비를 줄인다든지, 시설을 효과적으로 배치한다든지 하는 노력이 절대적으로 부족한 실정이다.

행정은 자원을 효과적으로 개발하고 관리하고 사용할 수 있게 하므로 자원의 효율을 극대화할 수 있게 해준다. 교회 행정은 교회가 소유하고 있는 영적, 인적, 물적, 재정적 자원들이 교회의 목적 달성에 어떻게 유용하게 사용될 수 있는가 하는 문제에 관심을 갖고 있기 때문이다.[18]

행정을 잘 사용하므로 사람을 적재적소에 배치하고, 의사결정의 과정을 잘

---

17. 김종서·이영덕·정원식, 「교육학개론」(서울 : 교육과학사, 1985), p. 395.
18. 이성희, 「교회행정학」, p. 28.

정비하고, 시설과 예산을 효율적으로 사용하므로 인적, 물적, 시간적 낭비를 줄일 수 있다. 그리고 효율을 극대화할 수 있다. 이러한 자원활용의 '효율성'은 행정의 중요한 요소이다. 교회는 자원을 효과적으로 사용하는 지혜가 필요하고 행정은 이런 지혜를 제공해 준다. 이처럼 행정을 잘 사용하게 될 때, 자원활용을 극대화할 수 있다. 교회학교가 가진 교육적인 자원을 효과적으로 개발하고 관리하고 사용하기 위하여 행정이 필요하다. 그럼에도 불구하고 행정이나 운영에 필요한 지식 없이 단지 상식이나 '감'으로 운영하려는 경향이 있다.[19] 이런 주먹구구식 관리 운영은 낭비의 요인이다. 효과적인 성과를 기대할 수 없다. 이런 점에서 우리는 로버트 바우어(Robert K. Bower)의 지적에 귀를 기울일 필요가 있다. "명백히 기독교교육 프로그램은 단독으로 운영될 수 없다. 이를 적절히 집행할 책임 있는 사람이 있어야 한다. 교회사업은 반드시 '적절하고 질서 있게' 추진되어야 한다. 그러나 행정적 방법에 대한 지식이 없을 때는, 결과는 비능률적인 것이 되고 만다."[20]

5) 갈등의 요인을 제거하기 위해서이다

행정은 갈등관리를 중요한 영역으로 삼고 있다. "갈등이란 서로 다른 관점의 결과에서 비롯된 공개적이고 적대적인 반대를 의미한다"[21]

이처럼 갈등에는 상대방에 대한 적대감이 포함되어 있다. 따라서 자칫 갈등은 소모적인 다툼으로 발전할 수 있다. 갈등관리는 행정활동의 중요한 부분이다. 사람이 모인 곳에 갈등이 일어나는 것은 자연스러운 현상이다. 좋은 일에는 꼭 사단의 방해가 있기 마련이다. 사단은 지나고 보면 아무것도 아닌 문제를 마치 큰 일이나 난 것처럼 부풀리기도 한다. 교회가 사랑의 공동체라고 해서 갈등으로부터 자유로울 수는 없다. 별 것도 아닌 일로 다투기도 하고 상처를 주고받기도 한다. 교회는 갈등이 없는 곳이 아니라 갈등을 성숙의 기회로 만드는 곳이다. 서로를 좀더 깊이 이해할 수 있는 기회요, 그리스도 안에서 하나로 묶어질

---

19. 올란 핸드릭스, 앞의 책, p. 27.
20. 로버트 바우어, 「기독교 교육행정의 원리와 실제」(서울 : 성광문화사, 1987), p. 11.
21. 이성희, 「교회행정학」, p. 160.

수 있는 기회다. 믿음 안에서 갈등은 분열의 씨앗이 아니라 화합의 기회다.

　초대교회에서 있었던 일이다. 사도들은 몰려드는 성도들을 돌보기에 여념이 없었다. 가르치랴, 전도하랴, 기도하랴, 설교하랴, 재정 출납하랴, 구제하랴 정신이 없었다. 급기야 사도들의 헌신적인 수고에도 불구하고 예루살렘 교회의 여기 저기에서 삐그덕 거리는 원망의 소리가 터져 나오기 시작했다. 구제가 공평하게 이루어지지 않고 있다는 불평이었다. 뭔가 일이 제대로 이루어지지 않고 있었던 것이다. 이에 열두 사도들이 모여 기도하며 심사숙고 한 끝에 중대한 결정을 내리게 된다. 자신들은 기도와 말씀 전하는 일에 전념하고, 재정출납이나 구제업무 등을 챙길 사람들 즉, 집사를 따로 세우기로 한 것이다. 이어서 사도들은 모든 성도들을 모아놓고 재정출납을 담당할 사람을 뽑게 된다. 이렇게 일곱 사람을 택하여 안수하고 집사로 세우고는 재정출납을 맡기게 되었다. 이후 원망의 소리는 사라지고 하나님의 말씀이 더욱 왕성하여져서 큰 부흥을 이루게 되었다. 이렇게 사도들이 적절한 행정적인 조치를 취하므로 교회는 소모적인 갈등과 괜한 낭비를 막을 수 있었다(행 6 : 1-7). 우리는 행정을 통하여 갈등의 요인을 사전에 제거할 수 있다. 원하지 않는 갈등상황이 벌어졌을 때, 긴밀한 행정조치를 통하여 갈등을 은혜의 기회로 만들 수 있다.

4 한국교회에 행정이 뿌리내리지 못한 이유들

1) 인식의 부족

　우리는 행정의 뒷받침이 없이는 일을 할 수 없다. 예배를 생각해 보자. 우리는 예배를 드리기 위해 교회에 갔을 때, 먼저 주차안내를 받는다. 그리고 교회 문을 들어서면 주보를 받고 자리안내를 받는다. 의자는 깨끗하게 청소가 되어 있고 잘 정돈되어 있다. 여기까지만 하더라도 우리는 너무나 많은 행정적인 뒷받침이 이루어지고 있음을 알 수 있다. 그냥 되는 것이 아니다. 주차안내로부터 자리안내에 이르기까지 보이지 않는 행정적인 서비스를 받고 있는 것이다. 예배당 안은 어떤가? 조명은 은은한 색조를 띠어 경건한 예배 분위기를 돋구고, 마이

크와 스피커는 적당하게 조절되어 편안한 가운데 예배인도를 따라 예배에 참여할 수 있다. 그렇다. 누군가 우리가 예배를 잘 드릴 수 있도록 하기 위하여 불을 켜고, 마이크를 조정하는 수고를 해준 것이다. 이처럼 행정이라는 것은 우리 생활에 보이지 않게 스며 있다. 그럼에도 불구하고 이런 모든 활동들의 뒤에는 행정적인 뒷받침이 있었다는 사실을 잘 알지 못한다. 그러다 보니 행정의 필요성이나 중요성에 대해 제대로 인식을 하지 못하고 있다.

2) 이해의 부족

교육행정이란 무엇인가? 우리는 흔히 자료나 문서관리를 일목요연하게 잘하는 사람, 보고체계를 잘 챙기는 사람, 회의 진행을 매끈하게 잘하는 사람, 장부정리를 잘하는 사람들을 보고 "저 사람은 행정에 밝다"고 한다. 문서작성이나 자료관리를 잘하고, 일의 절차를 잘 챙기는 것은 행정에 있어서 필요한 실무 기술이다. 하지만 문서작성이나 자료관리 자체가 행정은 아니다. 좋은 행정을 잘 구사하기 위해 필요한 기술에 속하는 것이다. 행정을 하기 위해 필요한 실무기술이 마치 행정의 전부인 것처럼 생각하는 것은 잘못이다. 그러므로 문서나 보고서를 챙기고, 보고체계를 확립하고, 회의를 주재하는 것이 마치 행정하는 것으로 생각한다면 크나큰 오해이다. 이러한 잘못된 행정이해에서 소모적인 행정이 나온다. 소모적인 행정은 하지 않느니만 못하다. 오히려 불필요한 절차를 만들고 사기를 저하시키고 창의적인 활동을 제한하고 능률을 떨어뜨린다. 또한 '행정'이라고 하면 왠지 딱딱하고, 인위적이고, 권위적인 느낌을 떠올리게 되는 것도 행정에 대한 그릇된 이해 때문이다. 오히려 행정은 딱딱한 것을 부드럽게 만들어 주고, 걸림돌을 제거하고, 막힌 것을 뚫어 주고, 권위적인 구조를 민주적인 구조로 만들어 주는 활동이다. 경직된 행정은 이미 병든 행정이다. 행정은 통제하고 감독하는 것이라는 생각이 경직된 행정을 만든다. 이는 시대에 뒤떨어지는 행정이해이다. 이처럼 어설픈 행정은 오히려 갈등만 만들어 낸다. 행정이 매끄럽지 못하고 지엽적인 관리기술에 매여 있고 권위적이고 통제적일 때 갈등이 일어난다. 이성희 목사는 행정이 매끄럽지 못해 발생하는 갈등이 교회 갈등의 대부분을 차지하고 있다고 지적하고 있다.[22] 갈등은 소모적이다. 엄청난 자원의 낭비를 초래하게 된다. 사람을 지치게 만드는가 하면, 예산의 중복 투자, 시간의 낭비, 시설의 낭비 등 이루 헤아릴 수 없다. 교회가 행정의 지혜를 제대로 활용하기 위해서는 행정에 대한 바른 이해가 필요하다.

3) 철학의 부재

행정은 봉사이다. 봉사하고 섬기는 것이 행정활동이다. 더욱이 교회에서의 행정이라면 더더욱 섬김과 봉사가 행정의 기본 이념이요 철학이 되어야 한다. 그럼에도 불구하고 행정에 대한 바른 철학이 없는 관계로 철학 없는 행정이 펼쳐지고 있다. 그러다 보니 군대에서 행정을 배운 사람이 교회학교 부서의 책임자가 되면 그 부서는 군대행정을 따르게 된다. 사업가가 맡게 되면 기업행정이 펼쳐진다. 일반 학교의 관리자가 교육부서의 장이 되면 교회교육행정은 여지없이 학교행정을 따라가게 된다. 교회교육행정은 철저하게 성경에 기초하고 신학적으로 검증된 행정이어야 한다. 일반행정에서 행정에 필요한 세부적인 관리기술이나 방법들을 빌려와서 사용할 수 있겠으나 일반행정이 여과 없이 교회 속에서 그대로 적용되는 것은 금해야 한다. 교회교육행정은 성경적이고 신학적인 원리에 충실해야 하기 때문이다.

4) 교육부재

목회자가 행정가이다. 따라서 목회자라면 행정에 대한 기본적인 훈련은 필수적이라 할 것이다. 그럼에도 그동안 신학교육에서 조차 목회 행정이나 교회 행정에 대한 체계적인 교육을 제공하지 않았다. 최근에 와서 교회 행정학이라는 과목이 신학대학교에서 소개되기 시작하였다. 기독교교육학에서는 아직도 교회교육행정(또는 기독교교육행정)이라는 학문이 자리를 잡지 못하고 있다. 다만 교직과목의 하나로 일반학교교육에 필요한 '교육행정과 교육경영'이라는 과목이 다루어지고 있다. 교회에서의 교육교사 교육에 있어서도 행정교육은 생소한 분야이다. 교회학교 안에는 많은 행정적인 역할들이 있다. 교육목사, 교육전도사, 교육위원장, 부장, 부감, 총무, 서기, 회계 등은 행정적인 역할을 맡은 사람들이

---

22. 이성희, 「교회행정학」, p. 12.

다. 이들에게는 맡은 바 행정적인 역할에 대한 지도력 훈련이 반드시 필요하다. 그럼에도 행정교육이나 직무교육은 거의 이루어지지 않고 있다.

더욱이 교육위원장이나 부장이나 부감의 경우, 교회교육행정상 중간층을 이루고 있는 중요한 역할을 맡고 있다. 소위 중간지도력을 이루고 있는 것이다. 그럼에도 이러한 중간지도력에 대한 교육은 고사하고 기본적인 오리엔테이션도 제대로 이루어지지 않고 있다. 중간지도력의 개발은 교회교육이 활성화되도록 하기 위해 꼭 필요한 일이다.

5) 막연한 거부감

일반적으로 교회는 행정에 대해 좋지 않는 감정을 갖고 있다.[23] '행정'이라고 하면 왠지 신앙적이지 못한 것 같은 느낌을 갖는다. 교회에서도 교구담당 목사에 비해 행정담당 목사는 왠지 덜 영적인 것같이 생각한다. 설교는 거룩한 일이고 행정은 속된 것이라고 생각하는 것이다. 행정은 세속적이라는 생각이 한국교회에 상당히 널리 퍼져 있다. 행정 운운하는 것은 인간적인 수단과 방법으로 하나님의 일을 하려는 불신앙적이고 세속적이며 은혜롭지 못한 처사라는 것이다. "교회 일은 그냥 기도하면서 하면 되지 행정은 무슨 행정이란 말인가! 하나님의 일을 하면서 행정에 관심을 갖는 것은 신앙이 없거나 믿음이 부족한 것이 아닌가! 아무리 행정이 능률을 극대화하는 데 도움이 된다고는 하지만 '신성한' 교회 일을 하면서 어떻게 속된 행정을 끌어들일 수 있는가!" 이러한 성-속 이분법적인 사고는 행정이 한국교회에 뿌리내리지 못하는 데 결정적인 원인이 되고 있다. 이런 생각의 이면에는 행정은 신앙적이지도 않고 영적이지도 않다는 생각이 깔려 있다. 행정에 대한 이러한 부정적이고 거부적인 반응을 보이는 것은 성-속 이원론적인 사고에 기인한다고 할 수 있다.

그래서 한국교회 안에는 '행정부재', '행정부족', '행정미숙' 현상이 일반적인 현상이다.[24] 심지어 실제로는 다방면에서 다양한 행정적 기술들을 사용하고

---

23. 마빈 L. 롤로프, 장종철 역, 「기독교교육」(서울 : 컨콜디아사, 1989), p. 203 ; 올란 핸드릭스, 「교회 지도자를 위한 운영과 관리」(서울 : 생명의 말씀사, 1992), pp. 14f.
24. 이성희, 앞의 책, p. 11.

있으면서도 애써 행정에 무관심한 것처럼 행동하는 이중적인 태도를 보이기도 한다. 실제적이고 실용적인 사고에 익숙한 미국 교회의 경우, 교회 행정이나 교회교육행정이 무척 발달해 있는 것을 볼 수 있다. 미국에서 발행한 교회교육의 실제적인 자료들을 보면 대부분이 '~을 위한 행정'이라는 항목이 첨가되어 있는 것을 볼 수 있다. 행정은 하나님의 영이 막힘이 없이 흘러가도록 자리를 만들어 가는 과정이라 할 수 있다. 행정은 성령님의 역사를 제한하거나 방해하는 것이 아니다. 오히려 행정은 성령님의 역사하심에 장애가 되는 요소들을 미연에 방지하고 제거함으로써 성령님의 역사하심이 자연스럽게 일어나도록 돕는 활동이다. 교회의 교육을 위한 행정을 논하기 전에 우리는 먼저 행정에 대한 이러한 불신과 오해를 불식시키는 것이 선결과제이다.

제 2 장 교회교육행정의 성격

1 교회교육행정의 정의

먼저 일반교육행정에서 말하는 교육행정의 정의를 몇 가지 살펴보자. "교육행정은…… 교육활동에 관한 목표수립, 그 목표달성을 위한 인적·물적 조건의 정비 및 목표달성을 위한 지도 감독을 포함하는 일련의 봉사활동(service activities)을 말하는 것이다."[25] "교육행정이란…… 교육활동에 관한 계획이나 정책을 수립하고 이를 달성함에 필요한 인적·물적 조건을 정비·확립하고 교육정책을 합법적·효율적·협동적으로 집행하고 평가하는 일련의 활동과정이라 하겠다."[26] 이러한 정의 속에는 세 가지 중요한 개념이 담겨 있다. 첫째, 교육행정은 교육활동을 지원하는 수단적, 봉사적 활동이며 둘째, 계획→집행→평가 등의 순환과정을 거치며 셋째, 집단적인 협동행위를 본질로 하고 있다는 점이다.[27] 일반교육행정의 정의 속에 포함된 이러한 개념들은 교회교육행정에서도 중요한 요소로 자리잡고 있다.

앨빈 린그렌(Alvin J. Lingren)은 행정을 '그것이 봉사하는 분야의 목표와 목적을 발견하고 분명히 밝혀서 조리 있고 종합적인 방법으로 그 실현을 위해서 추진해 나가는 일'이라고 정의하고 있다.[28] 찰스 티드웰(Charles Tidwell)은 교회 지도자의 지도력을 중심으로 한 행정의 정의를 내리고 있다. "행정이란, 교회의 영적, 인적, 물리적, 재정적 자원을 이용하여 교회가 추구하는 목표와 교회의 영구한 목적을 수행해 나갈 수 있도록 교회지도자들에 의해 제공되는 안내이다."[29] 이성희 목사는 '교회의 목적을 성취하기 위하여 교회를 인도하는 데 관련되어지는 교회지도자들의 필요한 제반 목회활동'[30]이라고 정의하고 있다. 행정에 관한

---

25. 김종철, 「교육행정의 이론과 실제」(서울 : 교육과학사, 1982), p. 19.
26. 김윤태, 「교육행정, 경영신론」(서울 : 배영사, 1988), p. 10.
27. 윤정일 외 공저, 「교육행정학원론」(서울 : 학지사, 1997), p. 10.
28. 앨빈 린그렌, 박근원 역, 「교회개발론」(서울 : 대한기독교출판사, 1985), pp. 19-20.
29. 이성희, 「교회행정학」, p. 76.
30. 앞의 책, p. 74.

포괄적인 정의를 내리면서 중심을 '교회지도자'에 둠으로써 지도력의 중요성을 강조하고 있는 정의이다. 최근 교회행정이나 목회실천 전반에 있어서 지도력과 비전에 대한 관심이 날로 증가하고 있다. 비전은 지도력의 중요한 덕목으로 부각되고 있다. 이에 대해서는 뒤에서 상세하게 다루고자 한다. 한편 미국 감리교 교육부에서는 교육목회라는 관점에서 행정을 정의하기를 "행정이란 회중의 목회전반을 명백히 하며, 발전시키고 후원하는 작업이다."[31]라고 정의하고 있다. 그리고 교회교육행정에 관하여 피어스(M. M. Pearse)는 "행정은 교회학교 회원들이 교회학교 일을 잘하도록 돕는 모든 행위 즉, 계획, 조정, 감독, 평가를 포함한다."[32]고 정의하고 있다.

교육행정에 관한 이러한 정의들을 종합하여 볼 때, 교회교육행정이란 하나님의 교육하심에 근거한 교회의 교육적인 활동을 효율적으로 수행하기 위하여 공동의 목표를 설정하고 필요한 정책이나 계획을 수립하고 이를 위해 인적, 물적 자원을 구비하여 실행하고 평가하는 체계적인 봉사활동의 총체라고 할 수 있다. 교육행정은 정책을 개발하고 계획을 수립할 뿐만 아니라 모든 인적 물적 자원들을 효율적으로 개발하고 정비하므로 하나님의 교육하심을 제한하고 가로막는 요소들을 제거하는 신앙적인 노력이다. 따라서 교육행정은 하나님의 교육하심을 교회를 통하여 구체화하고 실행하도록 돕는 봉사적 수단이다.

2 교회교육행정의 성격

교회다운 교육행정은 어떤 행정일까? 우리에게 필요한 것은 교회에 맞는 행정이다. 아무리 효과적이고 유용한 행정이라 하더라도 교회에 맞지 않고 성경의 가르침에 어울리지 않는 행정은 교회교육행정일 수 없다. 교회교육을 수행하는

---

31. 미국 감리교교육부 편, 오인탁 역, 「교육목회지침서」(서울 : 장로회신학대학 출판부, 1980), p. 90.
32. M. M. 피어스, 김재은 역, 「교회학교 운영지침서」(서울 : 종로서적, 1985), p. 23.

데 적합한 교육행정은 어떤 것일까? 이것은 하나님의 교회라는 '독특한' 공동체를 섬기는 사람이라면 누구나 고민하게 되는 문제이다. 교회다운 행정을 펼치기 위해서는 교회 또는 교회교육공동체를 어떻게 이해하느냐가 중요하다. 교회를 어떻게 이해하느냐에 따라서 행정의 내용이 달라지기 때문이다. 교회를 군대처럼 이해하면 군대식 행정을 펼치게 되고, 교회를 회사처럼 이해하면 회사를 경영하듯이 교회행정을 펼치게 된다. 교육에 있어서도 그렇다. 교회교육공동체를 학교처럼 이해하면 학교식 행정을 생각하게 된다. 우리는 흔히 교회교육의 대표적인 기관인 교회학교를 일반학교처럼 생각하고 운영하는 경우를 볼 수 있다. 그래서 대부분의 교회가 행정의 원리에서부터 조직이나 운영실제에 이르기까지 거의 학교식 행정체제를 그대로 답습하고 있다. 이처럼 교회가 학교식 교육체제(schooling system)를 그대로 모방하는 현상은 행정뿐 아니라 교회교육 전반에 걸쳐 나타나는 현상이기도 하다. 그러다 보니 교회에 맞는 교회다운 교육행정을 펼치지 못하게 되고 결과적으로 교회공동체가 갖는 '신비성'과 '역동성'을 담아내지 못하고 있다. 격에 맞지 않는 옷은 오히려 거추장스럽다. 아무리 좋은 행정이라 하더라도 경우에 맞지 않는 행정은 오히려 능률을 떨어뜨린다. 그러므로 역동적인 교회교육행정이 되기 위해서는 교회에 맞는 행정이어야 한다.

그럼 교회에 맞는 행정은 어떤 행정인지를 살펴보자. 먼저 행정의 어원에 대한 성경적인 뜻을 찾아내므로 교회다운 교육행정이 어떠한 것인지를 알아보고, 다음으로는 교회가 갖고 있는 조직론적인 특성을 규명하므로 교회다운 행정이 어떤 것인지 살펴보고자 한다.

1) 어원에 나타나는 행정의 성격

이성희 목사는 행정과 관련된 대표적인 어원으로는 administrare, διακονια, ὑπηρετης, κυβέρνησις 등 네 가지를 들고 있다.[33] administrare는 행정(administration)의 라틴어 어원으로 '섬기다'(to serve), '돕다'(to help), '관리하다'(to manage), '통치하다'(to administer), '지도하다'(to

---

33. 이성희, 「교회행정학」, pp. 70-73.

direct) 등의 뜻을 가지고 있다. 목사를 가리키는 minister라는 말이 이 행정과 같은 어원에서 나온 것이다. διακονια(diakonia)는 라틴어 administrare의 헬라어로 봉사, 섬김, 섬기는 일 등을 가리킨다. ὑπηρετης(huperetes)는 "아래에서 노를 젓는다"라는 뜻으로 '관예, 일꾼이 된 자, 하속, 맡은 자, 종, 수종자' 등으로 사용되었다. 동사(ὑπηρετέω)는 '노를 젓다, 배에 올라 봉사하다, 봉사하다, 뒤를 돌보아 주다' 등의 의미로 사용된다. κυβέρνησις(kubernesis)는 '키를 잡다'는 말에서 유래하였으며 지도하는 능력, 조종, 다스림 등의 의미를 가지고 있었는데 성경에서는 '다스리는 것'으로 사용되었으며 교회에서의 지도자의 직(directorship)을 의미한다. 성경에 나타나는 행정과 관련된 어원들이 내포하고 있는 정신은 '봉사와 섬김'의 정신이다. 지배하고 통제하는 것이 아니다. 그러기에 봉사와 섬김은 교회 행정의 성격을 가장 잘 반영하고 있는 개념이다. 봉사와 섬김의 정신은 예수님의 가르침에 잘 나타나 있다. "너희 중에는 그렇지 아니하니 너희 중에 누구든지 크고자 하는 자는 너희를 섬기는 자가 되고 너희 중에 누구든지 으뜸이 되고자 하는 자는 모든 사람의 종이 되어야 하리라"(막 10 : 43-44).

　이처럼 행정은 교회 또는 전체 회중을 위하여 봉사하는 활동이다.[34] 교육행정은 교육활동을 위해 봉사하는 활동이다. 따라서 교육행정가는 내가 펼치는 행정이 교육을 위한 행정인지, 교육에 관한 행정인지를 잘 생각해 보아야 한다. 교육을 위한 행정은 교육 아래에서 교육을 위해 봉사하는 행정인 반면에 교육에 관한 행정은 교육 위에서 군림하는 행정이다. 모름지기 교육행정은 교육을 위한 행정이 되어야 한다. 교육이 잘 수행되도록 돕고 지원하는 활동이 교육행정이기 때문이다.[35] 행정의 이러한 봉사와 섬김의 정신은 교회교육행정에서 뿐만 아니라 일반교육행정에서도 강조되고 있다.[36] 행정이 섬기고 봉사하는 자리에 있을 때 교육이 살고 행정도 살 수 있다. 반면에 행정이 교육 위에 군림할 때 교육이

---

34. 미국 감리교교육부, 「교육목회지침서」, p. 90 ; 김영호, 「교회교육행정」(서울 : 종로서적, 1985), p. 8.
35. 권기옥 외 6인 공저, 「교육행정학개론」(서울 : 양서원, 1995), pp. 36-37.
36. 김종철, 「교육행정의 이론과 실제」, p. 19와 각주내용 참조.

죽고 행정도 죽게 된다. 교육행정은 교육활동을 효율적으로 지원하는 봉사적 수단이다.

2) 교회교육행정의 특성

교회는 일반 기관이나 단체, 집단과 비슷하면서도 다른 특성을 가지고 있다. 이를 조직론이라는 관점에서 보면 크게 세 가지로 정리해 볼 수 있다. 교회가 갖는 이러한 특성은 교회다운 교육행정을 규명하는 데 중요한 원리가 된다. 본 고에서는 이 세 가지 특성을 살펴보고 이러한 특성들이 행정에 어떻게 반영되어야 하는지를 살펴보고자 한다.

① 교회는 신적인 실재이면서 동시에 인간적인 실재이다

교회는 하나님이 불러 주신 하나님의 백성들의 모임이다. 교회는 신적인 실재이면서 동시에 인간적인 실재이다. "교회 행정학 연구를 위한 교회의 의미를 살핌에 있어서 교회의 두 가지 면을 고려하여야 한다. 즉, 첫째는 신적 실재(Divine Entity)로서의 교회요, 다른 한 면은 하나님의 자녀된 인간들의 공동생활체(Community)로서의 인간적 실재(Human Entity)라는 교회의 양면이다."[37] 이처럼 교회가 신적인 실재이면서 동시에 인간적인 실재라는 사실을 이해하는 것은 교회 행정을 이해하는 중요한 단서가 된다. 이를 바르게 이해하지 못할 때 자칫 영적(?) 카리스마만이 통하게 되거나 반대로 인간적인 수단과 방법만이 난무하게 된다. 두 가지 경우 모두 건강하지 못한 행정이다. 교회를 질식시키고 부패하게 만든다. 건강하고 교회에 맞는 행정을 위해서는 신적인 실재에 맞는 영적인 지도력과 인간적인 실재에 맞는 인간적인 지도력이 균형 있게 조화를 이루는 것이 필요하다.

교회는 신적인 기관이다. 하나님이 세우신 기관이라는 점에서 신적이다. 그래서 교회는 거룩성을 갖는다. 뿐만 아니라 하나님으로부터 '신성한 사명'을 위임받은 공동체라는 점에서 신적이다. 하나님의 섭리 없이 교회는 세워질 수 없다. 세워진다 하더라도 교회일 수 없다. 모든 교회는 철저하게 하나님으로부

---

37. 조동진, 「교회행정학」(서울 : 크리스찬헤럴드사, 1981), p. 19.

터 시작된다. 신언(神言)이 없고 신명(神命)이 없는 교회는 교회일 수 없다. 이처럼 교회는 하나님 중심적인 특성을 갖는다. 하나님이 주인이고 하나님이 중심이다. 그러므로 하나님의 뜻, 하나님의 섭리는 교회의 행정을 풀어 가는데 있어서 간과해서는 안 될 중요한 요소이다. 사람의 모임이기 이전에 하나님의 섭리가 있다.

아울러 교회는 인간적인 실재이다. 교회를 구성하는 구성원이 사람이기에 인간적이다. 교회는 신적인 실재로서 '보이지 않는 교회'를 지향한다. 하지만 우리가 몸담고 섬기고 세워 가야 할 교회는 '보이는 교회'이다. 또한 교회는 '흩어지는 교회'이자 '모이는 교회'이다. 보이는 교회는 모이는 교회이다. 여기서 보이고 모이는 실재는 사람이다. 그러기에 교회는 신적이면서 동시에 인간적이다. 교회는 사람들의 모임이다. 사람들이 모여 하나님의 일을 도모한다. 따라서 사람들이 모일 때 발생하는 여러 가지 문제가 발생하기도 한다.

교회는 신적이지만 동시에 인간적인 실재이기에 행정과 관리의 지혜가 필요하다. 우리는 성경의 예를 통하여 이를 알 수 있다(출 18장, 행 6장). 교회는 인간적인 공동체이기 때문에 행정 없이는 교회가 효과적으로 경영되기 어렵다. 하지만 신적인 공동체이기 때문에 행정만으로는 교회가 교회일 수 없다. 행정에 앞서는 것이 하나님의 질서이며, 사람의 뜻에 앞서는 것이 하나님의 섭리이다. 하나님의 섭리, 하나님의 비전을 담아내지 못하는 행정은 교회다운 행정일 수 없다. 교회다운 교육행정은 교육을 통하여 백성들을 양육하고 세우시려는 하나님의 섭리를 성실하게 따라가는 행정이다. 그러기에 행정의 원리가 하나님의 섭리를 가로막거나 제한하지 않도록 해야 한다. 교회교육은 사람의 일이기 이전에 하나님의 일이기 때문이다. 회의를 하기 이전에 기도가 있어야 한다. 보고서 이전에 영적 비전이 있어야 한다. 영적 비전이 없는 회의는 인간의 두뇌집단이 될 수는 있으나 하나님의 교회를 이끌어 가는 지도력이 되지는 못한다. 회의를 위한 회의를 하는 것은 교회에 맞지 않다. 회의는 짧을 수록 좋다. 그렇다고 행정을 무시하는 것도 정당하지 못한 일이다. 사람들의 모임이기에 계획이 생기고, 조직이 따르고, 돈이 따른다. 정책이 필요하고, 회의가 필요하다. 이것을 어떻게 효과적으로 관리하느냐 하는 것은 행정의 몫이다. 교회는 하나님의 사람들의 모임이기에 하나님의 사람들에 맞는 지도력(leadership)과 행정(administration)과

관리(management)가 필요하다. 하나님의 일을 하는 사람이라면 마땅히 하나님을 의지하고 바라보아야 한다. 또한 사람이 해야 할 일을 최선을 다해 해야 한다. 사람이 할 일을 다하고 하나님을 바라보아야 한다. 이것이 신앙이요, 이것이 하나님의 일을 하는 자세이다. 그냥 하늘만 쳐다보는 것은 신앙이 아니라 맹신이요 미신이다. 기도하면서 내가 할 수 있는 최선을 다하고, 그 뒷일은 하나님께 맡기는 것이 신앙이다. 결과까지도 하나님께 맡기는 것이다. 행정은 우리가 기도하면서 할 수 있는 최선의 것에 속하는 활동이다. 교회 행정은 성령님이 하시는 일이 되도록 끊임없이 성찰해야 한다. "교회 행정이 성령님의 역사요, 성령님의 지도 아래 되어지는 일이 되어야 한다."[38]

② 교회는 조직(organization)이면서 동시에 유기체(organism)이다

교회는 조직(organization)이면서 유기체(organism)이다. 그리고 기관(institution)이면서 동시에 공동체(community)이다.[39] 로렌스 리차즈는 교회를 신앙공동체로 이해할 것을 주장하면서 교회가 갖는 유기체성과 기관성에 관하여 지적하고 있다. "유기체와 기관 모두를 올바로 이해하지 못한 채 어린이 사역을 지도한다는 것은 어리석은 일일 것이다. 지역 교회는 어린이들을 다룰 때 진실 되고 생명력 있는 신앙공동체가 되어야 한다. 그러므로 유기체로써의 교회와 기관으로써의 교회에 관련된 것을 재검토할 필요가 있다."[40]

교회는 조직이나 기관으로써의 성격을 갖고 있다. 목표가 있고, 상하부 조직이 있고, 부서가 있고, 위원회가 있고, 예산이 있고, 계획이 있고, 실행과 평가가 있다. 이런 점에서 교회는 분명 조직체의 성격을 가지고 있다. 우리는 이것을 부인할 수 없다. 아울러 보다 효율적인 조직이 되도록 연구하고 개발해야 한다. 교회에 맞는 조직의 원리와 조직의 구조와 역할의 분담 등을 찾아내야 한다.

한편 교회는 단순히 조직이나 기관으로는 이해될 수 없는 특성이 있다. 교회는 그냥 조직이나 기관이 아니다. 유기체요, 공동체이다. 신약성경에서는 교

---

38. 앨빈 린그렌, 박근원 역, 「교회개발론」(서울 : 대한기독교출판사, 1985), p. 19.
39. 이성희, 「교회행정학」, p. 39.
40. 로렌스 리차즈, 김원주 역, 「어린이 사역」(서울 : 파이디온선교회, 1995), p. 303.

회를 묘사하는 중요한 두 가지 이미지를 소개하고 있다. 그리스도의 몸과 하나님의 가정이다.[41] 몸은 교회를 묘사하는 가장 대표적인 이미지이다. "너희는 그리스도의 몸이요 지체의 각 부분이라"(고전 12 : 27). "우리가 한 몸에 많은 지체를 가졌으나 모든 지체가 같은 직분을 가진 것이 아니니 이와 같이 우리 많은 사람이 그리스도 안에서 한 몸이 되어 서로 지체가 되었느니라"(롬 12 : 4-5). 몸으로서의 교회는 예수 그리스도와 친밀한 교제를 맺고 있다. 그분은 교회의 살아 있는 머리가 되시고 우리는 살아 있는 지체이다. 여기서 교회는 생명을 서로 나누고 서로를 세워 주고 섬기는 유기체적인 교회의 모습을 보여 주고 있다. 교회의 유기체적인 이미지를 묘사하는 또 다른 표현은 가정이다. "하늘과 땅에 있는 각 족속에게 이름을 주신 아버지"(엡 3 : 14-15 상) 여기서 하나님을 아버지로 섬기는 신앙공동체인 교회는 가정이라는 이름을 갖게 된다. 한편 바울은 그리스도와 교회의 관계를 남편과 아내의 이미지로 묘사하고 있기도 하다(엡 5장). 여기서도 교회와 관련하여 가정의 이미지가 강조되고 있다. 부모와 자녀, 남편과 아내의 관계는 어떤 계약적인 관계 이상이다. 생명의 관계요, 사랑의 관계이다.

교회는 유기체이면서 동시에 기관으로 이해해야 한다. 어느 한 면에 치우칠 때, 온전한 교회의 모습이 되지 못한다. 교회는 영적 생명을 담지한 신적 유기체이기에 언제나 생명과 사랑이 충만해야 한다. 유기체로서 교회는 예수 그리스도의 장성한 분량에 이르도록 성숙해야 한다. 더욱 성숙하고 영적 생명이 풍성한 신앙공동체로 자라 가는 것은 교회의 본질이기 때문이다. 아울러 교회는 유기체이기에 기계적인 행정이나 기업적인 경영기법 또는 군대조직을 위한 관리기법 등이 그대로 사용될 수 없다. 또한 교회는 기관이기 때문에 기관으로써의 교회에 적절한 행정적인 질서와 절차가 필요하다는 것을 잊지 말아야 한다. 기관이기 때문에 행정이 필요하고, 관리가 필요하다.

우리는 유기체로서의 교회와 기관으로써의 교회라는 두 가지 교회의 성격이 충분히 반영된 행정을 찾아내야 한다. 이를 위해서는 유기체성에 근거한 행정과 기관성에 근거한 행정이 갖는 특성을 정리할 필요가 있다.

---

41. 앞의 책, p. 304.

유기체로서의 교회	기관으로써의 교회
유기체 공동체성 유기적 관계 지도자 봉사와 섬김	조직체 조직성 능률적 구조 보스 지시와 감독

두 가지 경우에 해당되는 행정상의 차이를 조직표를 통하여 살펴보면 다음과 같다.[42]

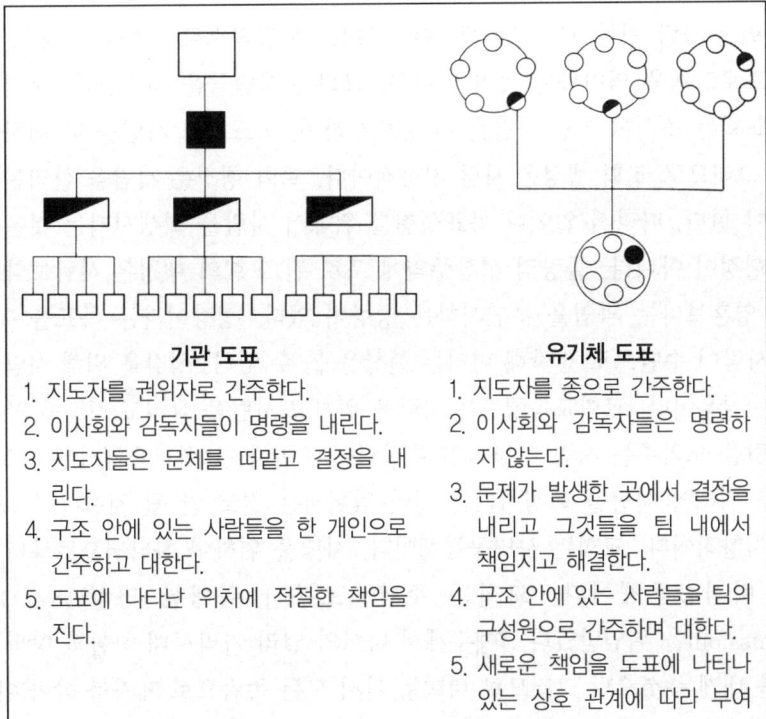

기관 도표
1. 지도자를 권위자로 간주한다.
2. 이사회와 감독자들이 명령을 내린다.
3. 지도자들은 문제를 떠맡고 결정을 내린다.
4. 구조 안에 있는 사람들을 한 개인으로 간주하고 대한다.
5. 도표에 나타난 위치에 적절한 책임을 진다.

유기체 도표
1. 지도자를 종으로 간주한다.
2. 이사회와 감독자들은 명령하지 않는다.
3. 문제가 발생한 곳에서 결정을 내리고 그것들을 팀 내에서 책임지고 해결한다.
4. 구조 안에 있는 사람들을 팀의 구성원으로 간주하며 대한다.
5. 새로운 책임을 도표에 나타나 있는 상호 관계에 따라 부여한다.

---

42. 앞의 책, p. 330.

③ 교회는 목표 지향적이면서 동시에 사람 지향적이다

성경에서 교회를 가리키는 대표적인 단어 두 가지가 있다. 구약에서는 '카할'이요, 신약에서는 '에클레시아'이다. 카할은 대개 에클레시아로 번역되었다. 여기서 카할과 에클레시아는 '모임'을 의미한다. 어떤 목적을 위하여 사람들이 함께 모이는 것을 가리킨다. 카할과 에클레시아는 어떤 목표를 위하여 부름받은 모임을 가리킨다고 할 수 있다. 그러므로 여기서 중요하게 강조되는 것은 사람과 목적이다.[43] 교회는 하나님으로부터 어떤 사명(목표)을 위하여 부르심을 받은 사람들의 모임이다. 이처럼 교회는 목표 지향성과 사람 지향성을 동시에 갖고 있다.

교회는 사람 지향적인 공동체이다. 교회는 본질적으로 건물이나 제도, 조직 또는 프로그램을 의미하는 것이 아니다. 교회는 사람들을 의미한다. 교회 행정에서 교회는 조직이 아닌 사람을 더 중요시하며, 목표보다 사람을 더 귀하게 여긴다. 그러므로 교회 행정은 사람 지향적이다. 교회 행정은 사람을 살리는 행정이 되야 한다. 따라서 일이나 목표성취를 위해서 사람을 희생시키는 것은 성경적인 행정이 아니다. 물량적 성장주의에 포로 된 교회의 행정은 사람보다는 목표를, 영혼보다는 과업을 우선시하는 경향이 있다. 성장이라는 목표를 이루기 위해 사람이 수단으로 전락해 버리는 현상을 볼 수 있다. 성장을 위해 사람이 희생되는 경우이다. 교회교육행정은 사람을 위하고 사람을 살리고 사람을 세워 주고 사람을 도와주는 사람 지향적인 행정이어야 한다. 교회교육행정에서 조직의 능률을 위해서 사람을 희생시키는 일이 있어서는 결코 안 될 것이다.[44] 교회는 목표 지향적이다. 교회는 사명공동체이다. 사명을 위하여 하나님으로부터 부름받은 비전공동체이다. 교회는 주님으로부터 위대한 명령(the Great Commission)을 위임받았다. "예수께서 나아와 일러 가라사대 하늘과 땅의 모든 권세를 내게 주셨으니 그러므로 너희는 가서 모든 족속으로 제자를 삼아 아버지와 아들과 성령의 이름으로 세례를 주고 내가 너희에게 분부한 모든 것을 가르

---

43. 이성희, 「교회행정학」, p. 40.
44. 로바트 바우어, 신청기 역, 「기독교교육행정의 원리와 실제」(서울 : 성광문화사, 1987), p. 19.

쳐 지키게 하라. 볼지어다, 내가 세상 끝 날까지 너희와 항상 함께 있으리라 하시니라"(마 28 : 18-20). 교회가 하나님으로부터 부여받은 사명을 망각해 버릴 때 교회는 병들게 되고 힘을 잃고 인간적인 집단으로 전락하게 된다. 하지만 교회가 하나님이 맡겨 주신 사명에 충성할 때 건강한 교회가 된다. 교회가 하나님이 주신 비전을 잃지 않을 때 힘있는 교회가 된다. 역동적인 교회가 되고 생동감을 잃지 않게 된다. 교회는 하나님을 예배하고, 복음을 전하고, 서로 사귐을 갖고 봉사하고, 교육하는 공동체이다. 여기서 중요한 것은 교회가 바른 목표를 설정하는 것이다. 바르지 못한 목표는 교회를 타락시킨다. 바르지 못한 목표는 교회를 질식시킨다. 행정은 교회가 언제나 바른 목표를 갖고 바른 비전을 갖도록 도와야 한다. 목표를 설정하고 정책을 결정하는 행정활동을 통해 교회가 하나님께 충실한 바른 목표를 설정할 수 있도록 도와야 한다.

교회는 목표 지향적이면서 동시에 사람 지향적이다. 그러나 먼저는 사람이다. 사람이 목표를 위한 수단이 되는 일은 없어야 한다. 조직, 프로그램, 방법은 모두가 목적을 위한 수단이다. 교회의 목적은 사람을 살리는 일이다. 교회교육행정의 목표는 사람을 구원하고 그리스도 안에서 장성한 분량에 이르도록 섬기는 일에 맞추어져야 한다. "성령께서는 프로그램에 기름을 뿌려 주시지 않는다. 그러나 하나님의 사람들은 프로그램을 하나님과 함께 어떻게 계획해야 할지 그 방법을 알고 있다. 성령께서는 방법을 가르쳐 주시지 않는다. 그러나 성령께서는 기도의 사람들에게 그를 통하여 그 자신의 방법으로 역사하실 수 있다. 성령께서는 조직을 통하여 임재하시지는 않는다. 그러나 그와 함께 일할 수 있는 능력의 사람을 통하여 조직 속에 들어오신다. 프로그램, 방법 그리고 조직은 목적을 위한 수단이며, 그 자체가 목적은 아니다. 그들은 최소한 명백히 눈에 띄는 최고의 효과이다. 모든 노력에 있어서 최고로 고려할 것은 사람들에게 무슨 일이 일어나고 있는가 하는 점이다."[45]

---

45. 로이스 레바르, 「사람에게 중점을 둔 교회행정」(서울 : 생명의 말씀사, 1983), p. 21.

제 3 장

교육행정의 과정과 기능

1 행정의 과정과 기능

행정은 무엇을 하는 것인가? 행정의 기능은 무엇인가? 행정의 기능을 이해하기 위해서는 먼저 행정의 과정을 이해할 필요가 있다. 과정과 기능이 서로 맞물려 있기 때문이다. 행정은 끊임없이 움직인다. 행정은 동태적이다. 그리고 행정은 돌고 돈다. 순환의 과정을 거치면서 행정활동이 이루어진다.

1) 훼욜의 다섯 기능

일반행정에서 행정의 과정에 대하여 처음으로 체계적인 연구를 한 사람은 프랑스의 학자 훼욜(Henri Fayol)이다. 훼욜은 행정활동을 크게 6개의 군(群)으로 구분하여 다루고 있다. 기술활동, 상업활동, 재정활동, 안전활동, 회계활동, 관리활동이 그것이다. 여기서 재정활동은 자본의 조달과 최적의 이용에 관한 활동이며, 회계활동은 재고조사, 장부정리, 비용, 통계 등의 활동을 가리킨다. 무엇보다 훼욜은 관리활동의 5개 요소를 제시하므로 과학적인 관리론의 연구에 크게 공헌을 하였다. 훼욜은 관리활동인 행정을 예측과 계획 - 조직 - 명령 - 조정 - 통제라는 다섯 요소로 설명하고 있다. 그리고 훼욜은 이 다섯 가지 요소를 행정의 주요 기능으로 보았다.

① 예측과 기획 : 미래를 예측하고 그것에 대비하는 여러 단계의 활동을 세우는 과정이다.
② 조직 : 인적 조직과 물적 조직을 편성하는 과정이다.
③ 명령 : 모든 구성원들이 조직을 위해 최선을 다하도록 하는 활동이다.
④ 조정 : 모든 운영을 조화시키고 분산된 노력을 통합시키는 활동이다.
⑤ 통제 : 결과를 검토하고 평가하는 과정이다.

2) 규릭의 POSDCoRB

훼욜의 영향을 받은 규릭(Luther Gulick)은 미국의 루즈벨트 대통령의 직무를 기능적으로 분석 연구하여 행정책임자가 하는 일이 무엇인지를 정리하였다.

규릭은 이를 통하여 행정의 기능을 7가지로 제시하였다. 그리고 각 기능의 첫 글자를 따서 POSDCoRB라는 신조어를 만들어 내기도 하였다. 규릭이 제시한 행정의 7가지 기능은 다음과 같다.

① 기획(Planning) : 조직의 목적을 달성하기 위하여 하여야 할 일과 그 일을 하는 방법에 대하여 포괄적으로 윤곽을 정하는 일
② 조직(Organizing) : 설정된 목적을 달성하기 위하여 업무를 배분하고 규정하며 조정하는 책임과 권한을 공식적으로 수립하는 일
③ 인사(Staffing) : 직원을 채용하고 훈련하며 작업에 유리한 모든 조건을 유지하는 등 일체의 인사에 관한 일
④ 지휘(Directing) : 조직의 주도자로서 끊임없이 여러 가지 결정을 하며, 그 결정을 구체적이고 일반적인 명령 및 지시와 봉사의 형태로 전달하는 일
⑤ 조정(Coordinating) : 작업의 여러 부분을 상호 관련시키는 일
⑥ 보고(Reporting) : 기록, 조사, 연구, 감독을 통하여 자기 자신은 물론 상하급 직분자에게 그 상황을 알려 주는 일
⑦ 예산(Budgeting) : 재정계획, 회계 및 재정통계의 원칙에 따라 예산을 편성하는 일

3) 허어시와 브랜차드의 행정과정

폴 허어시와 캐너드 브랜차드는 「조직행동의 관리」에서 행정의 과정을 기획기능 - 조직화기능 - 동기부여 - 통제기능으로 설명하고 있다. 그리고 이 네 가지 과정은 상호연관 되어 있음을 밝히고 있다.

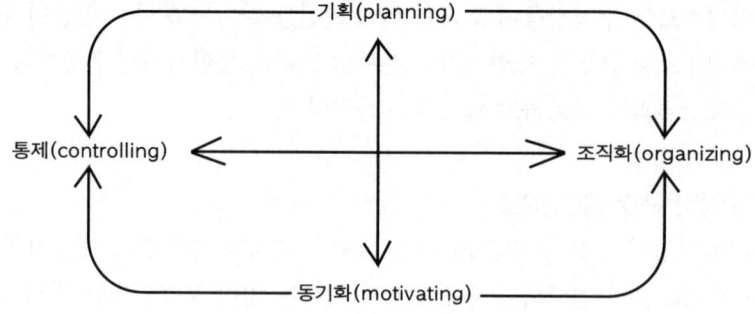

4) 찰스 티드웰의 교회 행정과정

찰스 티드웰(Chales Tedwell)은 교회 행정의 과정을 ① 목적설정 - ② 목표설정 - ③ 프로그램 작성 - ④ 기구의 조직 - ⑤ 인적 자원확보 - ⑥ 물리적 자원확보 - ⑦ 재정확보 - ⑧ 통제로 제시하였다. 티드웰은 이러한 구분은 행정의 과정을 구체적으로 설명하고 밝혀 주고 있다는 장점이 있다. 특히 기획과 조직이라는 일련의 과정에서 어떤 일이 구체적으로 이루어져야 하는지를 잘 보여 주고 있다. 기획과정은 목적설정, 목표설정 그리고 프로그램 작성으로 세분화시켰고, 조직과정은 기구의 조직, 인적 자원의 확보, 물리적 자원확보 그리고 재정확보 등 4가지로 자세하게 분류하고 있다. 이렇게 볼 때 티드웰의 행정과정은 기획과 조직의 과정에 역점을 두고 있는 듯하다.

일반적으로 이러한 일련의 행정과정을 계 - 실 - 평, 즉 계획(plan) - 실행(do) - 평가(see)라는 세 과정으로 간략하게 설명하기도 한다.[46]

2 교육행정의 과정과 기능

1) AASA의 다섯 기능

미국학교행정가협회(American Association of School Administration)는 행정을 학교교육의 목적을 성취하기 위한 인적, 물적 자원을 유효하게 활용할 수 있도록 하는 전과정이라고 보고 그 주요 기능을 다섯 가지로 제시하였다.

① 기획(Planning) : 조직의 목표가 지향하고 있는 바람직한 방향으로 미래를 계획하는 활동
② 배치(Allocation) : 운영계획에 따라 인적, 물적 자원을 확보하고 배분하는 활동
③ 자극(Stimulation) : 바람직한 결과를 얻어낼 수 있도록 행동을 동기화시

---

46. 김영호, 앞의 책, pp. 23f.

키는 활동
④ 조정(Coordination) : 각 집단의 활동을 목적 성취과업에 통합된 유형으로 적합하게 하는 과정
⑤ 평가(Evaluation) : 활동의 결과를 계속적으로 검토하는 활동

2) 캠밸의 다섯 과정

교육행정학자인 로날드 캠밸(Roald F. Campbell)은 행정을 순환과정으로 보고 그 요소를 다섯 가지로 제시하고 있다.
① 의사결정(Decision making) : 중요한 정책이나 방향을 결정하는 단계
② 프로그램 짜기(Programming) : 목표를 수행하기 위한 프로그램을 짜는 단계
③ 자극(Stimulating) : 조직의 결정을 수행하기 위해 구성원의 노력과 기여를 유도해 내는 단계
④ 조정(Coordinating) : 목적을 달성하는 데 필요한 인적, 물적 자원을 적절한 관계로 조정하는 단계
⑤ 평가(Appraising) : 최종적인 단계로 모든 결과들을 평가하는 단계이다.

3 교회교육행정의 과정과 기능

교회교육행정은 어떤 기능을 가지고 있는가? 교육행정을 통해 교회학교가 기대할 수 있는 것이 무엇인가?

1) 매리 휴즈의 행정기능

매리 휴즈(Marry E. Hughes)는 기독교교육행정이 갖고 있는 기능을 결과론적인 관점에서 다섯 가지로 설명하고 있다.[47]

---

47. 마빈 L. 롤로프, 앞의 책, pp. 204-215.

① 대표기능이다. 이는 교육위원회를 통해 이루어지는 교육행정의 기능을 가리킨다. ② 정보처리기능이다. 정보처리기능이란, 교회교육에 필요한 적절하고 다양한 정보들을 효과적으로 관리하고 제공하는 기능을 일컫는다. ③ 참모기능이다. 사람들을 모집하고 훈련하고 후원하고 적재적소에 배치하는 인사관리를 가리킨다. ④ 자원 기능이다. 교육을 위해서 사용하는 커리큘럼을 개발하고, 시설과 비품과 재정 등 제반 자원들을 동원하고 관리하고 집행하는 역할이다. ⑤ 결정기능이다. 교육목표를 결정하고 정책을 수립하고 교회교육을 위해 필요한 크고 작은 결정들을 내리는 기능이다. 크게는 교육 정책의 결정이요, 작게는 운영에 필요한 의사결정이다.

2) 도날드 밀러의 행정기능

도날드 밀러(Donalde E. Miller)는 「기독교교육개론」에서 교육행정에 관하여 간단 명료하게 설명하고 있다. "행정이란 교역의 일을 관리하는 것이다. 행정은 교회의 목적 및 과정을 돌보는 것이다. 교육행정은 교수와 학습의 목적 및 과정을 돌보는 것이다."[48] 이어서 그는 교육행정의 기능으로 다음 몇 가지를 들고 있다.[49] 첫째는 '자원들과 목적들을 조화시키는 일'이다. 행정은 교육을 위하여 동원되고 사용되는 모든 자원들이 교육하고자 하는 목적을 향하여 조화롭게 사용될 수 있도록 관리하는 역할을 한다. 둘째는 '갈등을 다루는 것'이다. 갈등은 발전의 기회가 되기도 하지만 대부분이 소모적이고 낭비적이다. 조직 내에서 갈등이 없을 수는 없다. 갈등이 없는 조직은 없다. 성숙한 행정은 갈등을 최대한 예방하고 최소화한다. 또한 부득이하게 일어난 갈등을 가능한 조기에 해결하는 것이 행정의 역할이다. 그러기에 행정학에서는 갈등관리에 많은 관심을 갖고 연구하고 있다.[50] 셋째는 '감독하는 일'을 들고 있다. 관리하고 감독하는 일은 행정의 주요한 기능이다. 다만 교회 행정에서 감독은 일반학교에서의 감독과 같을 수는 없다. 교회는 자발적인 조직체이며 교회는 자원봉사자(Volunteer)들을 중

---

48. 도날드 밀러, 고용수·장종철 역, 「기독교교육론」(서울 : 예장 총회출판국, 1991), p. 350.
49. 앞의 책, pp. 350-353.
50. 이성희, 앞의 책, pp. 159f ; 신두범, 「행정학 원론」(서울 : 박영사, 1984), pp. 257ff.

심으로 하는 특성을 갖고 있기 때문이다. "따라서 교회에서의 감독 방법은 공개적인 의사소통, 책임의 수락, 과업을 분명히 해주는 것, 절차의 지원 및 공동체의 인정 등이다."[51] 교육행정의 넷째는 교회학교로 하여금 '일관성과 방향성을 발견하도록 돕는' 것이다. 밀러의 기능 역시 행정의 결과론적인 관점에서 정리한 것이다.

행정은 이처럼 다양한 기능을 갖고 있다. 학자들에 따라 견해가 다르기도 하다. 행정이 교육적인 기능을 갖고 있기는[52] 하지만 그렇다고 행정이 교육은 아니다. 행정의 사명은 교육이 원활하게 이루어지도록 섬기고 돕는 것이다. 아무리 좋은 의도를 갖고 교육을 하려고 해도 행정적인 뒷받침이 제대로 이루어지지 않는다면 좋은 교육을 펼칠 수가 없다. 교육의 효과를 극대화시키기 위해서는 행정의 기능을 잘 파악하여 적절하게 활용하는 지혜가 필요하다.

3) 교회교육행정의 과정과 기능

교회교육행정 역시 교육행정이라는 관점에서 볼 때 그 과정이나 기능에 있어서 별로 다를 것이 없다. 기독교교육 행정가인 로버트 바우어(Robert K. Bower)는 교회교육행정의 과정을 ① 계획 ② 조직 ③ 역할분담(위임) ④ 인사관리 ⑤ 조정 ⑥ 통제로 보았다. 일반행정의 과정과 차이가 없음을 알 수 있다. 여기서는 교회교육행정을 계획 – 조직 – 실행 – 조정 – 평가의 과정으로 소개하고자 한다.

교회교육행정은 항해를 떠나는 배에 비유할 수 있다. 항해를 위해서는 먼저 어디로 항해를 할 것인지 항해의 방향을 잡고 일정을 정해야 한다(계획). 항해 일정이 다 잡혔으면 이제는 항해에 필요한 사람을 모으고, 예산을 확보하고, 물자를 챙기는 등 항해에 필요한 만반의 준비를 갖추어야 한다(조직). 이렇게 항해를 위한 계획과 준비가 끝나면 항해가 시작된다. 돛을 올리고 항해가 시작되면 이제 선장은 선원들의 사기를 앙양하고 격려하는 일에 신경을 써야 한다. 부족한 것은 없는지 불편한 것은 없는지 살펴가면서 순항하도록 해야 한다(항해). 다음

---

51. 도날드 밀러, 앞의 책, p. 352.
52. 이성희, 앞의 책, p. 29.

은 항해 도중 선원 상호간에 발생하는 갈등을 조정하고, 기관과 기계의 여기 저기에 기름을 치는 등 항해 도중에 발생하는 크고 작은 문제들에 대해 민감하게 대처해야 한다(윤활). 성공적으로 항해를 마친 후에는 새로운 항해를 위하여 기관을 점검하고 정비해야 한다. 이러한 점검과 정비활동은 항해를 마친 후에만 하는 것이 아니라 항해 도중에도 지속적으로 이루어져야 한다(정비).

이러한 일련의 항해과정은 교회교육행정이 어떤 기능을 갖고 어떤 과정을 거치면서 이루어지는지를 설명하는 데 도움이 된다. 교육행정이 갖고 있는 다양한 기능을 크게 네 가지로 정리해 볼 수 있다. 교육행정은 먼저 교회의 교육이 지향해야 할 목표를 정하고 정책을 수립하고 계획을 세우는 것으로 시작된다(계획하기). 다음은 목표를 성취하는 데 필요한 자원들-인적, 물적 자원들-을 챙긴다(조직하기). 그리고 모든 인적, 물적 자원들이 목표를 향하여 조화롭게 움직여 가도록 동기를 부여하고 사기를 앙양하는 등 지속적인 지도활동을 펼치게 된다(실행하기). 교육활동을 펼치다 보면 예기치 않은 복병을 만나기도 한다. 크고 작은 갈등이 일어나기도 하고 처음에 목표했던 방향으로 움직여지지 않는 일이 일어나기도 한다. 이때 필요한 것이 조정과 통제기능이다(조정하기). 뿐만 아니라 교육활동이 전개되는 과정 중에도 끊임없는 진단을 통하여 문제를 개선해 가야 한다. 또한 모든 활동이 끝난 후에는 활동 전반에 대한 행정평가가 이루어지고 평가의 내용들을 잘 정리하여 시정조치가 이루어지도록 해야 한다(평가하기).

① 계획 : 계획하기 - 목표설정, 정책 및 계획수립
② 조직 : 조직하기 - 조직편성, 사람배치, 예산편성
③ 항해 : 실행하기 - 관리하기, 지도하기, 동기부여하기
④ 윤활 : 조정하기 - 목표수정, 갈등관리, 역할조정, 자원조정
⑤ 정비 : 평가하기 - 진단하기, 시정조치하기

① 계획하기 - 목표설정, 정책 및 계획수립

행정은 미래에 관하여 관심을 갖고 연구하고 정책을 개발하는 미래 지향적인 활동이다. 행정은 기획과정을 통하여 정책을 개발하고 구체화하므로 미래에 대처한다. 바람직한 미래를 향한 비전을 개발하고 구체화하며, 정책을 개발하고 결정하는 일종의 나아갈 방향을 잡는 것이 기획기능이기 때문이다. 이러한 기획

활동을 통하여 만들어지는 것이 계획(plan, project, program)이다.[53] 우리는 가속적인 변화와 예측하기 힘든 미래에 직면해 있다. 그러나 기획을 통하여 획기적인 도움을 얻을 수 있다. 한국교회에는 교육행정이 단순한 관리기술로만 알려져 있다. 그러다 보니 교육행정이 갖고 있는 정책을 개발하고 결정하는 기획기능이 제대로 활용되지 못하고 있는 실정이다.

② 조직하기 - 조직편성, 사람배치, 예산편성

기획을 통하여 계획이 세워지면 그 다음은 우선 그 계획을 실행하는 데 필요한 조직을 만들어야 한다. 어떤 역할(role)이 필요한지를 생각하면서 필요한 직책(status, position)을 정한다. 이렇게 조직에 대한 그림이 그려지면 이제는 적재적소에 필요한 사람을 찾아서 앉히는 일을 하게 된다. 뿐만 아니라 계획을 수행하는 데 필요한 예산을 세워야 한다. 이러한 일련의 과정이 곧 조직하기에 해당된다. 따라서 조직하기는 앞서 세운 계획을 실행하는 데 필요한 사람을 동원하고 서로간의 역할을 명료화하고 시설과 예산을 동원하여 배분하는 과정이다. 계획을 실행하기 위한 제반 기초를 닦는 일이다. 이러한 준비가 철저하게 이루어지면 질수록 목표를 달성하게 될 가능성이 그만큼 더 높아지게 마련이다. 계획만 거창하게 세워 놓고 아무런 준비도 없이 "하자!"고 소리만 지른다고 해서 되는 일은 없다. 어떤 점에서 볼 때, 계획의 승패는 이 조직하기 단계에 달려 있다고 해도 크게 틀린 말은 아니다. 적절하고 역동적인 조직을 만들고 각 사람의 적성과 능력에 따라 사람을 배치하고 필요한 물리적인 자원들을 뒷받침할 수 있는 만반의 준비가 이루어진다면 그만큼 계획이 성공할 가능성이 높아질 것이다. 잘 짜여진 조직, 은사 중심의 사람배치 그리고 재정과 물리적 자원에 대한 효율적인 배분, 이것이 조직하기의 승패를 좌우하는 열쇠라 하겠다.

③ 실행하기 - 관리하기, 지도하기, 동기부여하기

기획과정을 통하여 생산된 계획을 실행하고 운영하는 기능이다. 배에 기름도 치고 연료도 공급하듯이 조직을 관리하고 구성원들의 사기를 앙양하는 기능이다. 이 집행기능에 포함되는 활동은 관리하기와 지도하기와 동기부여하기이다.

---

53. 홍정근, 「교육목회를 위한 교육기획연구」(장로회신학대학교 신학대학원, 미간행석사학위논문, 1989), p. 80.

관리하기는 제도나 조직을 관리하고, 교회학교를 운영하고, 각종 교육 프로그램을 운영하고, 교사에 대한 관리와 교육, 학생관리, 문서의 처리와 보관관리, 재정의 관리 등 우리가 흔히 '행정'이라고 하면 쉽게 떠올리는 기능이기도 하다. 더욱 세부적인 실무로는 보고체계 정리, 절차관리, 업무관리, 문서작성 및 관리 등이 이에 속한다. 행정을 가리켜 '관리과학'이라고 부를 만큼 관리기능은 행정활동에서도 중심적인 기능으로 이해되고 있다. 관리기능이 잘 돌아가면 그만큼 교육부서가 매끄럽게 움직이게 되고, 교사들이 교육하는 일에 전념할 수 있는 여건이 마련된다. 또한 각 부서간의 유기적인 활동이 원활하게 이루어지므로 불필요한 갈등이나 충돌을 피할 수 있다. 지도하기란 구성원들에게 적절한 자극을 주는 것이다. 선의의 압력(?)을 행사하므로 교사나 교육에 관련한 사람들이 책임과 직무를 잊어버리지 않도록 영향력을 발휘하는 것이다. 동기부여하기는 사기를 앙양하고 자원하는 마음으로 봉사하고 헌신할 수 있도록 자극을 주는 것이다. 교회학교는 대부분이 자원봉사자들로 이루어져 있다. 따라서 어떤 단체나 조직보다 헌신의 동기를 부여하고 사기를 앙양하는 노력이 중요하다.

④ 조정하기 - 목표수정, 갈등관리, 역할조정, 자원조정

행정활동의 전반적인 과정을 조정하고 통제하는 기능이다. 조정의 범위는 목표에서부터 모든 영역에 걸쳐서 이루어지게 된다. 아무리 잘 짜여진 계획이라 하더라도 실제 집행을 하다 보면 조정해야 할 일이 생기기 마련이다. 가령 교육활동을 전개해 나가는 중에 목표를 재검토하여 조정해야 할 필요가 발생할 수도 있다. 부서간의 갈등이 일어날 수도 있고 교사 상호간에 역할 수행과정에서 갈등이 발생할 수도 있다. 이럴 경우에는 부서나 교사 상호간에 협력이 잘 이루어지도록 제반역할들에 대한 조정이 불가피하게 된다. 이외에는 자원의 배분이나 공간의 사용, 교육기자재의 사용 등 다양한 분야에서 조정해야 할 일이 일어날 수 있다. 이러한 조정작업을 통하여 인적, 물적 자원들이 목표를 향하여 효과적으로 움직일 수 있도록 조화와 통합을 이루어가게 된다. 조정기능은 행정활동에 활력을 불어넣는 일이라 할 수 있다. 막힌 것을 뚫어 주고 맺힌 것을 풀어 주는 것이 조정이다.

⑤ 평가하기 : 진단하기, 시정조치하기

활동의 결과들을 진단하고 평가하고 더 나아가 평가결과를 정리하여 시정조

치를 하는 기능이다. 이는 새로운 항해를 위해 배를 정비하는 것과 같다. 여기 저기를 진단하고 살피면서 조일 것은 조이고, 풀 것은 풀어 준다. 뺄 것은 빼고 넣을 것을 넣어 준다. 고치고 수리하는 것이다. 이러한 통제와 평가는 건강한 행정을 위해 꼭 필요한 기능이다. 이러한 행정의 정비는 역시 교회교육 현장에서 거의 활용되지 못하고 있다. 연말 평가회 등을 갖기는 하지만 실질적인 평가가 이루어진다기보다는 보고회의 성격에 가깝다고 할 수 있을 것이다. 회계감사의 경우는 그래도 가장 관심 있게 진행되는 행정 평가활동이라고는 하지만 이 역시 장부 검사나 회계보고의 성격을 크게 벗어나지 못하는 실정이다. 이는 평가하는 것을 불평하는 것처럼 여기고, 은혜 없는 행동으로 여기는 사고가 팽배하기 때문일 것이다. 또한 부분적으로 평가가 이루어진다 하더라도 피드백(시정조치 ; feedback)이 전혀 이루어지지 않고 있다. 이러한 현상은 평가에 대한 불신과 무관심을 낳게 된다. 건강한 행정이 이루어지기 위해서는 진단과 평가가 행정이 갖고 있는 주된 기능임을 기억할 필요가 있다.

한편 최근에 와서 관심이 일어나고 있는 교회교육 컨설팅 역시 이 기능에 포함된다고 할 수 있다. 많은 교회학교들이 정체와 침체의 어려움에 직면하고 있다. 어떤 교회는 비록 소수의 예이기는 하지만 지역개발 등의 영향으로 학생들이 교회학교로 몰려와서 감당을 하지 못해 어려움을 겪기도 한다. 또는 현재의 교육구조나 행정을 보다 효율적이고 기능적인 모습으로 개혁하기 위하여 묘안을 찾는 교회학교도 있다. 교육 컨설팅은 이러한 고민에 도움을 주는 기능이다.

행정이 살면 교육이 풍성해진다. 행정이 잘 이루어지면 교회교육의 역동성이 살아난다. 교회에 교육은 있지만 교육정책이 없다고 안타까워하는 소리가 들린다. 행정적인 뒷받침이 제대로 이루어지지를 않아 여기 저기서 삐거덕거리는 소리가 난다. 행정의 기능을 잘 활용하면 교회교육이 지닌 이런 고질적인 문제를 해결하는데 큰 도움을 얻을 수 있다. 교회교육을 위해 좋은 행정을 정착시키는 일은 교회지도자와 교육지도자들이 챙겨야 할 핵심적인 책무이다.

4 행정의 역기능

우리는 지금까지 행정의 기능과 필요성에 대하여 살펴보았다. 행정은 유용한 것이고 필요한 것이기는 하지만 그렇다고 순기능만 있는 것은 아니다. 이제는 행정이 빠지기 쉬운 부정적인 면 즉, 역기능에 대해 간단하게 정리하고자 한다.

1) 행정 만능주의, 행정 지상주의

행정이 마치 모든 것을 해결하는 열쇠가 되는 것처럼 생각하는 것은 위험하다. 이런 행정 만능주의는 결과적으로 행정 지상주의를 불러오게 된다. 행정절차는 편의를 위해 있는 것임에도 불구하고 행정절차라는 것이 오히려 횡포를 부리게 된다. 이렇게 되면 사람을 위하고 일을 위해 봉사해야 할 행정이 결과적으로는 사람을 괴롭히고 일을 방해하게 된다. 행정은 목적이 아니다. 행정을 위한 행정은 애물단지일 뿐이다. 행정은 어디까지나 수단이다. 그런데 수단이 목적이 되어 버린 것이다. 교육행정은 어디까지나 교육적인 목표를 달성하는데 봉사하는 수단일 뿐이다. 행정 자체가 목적이 되어 버릴 때, 행정은 행정의 구실을 제대로 수행할 수 없다. 이럴 때는 행정절차를 간소화하거나 축소하는 과감한 행정개혁이 이루어져야 한다. 쇄신하지 않고 개혁하지 못하는 행정은 이미 죽은 행정이다. 일을 잘하기 위해 회의가 필요하다. 그런데 회의를 하는 것이 목적이 되고 그저 회의를 위한 회의가 되고 반대하고 제재하기 위한 회의가 된다면 그건 행정 만능주의에 빠져버린 것이다. "회의(會議)가 길면 회의(懷疑)만 늘어난다." "회의를 오래하는 교회 치고 은혜로운 교회 없다." 이런 말은 모두가 행정 만능주의나 행정 지상주의를 경계하는 뜻이 담겨 있는 격언들이다.

2) 관료주의

행정의 병폐 중의 또 하나로 관료주의를 들 수 있다. 행정 지상주의와도 관련이 있다. 행정은 봉사하는 것이다. 그럼에도 봉사하는 자리에 있지를 않고 권위를 행사하려 하고 지시하고 감독하고 나아가서는 마치 보고를 받는 것이 행정인 것처럼 생각하는 착각에 빠지는 것을 본다. 상하 위계질서를 지나치게 강조하게 되고 권위의식이 팽배해진다. 우리는 일상생활에서 이런 관료주의에 젖어 있는 행정을 쉽게 경험할 수 있다. 일반 동사무소에서도 그렇고 주차장의 관리실에서도 이런 관료주의로 삐뚤어진 행정의 모습을 쉽게 접하게 된다. 관료주의에 빠진 행정이 주로 많이 들먹이는 것이 바로 관행 또는 절차라는 것이다. 행정을 펼치는 과정에 어느 정도 시간이 지나게 되면 관행이라는 것이 생기고 그것이 고착되고 나면 또 하나의 율법이 되어 버린다. 이를 행정의 일상화(routinization)라고 한다. 이렇게 관례화되고 관행화되어 버린 행정은 비능률적일 수밖에 없다. 봉사하는 행정이 아니라 오히려 구속하는 절차가 되어 버리게 된다. 그래서 관료주의화된 행정은 행정편의에 따라 일을 하게 된다. 관료주의에 젖은 행정은 이미 행정으로써의 기능을 다 할 수 없다. 오히려 일을 옥죄는 사슬에 지나지 않는다. 살아 있는 행정이 되기 위해서는 타성과 관행과 권위의식의 껍질을 깨뜨리는 일에 부단히 노력해야 한다.

3) 문서주의

행정에 있어서 문서는 필요한 것이다. 문서를 통하여 체계적인 정리가 가능하고 자료를 남길 수 있다. 하지만 문서를 지나치게 강조하고 행정이 문서에 얽매이게 될 때 나타나는 것이 문서주의이다. 문서주의는 행정 지상주의나 관료주의와 함께 나타나는 증후군이요, 조직병리 중의 하나이다. 문서작성을 잘하고 문서관리를 체계적으로 잘하는 것이 마치 행정인 것처럼 생각한다. 이런저런 보고서가 많아지고 보고서를 작성하는 것이 마치 중요한 업무처럼 되어 버린다. 수단이 되어야 할 문서가 마치 목적인 것처럼 받아들여지게 된다. 대화와 토론을 위한 수단에 사용되어야 할 문서가 대화와 토론을 대치해 버리는 것은 잘못이다. 이렇게 되면 결과적으로 사람은 없고 문서만 남는다. 대화는 없고 문서만 있다. 문서주의에 빠진 것이다. 창의적이고 생산적인 대화나 의견의 교환 그리고 발전적인 토론은 기대할 수 없게 된다.

4) 형식주의

우리는 형식을 중요시하는 문화에 젖어 있다. 매사에 형식 갖추는 것을 좋아한다. 형식과 절차에서 벗어나면 될 일도 안 된다. 반면에 형식과 절차가 잘 갖추어지면 안 될 일도 되는 경우가 많다.

형식을 선호하는 이런 문화는 행정에도 그대로 반영이 되었다. 형식과 절차를 갖춘 보고서나 기안문 그리고 보고와 결재의 절차가 중요시된다. 아무리 명분이 있고 모두가 공감하는 일이라 하더라도 형식과 절차를 밟지 않으면 일을 추진하기 어렵게 된다. 이처럼 경직되고 형식적인 보고체계는 조직을 질식시킨다. 또한 회의를 중요시하게 되고 회의가 길어진다. 마치 회의를 하는 것이 일인 것처럼 생각하게 된다. 일이나 봉사에는 빠져도 회의에는 빠지지 않는다. 회의에서는 이런저런 말을 많이 하지만 막상 사역이 벌어졌을 때는 얼굴도 내밀지 않는다. 이런 사람들에게는 회의라는 형식이 중요하다. 이러한 형식주의는 대개 자리가 잡힌 교회나 역사가 오랜 된 교회에서 많이 나타난다. 형식은 필요한 것이다. 하지만 형식이 지나치게 강조되게 되고 더 나아가 절대시될 때 형식주의에 빠지게 된다. 그리고 이런 형식주의는 곧 외식주의로 발전하기 마련이다.

이와 같은 행정 만능주의와 관료주의는 일을 망친다. 소모적이다. 시간만 끌고 예산만 낭비한다. 조직은 방만해지고 회의만 하고 회의비만 쓴다. 하나님의 일을 망치고 사람을 지치게 만든다. 이런 행정은 하지 않으니 만 못하다. 모름지기 행정은 항상 목적을 위한 수단이요 봉사의 자리에 있어야 한다. 봉사의 정신을 잃은 행정은 행정이 아니다. 행정이라는 이름의 횡포요, 율법이요 또 다른 형태의 우상이다. 행정을 담당하는 사람은 행정이 빠지게 될 위험이나 행정이 범할 수 있는 해악에 대해 항상 경계하고 깨어 있어야 한다.

제 4 장

교회교육행정의 단위와 행정기술

행정의 단위와 수준은 다양하다. 정부 단위의 교육행정이 있고, 지방 자치단위의 교육행정이 있고 학교단위의 교육행정을 생각할 수 있다. 학교행정에 있어서도 학교장 차원의 행정이 있고, 간부주임의 행정이 있으며 학급 담임교사 차원의 행정이 있다. 심지어 학급의 반장도 나름대로의 위치에서 행정을 펼친다. 교육행정은 그 단위나 규모에 따라 다양한 수준의 행정이 펼쳐지게 된다. 따라서 행정가는 그가 처한 위치에 따라 적절한 수준의 행정능력을 갖고 있어야 한다. 우리는 흔히 '행정'이라고 하면 어느 '기관의 장'이 하는 일이라고 생각한다. 기관장은 곧 행정가라고 생각하기 때문이다. 그렇다. 기관장은 분명 행정가이다. 그렇다고 기관장만이 행정가가 되는 것은 아니다. 모든 사람은 각자의 위치에서 행정을 펼친다. 다만 그 사람의 위치에 따라 역할이 다르고, 권한이 다르고, 거기에 따라 필요한 행정 기술이나 능력이 다를 뿐이다.

교회교육행정에 있어서도 마찬가지이다. 윤정일 등은 일반교육행정의 영역을 분류하면서 행정단위에 따라 중앙교육행정, 지방교육행정, 학교교육행정 등 세 가지로 분류하고 있다.[54] 이러한 행정단위의 분류는 기독교교육 행정에서도 유효하다. 교회교육의 행정 역시 크게 총회(교단)교육행정, 노회교육행정, 교회교육행정 등 세 가지 영역으로 분류할 수 있다. 즉, 교단 차원(단위)의 교육행정이 있고, 노회 단위의 교육행정이 있으며, 교회차원의 교육행정이 있다. 교회 안에서도 당회장 수준의 교육행정이 있고, 교육위원장이나 교육부장 차원의 행정이 있으며, 각 부서의 부장이 펼치는 행정이 있다. 또한 교육목사의 위치에서 펼치는 행정이 있는가 하면 교육전도사의 위치에서 수행하는 행정이 있다. 그리고 각각의 행정 수준에 따라서 필요한 행정능력이 다르다. 이처럼 교회교육행정에 있어서 고려해야 하는 이러한 교육행정의 단위와 수준은 크게 두 가지 범주로 나누어 볼 수 있다. 하나는 교단 차원의 교육행정이고, 다른 하나는 교회차원의 교육행정이다. 여기서는 조직의 두 가지 차원에 대하여 간략히 소개한 후, 교회차원의 교육행정 조직을 중심으로 다루고자 한다.

---

54. 윤정일 외, 「교육행정학원론」(서울 : 학지사, 1997), p. 23.

1 교회교육행정의 단위들

1) 교단의 교육행정 차원들

우선 교회교육행정을 교단 또는 총회적인 차원에서 보면 세 가지 차원의 행정단위로 생각할 수 있다. 총회, 노회 그리고 교회이다. 이를 그림으로 나타내면 다음과 같다.

〈 행정의 단위에 따른 행정 차원들 〉

각 행정의 차원들은 해당되는 행정업무를 관장하는 주무기관들이 있고 대표적인 행정활동의 내용들이 있다. 그리고 해당되는 행정활동을 펼치기 위해 필요한 행정능력들을 갖추어야 한다. 이를 다음과 같이 도표로 정리해 볼 수 있다.

행정단위	주무기관	책임자	활동내용	관련기관
총회	교단 교육부	교육부장, 총무	교단교육 정책개발	• 에큐메니칼 교육 협의기관 • 총회 • 교단 신학대학 관련학과 • 신학대학 연구소 • 평신도 교육지도자 그룹
노회	노회 교육부	교육부장, (총무)	지역 교회교육 정책개발	• 총회교육부 • 지방 신학대학 관련학과 • 신학대학 연구소 • 평신도 교육지도자 그룹
교회	당회	담임목사(교육목사)	교회교육 정책개발	• 노회 교육부 • 교회내 교육위원회 • 교회내 교육부서

2) 교회의 교육행정 차원들

개 교회의 차원에서 이루어지는 교육행정으로는 크게 네 가지 차원의 행정을 생각할 수 있다. 첫째는 당회이다. 교회행정은 당회를 중심으로 이루어진다. 그런 점에서 당회는 교회교육행정상의 최종 결정기관이다. 당회는 대내외적인 교육행정상의 업무를 총괄하게 된다. 따라서 당회는 교회 내에서 이루어지는 교육행정상의 제반사항 뿐만 아니라 노회나 연합기관 등과 같은 교회 외적인 교육적인 연대나 협력 등을 관장하게 된다. 한국교회의 경우 만약 당회가 교육위원회에 전권을 위임하여 교육행정 업무를 관장하고 추진하도록 하는 경우라 하더라도 최종적인 행정적인 조치는 대부분 당회를 경유하여 내려지게 된다. 둘째는 교육위원회이다. 대부분의 교회가 교육위원회를 두고 있다. 다만 그 조직이나 기능, 역할 등에 있어서는 아직은 정리된 규정이 없으며, 그 활동도 극히 제한적이라 할 수 있다. 그럼에도 교육위원회는 교회교육에 있어서 중심적인 행정기구로써 자리하고 있다. 교회전반에 걸친 교육행정이 교육위원회를 중심으로 펼쳐진다. 그런 점에서 교육위원회는 명실공히 교육행정의 중추기관이라 할 수 있다. 셋째는 교육부서들이다. 교육부서는 교회교육행정의 실무적인 중심단위이다. 그리고 교육부서간의 연대와 조정을 위한 기관으로 부서장 회의나 기관장 회의 등이 있다. 이는 교회교육을 위해 유기적인 행정을 펼치기 위한 중추신경 조직이라 할 수 있다. 대부분의 교회의 경우, 교육부서 단위에서 교회교육의 실무적이고 실제적인 행정업무들이 이루어진다. 넷째는 교사회와 자치회이다. 교사회와 자치회는 교육행정의 단위로는 가장 작은 단위이며, 실무적인 단위이다. 교사회는 해당 부서 교사들의 조직으로 부서 내에서 일어나는 제반 사항을 직접 관리하고 집행하게 된다. 자치회는 아동부나 중·고등부 이상의 교육부서에서 있게 되는 교육조직의 단위이다. 교회교육의 수혜자들의 대의기구이자 대표기구로써 자치회는 중요한 교육적 기능을 하게 되고 따라서 행정상의 중요한 위치를 차지하게 된다. 이러한 교회교육행정상의 단위들을 그림으로 나타내면 다음과 같다.

〈교회단위의 교육행정 차원을 나타내는 도표-1〉

위에 제시한 표는 피라미드 구조로서 전형적인 계층구조(hierarchy)의 성격을 띄고 있다. 원래 계층제는 조직을 능률적으로 운영하기 위하여 권한과 책임의 정도에 따라 조직을 계급화하는 조직의 원리를 가리킨다. 따라서 이러한 피라미드 형태의 도표는 행정의 단위에 따른 차원을 설명하는 데에는 효과적이지만 자칫 계급구조를 떠올릴 위험이 있다. 계층을 계급으로 이해하게 될 때 교회조직의 유기체적인 성격이 상처를 입게 된다. 따라서 조직체이면서 동시에 유기체적인 성격을 가진 교회조직의 특성을 고려할 때, 아래와 같이 나타낼 수 있을 것이다.

〈교회단위의 교육행정 차원을 나타내는 도표-2〉

조직에 있어서 이러한 차이는 앞으로 다루게 될 교회교육을 위한 행정조직에 있어서 현격한 차이를 드러내게 된다.

2 교회교육에 필요한 행정기술

행정의 수준에 따라 요구되는 행정의 능력과 기술도 다를 수밖에 없다. 일반 교육행정에 있어서도 정부 단위인 교육부장관에게 요구되는 행정능력과 학교장에게 요구되는 행정능력 그리고 학급담임 교사에게 필요한 행정능력이 같을 수 없다. 교육활동에 참여하는 모든 지도자는 그 위치에 필요한 행정능력이나 기술을 갖추어야 한다. 기관의 장에게는 정책결정을 결정하고 교육활동을 기획하는 등의 보다 전체적이고 입체적이며 포괄적인 행정능력이 요구된다. 한편 실무적인 부서의 장에게 요구되는 행정능력은 부서 관리나 문서작성과 관리 등과 같은 단편적이고 실제적인 행정실무에 필요한 관리기술이다. 그렇다면 교회교육행정에 있어서 행정의 각 계층에 따라 요구되는 행정능력이 어떻게 다르게 나타나는 것인지를 살펴보고자 한다.

로버트 케이츠(Robert L. Katz)는 성공적인 행정수행 기술로 실무적 기술(technical skill), 인간화적 기술(human skill), 전체 파악적 기술(conceptual skill)을 들고 있다.[55] 이는 교육행정을 수행하는 데 필요한 세 가지 행정기술을 설명하는 데 유용하다.

1) 실무적 행정기술

이는 주로 관리적인 위치보다는 실무적인 위치에 있는 사람들에게 요구되는 행정기술로서 구체적이고 특수한 과제를 수행하기 위해 필요한 능력을 가리킨다. 예컨대, 교사나 임원교사들이 갖추어야 할 행정기술이다. 일반교사들은 출

---

55. 김윤태, 앞의 책, pp. 21-22 ; 허어시와 브랜차드는 관리자의 세 가지 기술로 전문적 기술, 인간관계적 기술, 통합적 기술을 들고 있다. 허어시·브랜차드, 김남현 역, 「조직행동의 관리」(서울 : 경문사, 1997), pp. 21-22.

석부를 관리한다거나, 교재나 교구를 챙긴다거나, 필요한 교육자료를 구입하고 관리하는 데 필요한 능력을 갖추어야 한다. 총무교사는 구체적인 프로그램을 계획하고 집행하거나, 부서 내의 다양한 교육 프로그램을 조화롭게 관리 운영하는 행정기술이 필요하다. 회계교사는 회계장부를 정리한다거나, 재정의 출납을 관리하는 행정기술이 필요하다. 서기교사는 부서 내의 각종 서무관리와 기록관리 등과 관련한 행정기술이 필요하다. 학생 자치회의 임원들에게는 회의를 운영하고, 프로그램을 준비하고, 각종 장부나 파일을 정리하고 관리하는 등의 기술이 필요하다. 이러한 행정기술이 바로 대표적인 실무적 행정기술이다. 이는 섬세하고 세부적인 행정능력으로 교육현장이 매끄럽게 운영되고 교육활동이 원활하게 진행되는 데 아주 중요한 역할을 한다. 아무리 훌륭한 교육정책이라 하더라도 실무적인 행정기술의 뒷받침이 없이 실효를 거두기는 어렵기 때문이다.

2) 인간화적 행정기술

이는 주로 행정위계상의 중간관리적인 위치에 있는 사람들에게 요구되는 행정기술이다. 중간관리자들이 갖추어야 할 행정기술은 문서를 관리한다거나 출석부를 관리하는 등의 구체적인 실무 기술보다는 팀워크(teamwork)를 높인다거나 사기를 앙양시키는 등의 친화적이고 인화적인 행정능력이다. 중간관리 층에 속하는 부장이나 부감, 부서 담당 교역자들은 해당 부서의 교육목표를 위해 헌신하는 위치에 있다. 따라서 임원교사와 일반교사가 담당 부서에 주어진 교육목표를 향하여 달려갈 수 있도록 추진해 나가야 한다. 사람의 도움이 없이 일을 이룰 수 없다. 특히 부서의 교육목표를 달성하기 위해서는 부서 교사들의 협력과 도움이 절대적이다. 따라서 부서 교사들의 동기를 부여하고 사기를 고양시키며 팀워크를 이루어 가도록 행정적인 능력을 발휘하여야 한다. 또한 중간관리자들인 부장이나 부감, 부서 교역자들은 위로 교육위원회와 당회의 요구를 수용해야 하고, 아래로 해당부서 교사들의 요구에 귀를 기울여야 하며, 옆으로 다른 부서의 관리자들과 조화를 이루어야 하는 중간적인 위치에 있다. 따라서 중간 관리자들이 이러한 인화적인 행정 지도력을 효과적으로 발휘하지 못할 때, 불필요한 마찰이나 갈등을 피할 수 없다. 그만큼 인화적 행정 지도력은 복잡 미묘하면서도 중요한 역할을 하게 된다.

3) 전체 파악적인 행정기술

교회공동체의 교육적인 필요(needs)나 프로그램을 교회 전체적으로 보고 파악할 수 있는 능력을 가리킨다. 이는 대개 담임교역자나 교육전담목사 또는 교육위원장과 같이 상층부의 위치에서 교육행정을 수행하는 행정가들에게 요구되는 행정능력이다. 이들은 교회 안에 어떤 교육적인 욕구가 있는지, 각 교육기관들이 유기적인 관계를 맺고 있는지, 교회 안에서 제공되고 있는 각종 교육 프로그램들이 균형을 이루고 있으며 효과적으로 진행되고 있는지 등 교육목회 전반에 걸친 교육적 상황을 파악할 수 있어야 한다. 무엇보다 교회공동체가 나아가야 할 교육적인 방향과 비전을 제시하고, 정책을 개발하며, 교육기획을 통하여 효과적인 프로그램을 제공하며, 교회 안에서 발생하는 다양한 교육적인 욕구나 기대에 대해 적절한 응답을 할 수 있어야 한다.

이상과 같이 행정의 차원에 따라서 요구되는 행정기술이 다르게 나타난다. 그렇다고 해서 행정 계층에 따라서 요구되는 행정기술이 실무적 기술과 인화적 기술, 전체 파악적 기술 등으로 확연하게 구분되는 것은 아니다. 아무리 실무적인 위치에 있는 일반교사라 하더라도 인화적인 기술과 전체 파악적인 기술도 어느 정도는 갖추어야 한다. 비율에 있어서는 차이가 있겠으나 모든 행정계층은 실무기술 뿐만 아니라 인화적인 기술과 전체 파악적인 기술을 균형 있게 갖추는 것이 필요하다. 각 행정 계층(단위)에 따라 요구되는 행정기술의 비율을 그림으로 나타내면 다음과 같다.

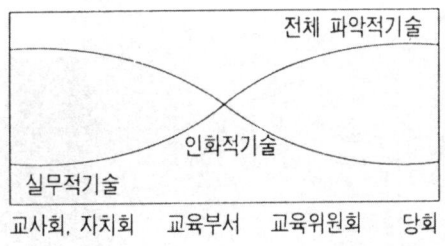

지금까지 한국교회에서는 주로 실무적인 행정기술 중심으로 교육행정을 다루어 왔다. 그래서 교육정책의 부재니, 교육기획의 부재니 하는 지적이 상존해 왔다. 따라서 보다 효율적인 교회교육의 수행을 위하여 중간 지도력인 인화적인 행정기술과 상위관리 층의 전체 파악적인 행정기술을 보완해 가야 할 것이다.

제 5 장

교회교육행정 기획론

하나님은 위대한 기획가이시다. 하나님이 지으신 창조세계는 거대하면서도 정교한 섭리와 질서로 짜여져 있다. 사람의 머리로는 풀 수 없는 설계이다. 하나님이 얼마나 완벽한 기획가인지를 여실히 보여 주고 있다. 예수님은 "너희 중에 누가 망대를 세우고자 할진대 자기의 가진 것이 준공하기까지에 족할는지 먼저 앉아 그 비용을 예산하지 아니하겠느냐?"(눅 14 : 28)고 말씀하셨다. 이 가르침 속에는 기획의 중요성이 담겨 있다.[56] 사실 우리는 예수님의 지상사역에서 놀라운 기획력의 조화를 발견할 수 있다. 언뜻 보기에는 아무 계획 없이 발길 닫는 데로 움직이시는 것 같다. 하지만 예수님의 활동에는 놀라운 기획적인 배려가 나타난다. 제자의 선택, 훈련과 파송의 과정, 나사로를 살리시는 사건, 잡히시던 날의 유월절 식사 등 모두가 주님의 치밀한 기획력이 숨겨져 있는 사건들이라 할 수 있다.

목회자는 기획가이자 연출가이다. 목회자는 매주일 예배라는 한편의 신령한 드라마(또는 사건)를 연출한다. 연중에는 크고 작은 행사들을 기획하고 연출한다. 길게는 몇 년 앞을 내다보면서 목회계획을 세운다. 그러기에 목회자에게는 기획가요 연출가로서의 감각이 요구된다. 교육지도자 역시 그렇다. 매 주일마다 예배-성경학습-특별활동으로 이어지는 일련의 신앙교육 활동을 기획하고 연출한다. 여기에는 많은 사람이 등장하고 수많은 시설과 비품과 소품들이 동원된다. 주일 뿐만 아니다. 주중에 또는 월중이나 연중에 어떤 교육적인 활동을 펼칠 것인지를 기획하고 연출하며 학생들에게 제공한다. 그러기에 교육지도자는 대단한 기획가요 연출가의 일을 하고 있는 것이다. 최근 열린 교육이니 열린 예배니 하는 새로운 시도들이 교회교육에 하나 둘씩 소개되면서 기획가요 연출가로서의 감각이 더욱 요구되고 있다.

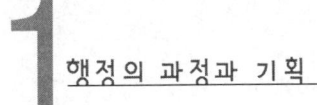

1 행정의 과정과 기획

---

56. 이성희, 앞의 책, p. 286.

앞에서도 소개한 바와 같이 행정은 동태적인 활동이다. 그리고 순환적이다. 행정은 끊임없이 움직이며 돌고 돌면서 순환한다. 계획하고 실행하고 평가하고 이를 다시 반영하여 계획하고 실행하고 평가한다. 이러한 행정에는 여러 요소들이 있다. 훼욜(Henri Fayol)은 행정을 계획 - 조직 - 명령 - 조정 - 통제라는 다섯 요소로 설명하고 있다. 한편 훼욜의 영향을 받은 규릭(Luther Gulick)은 행정의 기능(또는 요소)을 나타내는 일곱 단계의 첫 글자를 따서 POSDCoRB라는 신조어를 만들어 내었다. 행정은 기획(Planning), 조직(Organizing), 인사(Staffing), 지휘(Directing), 조정(Coodinating), 보고(Reporting), 예산(Budgeting)으로 이루어진다고 본 것이다. 이처럼 행정은 순환적이면서 과정적이다. 행정은 과정이다. 기획으로부터 시작해서 평가에 이르기까지 일련의 과정을 통하여 행정이 이루어진다. 이런 행정의 과정에서 기획은 그 출발점이 된다. 행정은 기획으로부터 시작된다. 기획은 행정의 첫 단추를 끼우는 것이다. 그러기에 기획은 행정의 과정에서 우선적으로 행해지는 활동이며, 뒤를 잇는 행정의 실행과 관리의 승패를 좌우할 만큼 중요한 역할을 한다.[57] 기획은 행정을 위해 설계도를 만들어 주는 활동[58]으로 행정이 어떤 방향으로 나아가야 할 것인지를 제시하는 활동이다. 기획이 제대로 이루어지지 않으면 뒤를 따르는 행정활동이 우왕좌왕하게 된다. 어디로 가야 할지 방향을 제대로 찾지 못해 갈팡질팡하게 된다.

2 교육기획의 정의

기획에 대한 정의는 다양하다. 기획(planning)을 단순히 계획(plan)[59]을 수립

---

57. 이형행, 「신교육행정론」(서울 : 문음사, 1985), pp. 196, 205.
58. 정인흥 외, 「문제중심의 행정학」(서울 : 박영사, 1982), p. 116.
59. 여기서 잠깐 기획(planning)과 계획(plan)의 차이를 소개하고자 한다. 계획은 기획의 산물이다. 기획은 계획을 만드는 과정이요, 계획은 기획을 통하여 만들어진 결과물이다(윤정일 외, p. 213). 일반적으로는 두 용어가 구분 없이 혼용되고 있다. 본 글에서도 기획은 과정으로 계획은 결과를 나타내는 것으로 정의하되, 경우에 따라서는 편의상 혼용하여 사용하기

하는 활동(협의의 정의)으로 보는 경우도 있고, 목표설정에서부터 목표를 달성하기 위한 최선의 수단과 방법을 얻어내는 것까지를 포함하는 활동(광의의 정의)으로 보는 경우도 있다. 심지어는 계획의 수립과 실행과 평가까지의 과정을 기획의 과정에 포함시키는 경우도 있다.[60] 현대 행정에서는 기획의 개념을 상당히 넓은 개념으로 받아들이고 있다.[61] 교회교육 기획에서는 목표설정에서부터 목표를 성취할 수 있는 방안을 찾아내는 일련의 의사소통의 과정 정도로 파악하는 것이 무난할 것이다. 즉, 기획이란 계획을 만들어 가는 과정이다. 따라서 교육기획이란 교회교육의 바람직한 미래를 위한 목표를 설정하고 목표를 달성하기 위한 효과적인 수단과 방법을 모색하는 일련의 의사소통의 과정이라 할 수 있다. 따라서 기획에는 몇 가지 중요한 특성을 갖게 된다. 우선은 교육기획은 미래 지향적인 행정활동이라는 점이다. 교육기획을 통하여 우리는 미래를 진단하고 예측하고 설계하고 계획을 실행하는 데 필요한 제반준비를 갖추게 된다. 여기서 말하는 미래란 주간, 월간, 연간 계획과 같이 가까운 미래를 가리킬 수도 있고, 연간 계획, 5개년 계획, 10개년 계획 등과 같이 먼 미래를 가리킬 수도 있다. 또 한 가지는 교육기획은 목표 지향적인 활동이라는 점을 지적할 수 있다. 우리는 교육기획을 통하여 목표를 세우고 구체화하게 된다. 이때 한 가지 조심해야 할 점이 있다. 교회교육 기획에서는 합리적인 목표설정과 함께 영적인 비전을 담아내는 목표설정이 이루어져야 한다는 점이다. 교회교육 기획은 영적인 비전을 구체화하는 과정이라 할 수 있다. 영적 비전이 담겨 있지 않은 교육계획은 교회교육을 위한 계획으로는 불완전하다. 따라서 기획과정에서 이루어지는 의사소통은 합리적인 근거나 객관적인 통계를 뛰어넘는 영적인 비전의 기초 위에서 이루어져야 한다. 또한 조직내의 수평적 수직적 기관이나 부서들이 지향하는 교육목표가 동일한 방향을 향하도록 구상하고, 또한 모든 기관, 부서의 교육활동들이 목표 지향적인 활동이 되도록 설계해야 한다.

로 한다.
60. 윤정일 외, 앞의 책, pp. 225 - 229.
61. 이성희, 앞의 책, p. 288.

3 교육기획의 유형

기획의 종류는 분류기준에 따라서 다양하다. 그리고 여기서는 교육기획과 관련이 깊은 주체, 기간, 대상, 영역에 따른 기획의 유형들을 간략하게 소개하고자 한다.

1) 주체에 따른 유형

기획의 주체가 누구냐에 따라서 교육기획의 유형은 교단 교육기획, 노회 교육기획, 교회 교육기획, 부서 교육기획 등으로 구분할 수 있다. 1) 교단 교육기획은 교단이 주체가 되어 수립하는 교육기획이다. 교단의 교육발전계획, 교육정책수립, 지도력개발, 교재개발 등과 관련된 기획이 여기에 속한다. 현재는 총회교육부가 이 역할을 담당하고 있다. 2) 노회 교육기획은 노회가 주체가 되는 교육기획이다. 지역적 특성에 맞는 교육정책의 개발이나 다양한 교육개발을 위하여는 노회 단위의 교육기획이 활성화되어야 한다. 아직은 활동이 극히 미약하거나 부재한 상태라고 할 수 있는 기획유형이다. 하지만 앞으로는 지방화 시대로 나아가면서 강화되어질 기획의 유형이다. 3) 교회 교육기획은 교회가 주체가 되어 개 교회에 적합한 교육개발을 추진하는 교육기획이다. 이 부분도 아직은 극히 제한적으로만 이루어지고 있는 실정이다. 교육위원회나 기획위원회 등을 통하여 더욱 활성화되어야 할 기획유형이라 하겠다. 4) 부서 교육기획은 교회 내의 여러 교육부서나 기관에서 이루어지는 교육기획이다. 한국교회 안에서 가장 활성화되어 있는 기획의 유형이라 할 수 있다. 부서의 자율성을 고취하는 차원에서 앞으로 더욱 강조되어야 할 기획이다. 다만 부서 교육기획은 교회교육기획과 긴밀한 연계성을 유지하는 가운데 이루어져야 한다. 지나친 부서 중심이나 부서 이기주의적인 기획은 바람직하지 못한 결과를 초래하게 된다.

2) 기간에 따른 유형

계획의 기간에 따라 교육기획은 장기 교육기획, 중기 교육기획, 단기 교육기획 등으로 나누어진다. 장기기획은 일반적으로 6년 이상의 기간을 염두에 두고 이루어지는 교육기획이다. 10개년 교육계획, 교회교육 장기발전계획 등이 여기에 속한다. 교육은 백년지대계라 한다. 교회교육에도 이 말은 적용될 수 있다. 멀리 보지 못한 채, 눈앞만 보고 하는 교육이 좋은 효과를 거두기는 어렵다. 교육은 장기적인 안목과 지구력이 필요한 활동이다. 눈앞의 결과를 보고 하는 교육이 아니라 먼 미래를 보고 하는 교회교육이 되어야 한다. 그러기 위해 장기적인 교육계획에 관심을 가져야 한다. 장기기획은 미래를 설계한다는 점에는 유용하지만 기간이 지나치게 길기 때문에 그동안의 다양한 변수 등에 의하여 실용성이 떨어지고 무척 유동적이라는 제약을 갖고 있다. 2) 중기기획은 2년 내지 5년을 기간으로 하는 기획이다. 장기와 단기의 중간에 위치하고 있어 교회행정의 차원에서는 가장 실현가능성도 높고 가장 많이 이용되는 기획이다.[62] 하지만 교육현장의 경우, 교육지도자의 잦은 교체와 이동, 기획적인 사고의 부족 등으로 중기기획이 제대로 이루어지지 못하는 실정이다. 따라서 부서의 부장이나 담당 교역자가 바뀌면 교육정책이 바뀌는 교육정책의 일과성 현상을 답습하고 있다. 교회교육의 안정적인 발전과 지속성 있는 교육을 위해서 중기 교육기획은 꼭 필요한 기획이다. 부서를 책임지는 교육지도자라면 최소한 중기 교육기획에 대하여 많은 관심을 가져야 할 것이다. 3) 단기기획는 대개 1년 혹은 그 미만의 단기간을 위한 기획이다. 연간 교육계획, 수련회계획 등이 여기에 속한다. 단기기획은 교회의 교육기획의 중심을 이루고 있다. 단기기획은 비교적 짧은 기간을 위한 기획이기에 미래 예측이 용이하고, 결과 예측도 용이하다. 따라서 단기기획은 그만큼 실용적이고 실현가능성이 높다. 그러다 보니 대부분의 교육기획이 이러한 단기기획을 통하여 이루어지고 있는 실정이다. 하지만 중장기 교육기획을 고려하지 않은 단기기획은 많은 부작용을 낳을 수 있다. 따라서 좋은 단기기획은 중장기기획을 충분히 고려하면서 이루어져야 한다. 위의 세 가지 유형을 정리해 보면 다음과 같다.

---

62. 앞의 책, p. 294.

구 분	기 간	실현가능성	사용빈도	구체성의 정도
장기교육기획	6년 이상	낮다	아주 낮다	일반적 / 방향제시
중기교육기획	2~5년	좀 낮다	낮다	좀 구체화된 비전제시
단기교육기획	1년/단기간	높다	높다	아주 구체적 / 역할제시

3) 대상에 따른 유형

기획이 무엇을 대상으로 하느냐에 따라 기획은 인적기획, 물적기획, 재정기획, 행정기획 등으로 구분할 수 있다.[63] 여기에 교육 프로그램 기획을 추가할 수 있다. ① 인적기획은 사람을 대상으로 하는 기획으로 교회교육을 위해 필요한 인적 자원을 개발하는 것을 가리킨다. 교회교육행정은 인간 지향적이다. 인적기획은 사람을 세워 주고 구비시키는 데 초점을 두어야 한다. 체계적이고 장기적인 인적기획을 통하여 교사수급의 문제나 효과적인 역할분담의 문제 등을 해결할 수 있을 것이다. ② 물적기획은 교회교육을 위해 필요한 자연자원을 대상으로 하는 기획이다. 시설공간, 비품, 소모품 등과 관련한 기획이다. 특히 공간의 부족으로 어려움을 겪는 현실을 감안할 때 공간기획에 관한 노력이 필요하다. ③ 재정기획은 재정을 대상으로 하는 기획이다. 교육을 위해서는 필요한 교육재정의 확보와 관리가 이루어져야 한다. 지혜로운 재정기획을 통하여 교회교육에 필요한 재정을 은혜롭게 조달할 수 있어야 하겠고, 주어진 재정을 효과적으로 관리하고 사용하는 지혜를 찾아야 한다. ④ 행정기획은 행정을 대상으로 하는 기획이다. 행정이란 교회교육의 제반활동들이 잘 수행되도록 뒷받침하는 활동이다. 행정은 봉사다. 보다 양질의 봉사를 제공하여 교육활동이 원활하게 이루어지도록 하기 위한 기획이 행정기획이다. 이런 점에서 행정은 이차적인 보조 업무이다.[64] ⑤ 프로그램 기획은 교회에서 사용할 교육 프로그램을 대상으로 하는 기획이다. 예배 프로그램, 양육 프로그램, 사역 프로그램, 지도력 개발 프로그램 등 교회교육에 필요한 프로그램들을 기획하는 것이다. 이는 현재 교회교육 현장에서 가장 많이 사용하고 있는 기획의 유형 중의 하나라 할 수 있다. 최

---

63. 앞의 책, pp. 298-299.
64. 앞의 책, p. 299.

근에 와서는 특히 이벤트성 프로그램이 늘어나면서 프로그램 기획에 대한 관심이 높아 가고 있다.

4) 영역에 따른 유형

교회교육에서 펼쳐지는 다양한 활동영역에 따라 기획을 구분하는 것이다. 이를 위해서는 먼저 교회교육의 다양한 활동 영역들에 대하여 살펴볼 필요가 있다. 교회교육에는 다양한 영역들이 있다. 피어스(M. M. Pearse)는 교회교육의 활동영역을 교육적 영역, 목회적 영역, 보급적 영역, 재정적 영역, 행정적 영역으로 나누고 있다.[65] 교육적 영역이란 학습자가 배우도록 가르치고 돕는 일, 목회적인 영역이란 학생들을 목회적으로 후원하는 일, 보급적 영역이란 필요한 설비, 비품, 소모품을 제공하는 일, 재정적 영역이란 필요한 재정을 제공하고 회계하는 일, 행정적 영역이란 필요한 행정을 펼치는 일을 가리킨다. 마리아 해리스는 교육활동의 다섯 가지 영역으로 케리그마, 디다케, 레이투르기아, 코이노니아, 디아코니아를 들고 있다. 한편 교회교육 현장에서 행해지고 있는 활동은 크게 예배활동, 양육활동, 사역활동으로 나눌 수 있다. 예배영역에는 예배와 설교를, 양육영역에는 성경공부, 영성훈련(찬양, 기도), 상담, 친교 등을, 사역영역에는 선교, 봉사, 문화사역을 들 수 있다. 그리고 각각의 영역에 필요한 지도력 개발과 모든 영역을 뒷받침하는 행정적 조치를 교육활동의 영역으로 들 수 있다. 즉, 교회의 교육활동들은 예배, 양육, 사역, 지도력, 행정영역으로 구분되게 된다. 이러한 활동영역들을 그림으로 그려 보면 다음과 같다.

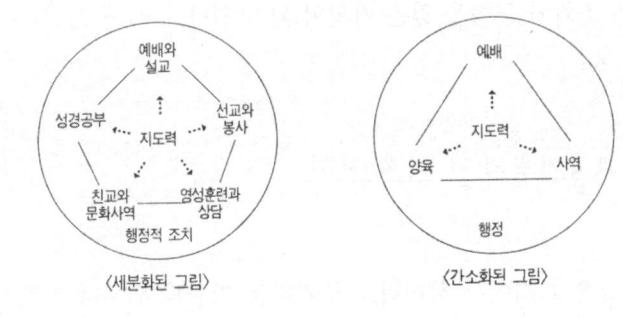

〈세분화된 그림〉　〈간소화된 그림〉

---

65. M. M. 피어스, 앞의 책, pp. 22ff.

이러한 활동의 영역들은 교육기획의 영역이 된다. 따라서 영역에 따라 기획은 예배기획, 양육기획, 사역기획, 지도력 개발기획, 행정기획으로 나눌 수 있다. ① 예배기획은 예배와 설교를 위한 기획이다. 매주마다 드리는 예배이지만 연간 예배계획, 절기 예배계획 등에 대한 준비된 구상을 갖는 것이 무엇보다 필요하다. 다양한 절기, 영적인 필요 등을 고려하여 예배를 기획하고 설교를 구상하는 활동이다. 최근 들어 특히 예배에 대한 관심이 고조되고 있다. 다양한 예배 형식의 도입은 예배기획의 필요성을 더욱 강화시키고 있다. ② 양육기획은 성경공부, 영성훈련(찬양, 기도), 상담, 친교 등을 위한 기획이다. 양육은 교육의 주된 기능이다. 종합적이고 체계적인 구상이 없는 가운데 재미있는 프로그램의 나열은 교육이 될 수 없다. 다른 교회에서 성공적이었다고 해서 우리 교회에도 맞는 것은 아니다. 그러므로 개 교회에 맞는 양육 시스템의 개발, 양육 프로그램의 개발은 교육을 위해 필수적인 요건이다. ③ 사역기획에는 선교, 봉사, 문화사역을 들 수 있다. 지금까지 교육활동에서 볼 때 무척 취약한 영역이라 할 수 있다. 하지만 미래사회를 생각할 때, 집중적으로 개발해야 할 부분이기도 하다. ④ 앞에 소개된 영역들은 그냥 이루어지는 것이 아니다. 각 영역에 맞는 지도력의 개발이 이루어져야 한다. 지도력 개발은 교회교육의 활성화를 위해 시급하게 보완되어야 할 영역이다. ⑤ 행정기획은 모든 영역을 뒷받침하는 행정적 조치를 위한 기획이다. 이는 대상에 따른 유형에서도 소개된 내용이다.

이러한 영역에 따른 기획들은 제 각각의 독특한 영역을 갖고 있다. 하지만 상호간의 유기적인 교감과 연계성이 필수적이다. 다른 영역을 고려하지 않는 부분 영역의 기획은 조화와 균형을 잃은 기획이 되기 쉽다.

4 교회교육기획의 네 가지 차원

기획은 똑같은 기획이라 하더라도 주관하는 기관의 위치나 기획하고자 하는 내용의 차원에 따라 기획의 차원이 달라진다. 이러한 기획의 차원은 기획의 계층이라고도 한다. "기획계층이란 기획이 다루고자 하는 대상과 관심에 따라서 기획의 차원도 달라져야 한다는 이론적 가정에 의하여 성립된 용어이다. 즉, 대상의 차원이 높고 낮음에 따라서 기획도 이에 준하여 결정하여야 된다는 것이다."[66] 여기서 말하는 계층이란 바로 기획의 차원 또는 기획의 수준을 가리킨다고 할 수 있다. 이러한 기획의 차원은 정책기획(policy planning), 전략기획(strategic planning), 운영기획(operational planning)으로 나눌 수 있다. 정책기획은 가치나 당위적인 차원을 다루는 상위기획으로 다분히 규범적인 기획이다. 전략기획은 목표 차원을 다루는 기획으로 정책기획보다는 실제적인 기획이다. 운영기획은 관리성 차원을 다루는 기획으로 구체적이고 실무적인 문제를 다루는 기획으로 전술기획이라 할 수 있다.

그렇다면 교회교육을 위한 기획에는 어떤 차원들이 있을까? 교회에는 교육과 관련된 기관들이 여럿이 있다. 당회, 교육위원회, 각 부서 심지어 학생자치기관까지도 기획을 필요로 한다. 따라서 교회의 교육정책을 위한 기획에서부터 단위 행사를 위한 아주 구체적이고 실무적인 기획에 이르기까지 다양한 차원의 기획이 이루어지게 된다. 교회에서 이루어지는 기획은 대개 목적기획, 목표기획, 운영(목표)기획, 실무기획 등으로 구분할 수 있다.

1) 목적(Goals)기획

목적 없는 교육이나 목적이 분명하지 못한 교육은 바람에 나는 겨와 같이 유행이나 시류에 따라 움직이는 교육이 될 수밖에 없다. 유행하는 프로그램을 따라하고, 다른 교회에서 효과를 본 프로그램을 흉내내는 교육을 할 수밖에 없다. 우리 교회가 지향하고 바라보는 목표가 분명하지 않기 때문이다. 따라서 건강하고 힘있는 교회교육이 되기 위해서는 그 교회가 지향하고 추구하는 교육목적이 분명해야 한다. 그리고 모든 교육지도자들이 그 목적에 대해 충분하고 명확한 이해와 공감을 갖고 있어야 한다. 목적기획은 이것을 위한 노력이다. 교회가 추구하는 비전을 분명히 하고 지향하는 교육의 목적을 설계하는 기획이다. 목적기

---

66. 김수용, 「행정기획론」(서울 : 법지사, 1990), pp. 192–193.

획을 통하여 우리의 비전이 담긴 교회교육의 거대계획(master plan)을 갖게 된다. 비전이 있고 목적이 분명한 교육을 설계하게 된다. 이런 점에서 목적기획은 비전기획이다. 비전을 찾고 교회교육이 나아가야 할 목적을 분명하게 하는 노력이 바로 목적기획이라 할 수 있다. 교회기획은 비전기획이다. 그래서 과학적이고 합리적인 분석과 판단을 근거로 하는 일반기획과는 다르다. 교회교육 기획은 깊은 기도와 묵상을 통하여 받은 영적 비전을 구체화하는 과정이다. 사람의 꿈이 아니라 하나님이 주신 꿈을 설계하는 과정이다. 이를 통하여 우리가 기도하며 나아가야 할 방향을 갖게 된다. 목적기획의 결과는 대개 목적진술문과 장기기획 또는 장기 교육정책의 형태로 나타난다. 목적기획을 통하여 만들어진 교육정책은 목표기획이나 운영기획을 위한 중요한 지침이 된다.

2) 목표(Objectives)기획

목적기획을 통하여 갖게 된 목적진술문과 거대계획은 구체적인 내용을 담고 있지는 않다. 이를 좀더 구체화시키고 가시화시키는 일은 목표기획에서 할 일이다. 아무리 훌륭하고 좋은 교육목적을 갖고 있고 교육적인 비전과 정책을 갖고 있다고 하더라도 이를 실현하기 위한 구체적인 노력이 뒷받침되지 않는 한 무의미하다. 괜한 말 잔치로 끝나게 된다.

목표기획을 통하여 우리 교회가 채택할 수 있는 실제적인 정책을 수립하고, 실현 가능한 계획과 방법을 찾게 된다. 이를 통하여 우리는 교회교육을 위한 지속성 있는 계획을 수립하게 된다. 교회교육의 각 부서나 영역들이 상호 유기적이고 지속적인 구조를 갖게 된다. 시류에 따라 흔들리는 교육이 아니라 일관성 있는 교육이 가능해지고, 전교회공동체가 상호 유기적인 협력체계를 갖게 된다. 목표기획은 대개 중기적인 안목을 가진 중기기획의 형태를 갖게 된다. 목표기획은 목적기획보다는 구체적이면서도 운영기획보다는 일반적인 성격을 갖게 된다.

3) 운영기획

목표기획을 통하여 세워진 방향에 따라 단기적인 교육계획을 세우는 것이 운영기획이다. 일반적으로 운영기획에는 상용기획(standing planning)과 단일사용기획(single-use planning)이 있다. 상용기획은 반복적으로 이루어지는 업무에 대한 기획을 가리킨다. 반면에 단일사용기획은 한번 사용하므로 그 용도가 완결되는 것을 가리킨다. 여기에는 주요사업계획, 세부사업계획, 특수사업계획, 세부계획 등이 포함되기도 한다.[67] 한편 교회교육을 위한 기획에서는 운영기획은 단기 운영계획을 수립하는 기획활동으로 설명할 수 있다. 세부계획은 실무기획에서 다루는 것이 보다 효과적이라고 여겨지기 때문이다. 단기운영계획을 위한 운영기획은 목적기획과 목표기획을 통하여 수립된 교육비전과 교육정책을 받아서 단기적인 운영목표를 세우고 구체적인 사업계획을 수립하는 과정이다. 여기서 강조되는 것은 교회현장에 적절한 교육계획을 수립하는 것이다. 이를 위해서는 첫째는 교회 회중과 학생에 대한 충분한 진단과 이해가 먼저 이루어져야 하며, 둘째는 우리 교회가 효과적으로 수행 가능한 교육 프로그램을 모색하며, 셋째는 교회전체 차원에서의 운영기획과 각 부서 차원의 운영기획이 서로 유기적인 관계를 충분히 유지할 수 있도록 해야 한다. 운영기획의 결과는 대개 연간 교육계획서와 같은 형태로 나타나게 된다.

4) 실무기획

운영기획을 통하여 만들어진 연간 교육계획서에는 여러 가지 세부계획이 모두 포함되어 있다. 여러 가지 세부계획이 모여서 운영계획서가 만들어지기 때문이다. 따라서 운영계획서에는 세부적인 내용이나 일정 등은 나타나지 않는다. 세부적인 내용이나 일정은 실무기획을 통하여 만들어지게 된다. 실무기획은 운영계획서(또는 교육계획서)에 들어 있는 단위사업이나 프로젝트들을 위한 세부적이고 실무적인 내용과 일정을 만드는 과정이다. 이 과정을 통하여 실무계획서가 만들어지게 된다. 따라서 실무기획은 아주 짧은 기간이나 또는 몇 시간을 염두에 둔 기획이 된다. 이러한 실무기획을 위해서는 충분한 실무능력과 현장에 대한 감각이 필요하다.

---

67. 앞의 책, pp. 216-217.

기획차원	목표수준	기획주체	지향점	산출형태	계획형태
목적기획	목적	당회	비전의 제시	목회방향	거대계획
목표기획	목표	교육위원회	운영방향제시	교육방침	계획
운영기획	운영목표	교육부서	운영내용제시	교육운영계획서	프로그램
실무기획	활동목표	부서 실무팀	운영방법제시	실무/활동계획서	프로젝트 스케줄

이상의 내용을 정리해 보면 목적기획과 목표기획은 정책기획의 성격을 띠게 되고, 운영기획과 실무기획은 프로그램 기획 또는 관리기획의 성격을 갖게 된다. 여기서 다시 한번 강조되어야 할 점은 모든 기획의 차원들이 서로 유기적인 관계를 갖고 있어야 한다는 점이다.

5. 기획의 과정

교회교육을 위한 기획은 어떤 과정을 거치게 되는가? 이성희 목사는 교회행정의 측면에서 기획의 과정을 ① 기획을 위한 준비 ② 목적의 설정 ③ 상황과 전망의 분석 ④ 가능성 점검 ⑤ 결정 ⑥ 기획안의 작성 ⑦ 시행안의 작성으로 설명하고 있다. 한편 기독교교육적인 측면에서 피어스[68]는 첫째, 무엇을 해야 하는가? 둘째, 어떻게 그것을 하는가? 셋째, 누가 그것을 하는가?라는 물음으로 기획의 과정을 설명하고 있다. 즉, ① 문제의 정의와 일의 목록 작성, ② 문제해결 방법의 모색, ③ 적임자의 선정과 역할분담으로 보았다. 이는 문제해결 방법을 위주로 한 기획의 과정이라 할 수 있다. 바우어는 기획의 과정을 ① 문제의 정의 ② 가능한 해결책의 제안 ③ 관련정보의 수집 ④ 미래예측 ⑤ 의사결정 ⑥ 계획의 준비 ⑦ 계획의 승인 ⑧ 자금 및 인원안배의 8개 과정으로 설명하고 있다.[69] 바우어의 과정에는 목표설정 과정이 문제의 정의에 포함되어 있는 듯하지만 아무래도 목표설정 과정이 너무 약화되어 있다. 이는 피어스의 경우와 같이 문제

---

68. M. M. 피어스, 앞의 책, pp. 35-41.
69. 로버트 바우어, 앞의 책, pp. 73-74.

해결이라는 관점에서 기획의 과정을 서술하였기 때문인 듯 하다. 고용수 교수는 교회교육 기획의 과정을 모두 5단계로 제시하고 있다.[70] 첫째, 회중이해의 단계이다. 교회학교의 경우는 학생이해이다. 회중의 신앙적인 상태나 요구를 파악하는 단계이다. 둘째, 진단을 통한 문제의식의 단계이다. 회중에 대한 진단과 현행 프로그램에 대한 분석을 통하여 교회가 지닌 문제점을 발굴하는 과정이다. 셋째, 목표설정의 단계이다. 넷째, 목표에 근거하여 세부적인 계획들을 작성하는 단계이다. 다섯째, 평가의 단계이다. 이렇게 볼 때 기획은 기본적으로 다음과 같은 과정을 거치면서 이루어진다.

① 문제를 파악하고
② 목표를 설정하고
③ 상황을 진단, 분석하고
④ 대안들을 탐색하여
⑤ 최종안을 선택하고
⑥ 기획안을 작성하는 과정을 거치게 된다.
⑦ 그리고 선택되고 작성된 안을 실행 한 후, 평가의 과정을 밟게 된다.

6 기획의 활용

흔히 21세기는 기획의 시대라고 한다. 그만큼 기획력이 요구되는 시대라는 뜻이다. 우리 주변을 돌아보아도 기획력이 얼마나 요구되는 시대를 살고 있는지를 쉽게 알 수 있다. 최근 이벤트 회사가 많이 생기고 이벤트나 파티용품을 판매하거나 대여하는 전문 가게가 여기 저기서 문을 여는 것을 볼 수 있다. 이벤트 기획이 그만큼 우리 생활에 깊숙이 들어 와 있다는 반증이다. 교회교육은 어떤가? 교회교육에는 각종 이벤트나 기획 프로그램으로 가득 차 있다. 이러한 교육

---

70. 고용수, "교육목회와 교육계획", 「교육교회」(장신대기독교교육연구원, 1983), pp. 571-572.

적인 이벤트나 기획 프로그램은 연중 계속된다. 특히 방학시즌이나 절기 때가 되면 교회학교는 프로그램 기획에 여념이 없다. 그리고 연말이 되면 교육전도사들은 바빠진다. 내년도 교육계획을 만들어야 하기 때문이다. 교육목표는 무엇으로 할 것인가, 어떤 프로그램을 운영할 것인가, 예산은 어떻게 짤 것인가 등등 1년의 살림살이를 구상한다. 이 모두가 기획활동이다.

이처럼 기획은 교회교육 현장의 여러 분야에서 다양하게 활용될 수 있다. 그 용도를 열거해 보면 다음과 같다.

① 교회의 교육적인 비전과 교육목적을 수립하기 위하여
② 교회의 중·장기 교육계획을 수립하고자 할 때
③ 연간 교육계획을 작성하기 위하여
④ 효과적인 세부계획을 세우고자 할 때
⑤ 어떤 특별한 과제나 문제를 해결하고자 할 때
⑥ 특별행사나 교육적인 이벤트를 하고자 할 때
⑦ 교회학교를 처음 시작하고자 할 때

7 한국교회와 교육을 위한 기획

목적기획과 목표기획은 정책기획의 성격을 갖게 된다. 한국교회 안에는 교회교육을 위한 정책이 없다는 지적이 오래 전부터 있어 왔다. 정책이 없다는 것은 목적이나 목표를 위한 기획이 제대로 이루어지지 않고 있기 때문이다. 어렵게 한번 세워진 정책마저도 너무 쉽게 폐기되어 버리거나 바뀌어 버린다. 책임자가 바뀌면 정책이 바뀌는 악순환이 반복되고 있는 실정이다. 그래서 일관된 정책이 되지 못한다. 어느 교회에서의 일이다. 교사교육에 관하여 교사들 사이에 불신하는 분위기가 고조되어 있었다. 이유인 즉, 교사교육에 관한 정책이 해마다 바뀌기 때문이라는 것이다. 해마다 교사교육을 하지만 그 때마다 새로운 커리큘럼이 등장한다는 것이다. 결국 교사들은 교사교육을 불신하게 되었고 참석자의 수는 형편없이 줄어들게 되었다. 아마 많은 교회들이 이와 유사한 경험을 갖고 있을 것이다. 목적이 있고 비전이 있는 교육, 일관성이 있고 지속력이 있는 교육을 위해 목적과 목표를 위한 기획활동이 활발하게 이루어져야 한다.

    한국교회의 교육현장을 살펴보면 운영기획이나 실무기획에 대해서는 많은 관심을 갖고 있다. 연말이 되면 신년 교육계획을 짜느라 분주해진다. 특별한 절기나 방학이 되면 절기행사나 수련회를 기획하기 위해 정신이 없다. 하지만 목적기획이나 목표기획에 대해서는 관심을 보이지 않고 있다. 대부분의 교회들이 교육은 그냥 교회학교에 맡겨 버린다. 교회적인 차원에서 제시하는 교육방향이나 비전이 없다. 간혹 연말에 내년도 목회방향을 담임목회자가 내어놓는다 하더라도 그 목회방향이 교육계획에 제대로 반영되지 못하는 경우가 대부분이다. 결국 운영기획이나 실무기획에만 매달리게 된다. 목적기획이나 목표기획 없는 운영기획은 방향 없는 기획이 되기 쉽다. 이럴 경우, 교육활동은 방만해지거나 산발적인 교육활동으로 흐르기 쉽다. 목표 지향적인 교육, 일관성 있는 교육을 위해서도 목적기획과 목표기획에 관심을 기울여야 한다. 한편 운영기획이나 실무기획의 뒷받침이 없는 목적기획이나 목표기획은 구호에 그치기 쉽다. 따라서 목적기획과 목표기획이 실효를 거두기 위해서는 운영기획과 실무기획이 제대로 이루어지도록 아낌없는 지원이 필요하다. 아울러 관심 어린 점검과 확인이 병행되어야 한다.

제 6 장 교육계획서의
교육계획서의
작성

1 교육계획 작성법

해마다 연말이 되면 모든 교육부서에서는 신년을 위한 교육계획을 수립하느라 여념이 없다. 인선을 한다, 사업계획을 짠다, 예산을 편성한다 하면서 분주하다. 연간 교육계획은 어떤 과정을 통하여 누구에 의해서 만들어지는 것인가?

1) 누가?

교육계획은 누가 만드는가? 교육계획은 기본적으로 목회적인 활동이다. 따라서 담당 교역자가 있다면 교역자가 중심이 되어 교육계획을 만드는 것이 당연한 일이다. 교역자가 없는 경우라면, 그 부서를 책임 맡고 있는 부장이 중심이 되어 교육계획을 만들면 될 것이다. 사업계획과 함께 다루어야 할 문제가 바로 예산의 편성이다. 사업계획과 예산편성은 맞물려 있다. 예산의 뒷받침이 없는 사업계획은 실효성이 없다. 그렇다고 교육계획을 짜는 사람이 임의로 예산을 배정하여 편성할 수는 없다. 따라서 교육계획을 세우는 사람은 주무부서인 회계와 협의하여 사업계획에 따른 예산을 편성하도록 한다.

2) 어떻게?

기획의 과정에 맞추어 연간 교육계획을 어떻게 짤 것인지를 살펴보자.

① 소위원회 구성

교육계획을 효과적으로 만들기 위해서는 아무리 뛰어난 교역자나 부장이라 하더라도 혼자의 힘으로는 버거운 일이다. 보다 바람직하고 효과적인 교육계획의 수립을 위해서는 소위원회를 구성하는 것이 유익하다. 교역자나 부장을 중심으로 하여 2~3명의 교사들이 함께 모여 '내년 교육계획을 위한 소위원회'를 구성한다. 이 그룹에는 재정을 담당하거나 재정과 관련한 내용을 잘 아는 교사가 포함되는 것이 좋다. 이 소위원회는 한시적인 과제수행 그룹으로 운영하는 것이 이상적이다.

② 문제의 파악

현재 우리 부서가 안고 있는 현안문제가 무엇인지를 파악하는 것이 먼저 할 일이다. 우리 부서에는 어떤 교육적, 영적 필요가 발생하는지, 학생들로부터 어떤 요구가 있는지를 파악해야 한다. 이를 위해서는 설문조사나 인터뷰 또는 관찰 조사 등의 방법을 사용할 수 있다.

③ 교육목표의 설정

문제가 파악이 되었으면 이제 목표를 설정해야 한다. 내년 교육목표를 정하는 일이다. 여기에는 교회 담임목사의 목회방향, 교단의 교육주제 등이 고려되어야 한다. 그리고 앞서 파악한 문제들을 고려하여 가면서 내년 교육목표를 설정하게 된다. 로이스 레바르는 목표의 유익에 대하여 다음과 같이 지적하고 있다. "목표는 또한 우리가 그 목표를 달성하기 위해 우리의 전략을 수립하는 것을 도와준다. 만일 진행하기를 원하는 그 방향을 분명히 알고 있다면 우리는 우리의 시간이나 노력을 허비하지 않는다. 목표는 또한 특별히 어떤 목적을 위하여 열려진 프로그램과 방법과 선택을 안내해 준다. 마지막으로 목표는 우리가 착수하려고 하였던 것을 성취하였는지 여부를 결정짓는 평가의 기초가 된다."[71]

④ 교회의 상황과 미래전망의 분석

설정한 목표와 관련하여 지금 현재의 현황을 정확하게 파악하고 분석하는 과정이다. 목표를 달성하기 위해서는 현재의 상황에 대한 정확한 분석이 필수적이다. 우리 교회나 부서가 어떤 자원을 갖고 있는지, 해결해야 할 과제는 무엇인지 등을 파악한다. 그리고 지역사회나 사회 전반적인 제도나 분위기의 변화에 대해서 관심을 갖고 살펴보는 것이 필요하다. 학생들에게 영향을 미치는 변화나 학생들과 관련이 있는 사항들에 민감해야 한다. 또한 이 단계에서 미래전망에 대해서도 살펴보아야 한다. 장기계획을 위한 기획일수록 미래전망은 꼭 필요하다. 미래전망의 능력이 장기계획의 승패를 좌우한다고 해도 과언이 아닐 것이다. 특히 신년 교육계획을 수립하기 위해서는 내년에 대한 전망과 분석이 필요하다. 사회 분위기가 어떠할지, 경제적인 여건은 어떨지, 교육여건은 어떨지 등을 살펴보아야 한다.

---

71. 로이스 레바르, 「사람에게 중점을 둔 교회교육」(서울:생명의 말씀사, 1983), p. 30.

⑤ 프로그램들의 수집

다음 단계는 사용 가능한 대안들을 찾아내는 과정이다. 신년을 위하여 세운 목표를 달성하기 위하여 사용할 수 있는 여러 가지 프로그램들을 탐색하고 수집한다. 이때 고려해야 할 영역으로는 예배활동, 양육활동, 사역활동이다. 그리고 이를 뒷받침하는 행정영역으로 나눌 수 있다. 설정한 교육목표를 이루는데 도움이 되는 프로그램들을 각 영역별로 수집하도록 한다. 가능한 한 다양한 대안들을 모으는 것이 좋다. 이를 위해서는 다른 교회의 사례나 다양한 자료 등을 검토할 수 있다. 최근에는 교회교육을 위하여 출간된 다양한 자료집들이나 각종 세미나에서 소개되는 자료들이 많은 도움을 주고 있다. 부지런하기만 하다면 대안들을 찾아보는 것은 그리 어려운 것만은 아닐 것이다.

⑥ 최종 프로그램의 선택과 배열

모아진 여러 가지 대안들 중에서 최적의 대안을 선택하는 단계이다. 최종안의 선택은 기획의 과정 중에서 가장 정교한 기술과 전문성이 요구되는 과정이다. 이를 위해서는 각 대안들에 대한 비용과 효과를 분석해 보아야 한다. 각 대안들에 대한 비용과 효과를 분석하여 어느 대안이 우리에게 가장 적합한 대안인지를 찾아낼 수 있기 때문이다. 아무리 좋은 대안이라 하더라도 비용이나 기간 또는 투입인원 등을 고려해 볼 때, 우리 교회나 부서가 사용하기에 적합하지 않은 대안이라면 포기해야 한다. 다른 교회에서 성공한 프로그램이라고 하여 무턱대고 도입하는 것은 어리석은 일이다. 교회들마다 분위기나 토양이 다르기 때문이다. 해당 교회의 상황이나 여건을 무시한 대안의 선택은 실패할 수밖에 없다. 이런 과정을 거쳐 단위 프로그램들이 선택되고 나면 다음에 해야 할 일은 적절하게 배열하는 일이다. 절기나 계절 그리고 학교행사 등을 고려하여 프로그램을 적기에 배열하는 것은 쉬운 일이 아니다. 하지만 프로그램의 효과를 극대화하기 위해서는 프로그램의 선후나 시기의 선택 역시 중요한 문제이다.

⑦ 교육계획서 작성

다음 단계는 교육계획서를 작성하는 단계이다. 교육계획서를 작성하는 구체적인 내용에 대해서는 다음 장에서 자세하게 소개하고자 한다.

⑧ 평가

교육기획의 마지막 단계는 평가하는 것이다. 작성한 교육계획서에 따라 연간 교육계획을 운영한 후에 이를 평가하는 것이다. 평가에 고려해야 할 점들을 질문의 형태로 정리해 보면 다음과 같다.
    a. 교육계획이 목표의 성취에 효과적이었는가?
    b. 교육계획이 충실하게 짜여졌는가?
    c. 연간 교육활동이 교육에 따라 충실하게 운영이 되었는가?
    d. 교육활동에 필요한 행정적인 지원은 잘 이루어졌는가?
    e. 교육활동 중에 필요한 인적, 물적 자원들은 차질이 없이 제공되었는가?
    f. 교육활동 중에 중간평가 작업이 제대로 이루어졌는가?
    g. 중간평가의 내용이 교육활동 운영에 적절하게 반영이 되었는가?

2 교육계획서 작성법

이런 일련의 과정이 끝나고 나면 마지막으로 해야 하는 일이 교육계획서를 만드는 일이다. 교육부서의 규모에 따라 차이가 있겠지만 대개의 경우 수첩 크기의 소책 형태로 만드는 것이 일반적이다. 교육계획서는 어떻게 만드는 것인가, 어떤 내용을 담아야 하는가 등에 관하여 살펴보자.

1) 작성요령
교육계획서를 작성하고 만들 때는 다음과 같은 점들을 고려해야 한다.
① 정확성 : 정확한 내용이 수록되어야 한다.
② 평이성 : 누구나 쉽게 알 수 있도록 평이한 표현을 사용해야 한다.
③ 구체성 : 세안까지는 아니더라도 구체적인 윤곽이 드러나 있어야 한다.
④ 간편성 : 사용하기에 간편해야 한다.
⑤ 종합성 : 조직, 사업, 예산 등 종합적인 교육 운영계획이 포함되어 있어야 한다.

2) 수록해야 할 내용

교육계획서는 연간 교육을 위한 설계도와 같다. 설계도가 건축에 대한 모든 것을 담고 있듯이 교육계획서는 교육에 대한 모든 것을 담고 있어야 한다. 교육계획서에 기본적으로 담겨져야 할 내용으로는 교육목표, 조직현황, 역할분담에 따른 직무기술, 교육활동, 교육활동 흐름도, 예산, 예배순서 담당표, 예배인도 지침, 행정지침이나 운영내규, 연락처 등을 들 수 있다. 각각의 내용에 대해 간략하게 살펴보자.

(1) 교육목적과 목표

1년 동안 지향하는 교육의 방향과 목표가 명확하게 제시되어야 한다. 일반적으로 교육주제, 목표, 중점사항 등의 형태로 진술된다. 간단하면서도 명료하게 진술해야 한다. 그리고 중점사항을 진술할 때에는 보다 구체적으로 진술하는 것이 좋다. 일반적으로 교육목표 - 교육지침 - 중점사항 - 실천사항 등으로 점점 구체화시켜 기술하기도 한다.

(2) 조직현황과 역할분담

조직현황에는 교사조직과 반 편성조직 그리고 학생 자치기구 조직(자치기구가 있는 경우)이 포함되어야 한다. 조직과 함께 들어가야 할 내용이 역할분담에 대한 내용이다. 교사조직의 경우 부장, 부감, 총무, 서기, 회계, 각부부장, 반담임 등 많은 직책들이 있기 마련이다. 각 직책들이 맡은 역할이 어떠한 것인지 구체적인 직무기술(job description)이 제시되어야 한다.

월	주	교회력	예배계획	반활동계획	특별활동계획	교무행정활동	비 고

(3) 교육 프로그램 : 월간, 주간 교육활동계획

교육 프로그램을 구상할 때 꼭 염두에 두어야 할 요소들이 있다. 예배, 반활동, 특별활동, 교제 그리고 교무행정이 그것이다. 연간 교육 프로그램에는 이 다섯 가지 요소에 대한 세심하고 구체적인 계획이 들어 있어야 하며, 이 요소들이 조화 있는 비율을 유지하도록 해야 한다.

① 교회력

교회력란에는 교육과 관련이 있는 다양한 교회력과 절기를 기록해 둔다. 계획표에 교회력을 밝혀 주는 것은 여러 가지로 유익하다. 교회력은 연간 교육활동의 흐름을 잡아 주는 역할을 하기 때문이다. 교회력에 너무 얽메이는 것은 문제이지만 교회력을 중심으로 교육계획을 잡아감으로 일관성 있고 흐름을 살린 교육계획을 세울 수 있게 된다. 따라서 교회력란에는 염두에 두어야 할 절기들을 기록해 둔다. 염두에 두어야 할 교회력으로는 먼저 탄생주기에 관련한 절기와 부활주기에 관련한 절기를 들 수 있다. 탄생주기란, 강림(대림)절 - 성탄절 - 주현절로 이어지는 교회력의 절기 주기이다. 강림절을 시작으로 진행되는 탄생주기의 절정은 성탄절이다. 그리고 이는 주현절로 자연스럽게 이어진다. 부활주기란, 사순절 - 부활절 - 오순절로 이어지는 교회력의 절기 주기이다. 사순절로 시작되는 부활주기의 절정은 부활절이다. 그리고 이는 오순절(성령강림절)로 이어진다. 부활주기의 시작절기인 사순절(Lent)은 속죄일(참회의 수요일 ; Ash Wednesday) - 종려주일/수난주일 - 성주간/고난주간(Holy Week) - 세족 목요일 - 성금요일 그리고 부활주일로 이어진다. 이러한 교회력상의 절기뿐 아니라 교회가 전통적으로 지켜 오는 맥추감사절이나 추수감사절, 종교개혁기념주일 등을 포함할 수도 있다. 그리고 국가적인 기념절기나 개 교회와 관련된 절기들도 포함할 수 있다. 3.1절 기념주일, 8.15 해방기념주일, 교회창립기념주일 등이 이에 속한다.

② 예배계획

예배계획란에는 매주마다 드리는 정기예배 외에 절기에 따른 예배계획이나 특별한 주제를 갖고 기획하여 드리는 예배계획을 기록하면 된다. 예를 들면 신년 첫 주일의 청지기헌신예배, 고난주일 특별예배, 부활주일 영상예배 하는 식이다. 이렇게 계획표에 예배계획을 밝혀 놓으므로 미리미리 준비하는 마음을 갖게 된다.

③ 반활동계획

반활동계획란에는 반목회활동에 관한 사항을 기록한다. 매주 정기적인 분반공부는 기록할 필요가 없겠고 그 외에 반에서 이루어지는 활동이나 반 단위의 특별활동을 기록하도록 한다. 반장 선출, 생일파티, 선생님 집방문, 소풍 등등 반에서 펼쳐지는 모든 활동을 기록하는 것이다.

④ 특별활동계획

특별활동계획란은 수련회, 성경학교, 봉사활동, 학교앞 전도, 달란트 시장 등과 같이 연중에 이루어지는 다양한 교육활동 프로그램을 기록한다. 언제 어떤 프로그램이 진행되는지를 밝혀두는 것이다.

⑤ 교무행정

교무행정란에는 교회학교 운영과 관련한 교무행정 활동들을 기록한다. 일반적으로 많은 교회의 교육계획서를 보면 이 부분이 가장 불명확함을 볼 수 있다. 그러다 보면 실수를 하게 된다. 여기에 해당되는 내용으로는 반편성, 교사배정, 공과책 배본, 교사월례회, 총회 등과 같은 것을 들 수 있다. 이를 통해 교무행정란을 보면 일 년 동안 교무관련 활동이 어떻게 진행되는지를 한 눈에 알 수 있도록 하려는 것이다.

(4) 연간 교육활동 흐름도

연간 교육활동이나 행사들을 준비에서부터 계획 – 실행 – 평가에 이르기까지 일정의 흐름을 한눈에 볼 수 있도록 개괄적으로 도표화한 것이다. 꼭 들어가야 되는 것은 아니지만 이를 통해 1월 첫 주부터 12월 31일까지, 1년 동안의 교육활동이 어느 시기에 진행되는지 그 진행과정을 도표화함으로써 보다 체계적이고 효율적인 계획관리를 도모하자는 것이다. 이 플로우 차트를 통하여 특정 행사를 언제부터 어떻게 준비해야 할지를 미리 예견하면서 준비할 수 있다.

(5) 예산

예산은 항상 계획과 맞물려 있다. 계획이 없는 예산은 있을 수 없고, 예산 없는 계획 또한 무의미한 것이다. 교육계획서에는 계획에 따른 예산을 수록해야 한다. 수입예산과 지출예산을 함께 수록하도록 한다. 예산을 공개적으로 밝히는 데는 이유가 있다. 첫째는 예산의 투명성을 확보하기 위해서이다. 예산의 집행

2001년 기준

활동내용	1월				2월				3월				4월				5월				6월			
	7	14	21	28	4	11	18	25	4	11	18	25	1	8	15	22	29	6	13	20	27	3	10	17	24
부활주일예배																									
겨울수련회																									

이 투명하지 않을 때 괜한 오해를 불러일으킬 수 있다. 두 번째는 예산편성 현황을 알고 행사를 준비하는데 도움을 주고자 함이다. 세 번째는 예산이 어디에 어느 정도 배정되어 있는지를 쉽게 알 수 있도록 하자는 것이다. 예산을 밝힐 때에는 수입과 지출에 대한 산출 근거를 제시하는 것이 좋다. 어떤 근거로 그 행사에 그 정도의 예산이 배정되었는지 그 산출 근거를 밝히므로 투명성을 더욱 확보할 수 있고 또한 행사 준비에도 도움이 되기 때문이다.

(6) 기타

이 외에도 교육계획서에는 여러 가지 내용이 포함될 수 있다. 예배순서 담당표, 예배인도지침, 행정지침이나 운영내규, 연락처, 각종 모임안내 등이다. 이는 교회학교에서 필요한 것을 포함할 수 있다. 하지만 교육계획서에 내용이 너무 장황하게 실리는 것은 바람직하지 못하다. 꼭 필요한 내용을 간단하면서도 명료하게 정리하여 수록하는 것이 좋다.

제 7 장

교회의 교육조직에 대한 이해

1 조직이란 무엇인가?

조직을 잘 관리하고 운영하는 것은 건강한 교회교육을 위해 없어서는 안 될 중요한 활동이다. 조직을 제대로 관리하지 못할 때 인적, 물적, 시간적인 낭비를 피할 수 없다. 교육지도자는 조직관리에 관한 기본적인 이해를 갖고 있어야 한다. 그럼 조직이란 무엇인가? 버나드(C. I. Barnard)는 조직이란 협동의 관계이며 인간 상호작용의 구조라고 보고 조직을 '일정한 목적을 달성하기 위하여 의식적으로 조정된 두 사람 이상의 활동체계'라고 정의하였다. 교회교육행정에서 조직이란 교육의 목적을 달성하기 위하여 의도적으로 만든 두 사람 이상의 활동체계라고 할 수 있다.

2 조직과 관련한 두 가지 문제

조직과 관련하여 우리는 두 가지 중요한 문제를 갖게 된다.

첫째, 우리 교회에 적합한 조직의 구조는 어떤 것인가 하는 점이다. 교회에는 교육과 관련하여 여러 기관과 부서가 있다. 교육위원회, 각 기관과 부서 등 다양하다. 그리고 필요에 따라 새로운 조직을 만들기도 하고 있는 조직을 확대, 통합, 축소하거나 없애기도 한다. 우리 교회에 맞는 적절한 조직을 갖추는 일은 낭비적인 요소를 최소화하고 교육활동의 효율을 극대화하는데 필요한 기반을 조성하는 일이나 마찬가지이다. 다른 교회에서 좋은 조직이고 효율적인 구조라고 해서 모든 교회에 어울리고 맞는 것은 아니다. 조직의 구조나 크기나 운영방식 등은 그 교회에 맞아야 한다. 교회는 교회마다의 특성이 있고 조직상의 체질이 있다. 그 특성과 체질에 맞지 않는 조직은 오히려 부작용을 초래할 수 있다. 따라서 교회마다 그 교회에 맞는 조직의 구조를 찾아내고 만들어 내는 노력이 필요하다. 다른 교회에서 성공한 조직이나 사례들이 참고가 될 수는 있다. 하지만 무작정 모방하거나 부문별하게 도입하는 것은 경계해야 한다.

둘째, 어떻게 사람을 적절한 위치에 배치시킬 것인가 하는 점이다. 조직의 핵심은 사람이다. 조직의 구조보다 더 중요한 것은 사람이다. 어떤 사람이 그 조직을 맡고 그 역할을 맡느냐에 따라서 효과가 다르게 나타난다. 그러므로 조직관리에서 중요한 것은 사람을 적재적소에 배치하는 일이다. 아무리 훌륭한 조직체계를 갖추었다 하더라도 거기에 맞는 사람을 찾지 못한다면 기대하는 효과를 거둘 수 없다. 그러기에 조직관리는 곧 사람관리라 할 수 있다. 그렇다고 사람을 위해 자리를 만드는 것도 안 될 일이지만, 조직(기구나 직위)을 유지시키기 위해 적절하지 않은 사람을 임명하는 것은 조직도 유명무실하게 만들고 사람도 힘들게 하는 결과를 초래하게 된다. 사람을 적절하게 배치하는 문제는 인사행정과 직결되는 문제이다. 필요한 사람을 발굴하고 훈련하고 배치하고 계속교육을 하는 일련의 과정은 인사행정에 속하는 활동이다. 따라서 조직관리와 인사관리는 맞물려 있다고 할 수 있다.

3 건강한 조직의 3요소

교회교육을 위해 만들어 둔 많은 조직들이 건강하고 효율성 있는 조직이 되기 위해서는 갖추어야 할 기본적인 요소가 있다. 버나드(C. I. Barnard)는 조직의 3대 요소로 공동의 목표(common purpose), 협동에의 의지(Willingness to cooperate), 의사소통(communication) 세 가지를 들고 있다. 먼저 건강한 조직은 공동의 목표가 있어야 한다. 지도자 한 사람의 목표가 아니라 모든 구성원들이 공유하고 지향하는 공동의 목표가 있어야 한다. 그것은 성숙한 그리스도인의 육성이 될 수도 있고, 제자훈련이 될 수도 있고, 민족복음화나 세계복음화가 될 수도 있다. 중요한 점은 그 목표나 비전이 한두 사람의 것이 아니라 구성원 모두가 공유하는 목표가 되어야 한다는 점이다. 따라서 조직의 지도자는 구성원들이 공동의 목표를 가질 수 있도록 지도하고 홍보하고 도전을 주어야 한다.

그 다음은 건강한 조직은 협동에의 의지가 있어야 한다. 협동에의 의지란 협력하는 마음이다. 공동의 목표를 위해 서로 격려하고 짐을 나누어지며 협력하려는 의지이다. 조직의 구성원 한 사람 한 사람이 아무리 뛰어나다 하더라도 서로 협력하지 못한다면 아무 소용이 없다. 오히려 조금 부족한 사람들이 모여 마음을 모으고 힘을 합하여 일하는 것이 더 바람직하다. 협력하지 못하는 뛰어난 개인의 역량은 오히려 조직에 짐이 될 수 있다. 건강한 조직, 건강한 부서는 조직과 공동의 목표를 위해 서로 협력하는 모습을 갖고 있다. 또 하나는 건강한 조직은 의사소통이 원활하게 이루어져야 한다. 조직은 의사소통의 체계이다. 의사소통을 통해 공동의 목표를 확인하고, 협력을 모색하며, 서로의 업무나 역할을 확인하게 된다. 따라서 언로가 막히고 상의하달(上意下達)식의 일방적인 의사소통만이 있는 조직은 건강할 수 없다. 경직되고 효율이 낮을 수밖에 없다. 구성원들 사이에 자유로운 의견교환이 가능하고 조직의 지도자와 구성원들 사이에 격이 없는 대화가 가능할 때 건강한 조직이 된다. 이런 조직의 분위기에서 발산적인 사고가 일어나고 창의적인 참여가 일어나게 된다.

이상의 세 가지 요소는 기존의 교회교육의 조직들이 건강한지 그렇지 못한지를 점검해 볼 수 있는 기준이 된다. 모든 부서나 기관은 공동의 목표, 협력하려는 의지 그리고 원활한 의사소통이 있어야 한다.

4 조직의 일반적인 원리

조직이 제 기능을 하고 기대하고자 하는 목표를 성취하기 위해서는 기본적으로 갖추어야 할 특성이 있다. 이를 조직의 원리라고 한다. 이러한 조직의 원리는 조직을 만들고 또 운영하며 관리하고자 하는 사람에게 훌륭한 규범이 될 수 있다. 일반 행정학에서는 조직의 일반적인 원리로 계층의 원리, 통솔범위의 원리,

명령통일의 원리, 전문화의 원리, 조정의 원리 등을 말하고 있다. 이 중에서도 일반적인 3대 원리로 계층의 원리, 전문화의 원리, 조정의 원리를 들고 있다. 그럼 세 가지 조직의 원리에 관하여 살펴보자.

1) 계층의 원리

일명 피라미드의 원리라고도 하고 서열의 원리(scalar principle)라고도 하는데, 여기서 강조되는 것은 조직의 수직적인 서열이다. 권한과 의무와 책임의 크기에 따라서 상하의 계층서열을 정하는 원리이다. 구약성경에서 모세가 장인 이드로의 건의를 듣고 채택한 부장제도가 계층의 원리에 따른 대표적인 조직의 예라고 할 수 있다. 십부장, 오십부장, 백부장에 따라서 계층적인 서열이 정해지게 된다. 이러한 계층의 원리에서는 지도력과 지도력에 따른 권한의 위임과 권한의 위임에 따른 직무의 결정이 중요하다. 따라서 좋은 조직은 상하간의 권한과 책임이 정확하게 정해진다. 조직이 계층의 원리를 충분히 활용하게 될 때, 조직 내의 책임과 권한의 소재가 분명하게 밝혀지고, 명령계통이나 보고체계가 분명하게 드러나게 된다. 상위계층으로 올라갈수록 더 많은 권한을 갖게 되는 만큼 거기에 비례하는 책임을 갖게 된다. 반면에 하위계층은 상대적으로 적은 권한을 갖게 되는 만큼 책임의 양도 적어진다. 교회교육 조직에 이러한 계층의 원리를 적용할 때에는 신중해야 할 필요가 있다. 계층의 원리가 자칫 계급적이고 권위적인 조직 분위기를 만들어 낼 수 있기 때문이다. 교회에서의 계층은 결코 계급이 아니다. 다만 기능과 역할이 다를 뿐이다.

2) 전문화의 원리

전문화의 원리는 분업의 원리, 기능의 원리 등으로도 불려지고 있다. 한 사람에게 한 가지 주된 일을 맡겨서 그 일이 전문화되도록 하는 원리이다. 한 사람이 모든 일을 다 할 수는 없으며, 할 수 있다 하더라도 모두 다 잘할 수는 없다. 그러므로 한 사람이 이 일 저 일을 맡는 것은 비효율적일 수밖에 없다. 그러기에 전문화의 원리는 곧 분업의 원리가 된다. 전문화의 원리는 이왕이면 잘할 수 있는 사람에게 그 일을 맡기는 원리이다. 그 사람이 잘할 수 있는 일을 맡긴다는 점에서 기능의 원리가 되기도 한다. 그 사람이 잘할 수 있는 일이 무엇인지를 찾아서 그 일을 맡긴다는 점에서 은사의 원리라고 할 수 있을 것이다. 이러한 전문화의 원리는 교회교육에 필요한 평신도 지도자를 발굴하고 활용하므로 평신도 지도력을 신장시키는데 유용하게 활용될 수 있다. 또한 갈수록 교회교육의 전문성이 요구되고 있다는 점을 고려할 때, 전문화의 원리는 교회교육의 조직에 다양하게 활용될 수 있을 것이다. 한편 이러한 전문화의 원리가 상호 협력적인 분위기를 해치지 않도록 조심해야 한다. 교회는 그리스도의 몸이다. 그리스도의 몸인 교회에는 많은 지체가 있다. 지체는 개인이 되기도 하고 기관이나 부서가 되기도 한다. 그리고 각 지체는 지체 나름의 역할이 있다. 서로 다른 기능, 서로 다른 전문성, 서로 다른 역할들이 모여 아름다운 그리스도의 몸을 이루고 있는 것이 교회이다. 따라서 서로 협력하고 섬기는 정신이 없이는 전문화의 원리가 열매를 맺을 수 없다.

3) 조정의 원리

앞서 소개한 계층의 원리와 전문화의 원리가 제 기능을 발휘하기 위해서는 조정의 원리가 뒷받침되어야 한다. 우수한 인적 자원과 효율적인 조직체계가 그 진가를 발휘하기 위해서는 적절한 조정이 필수적이다. 조정이란, 공동목표를 달성하기 위하여 행동의 통일을 이룩하도록 하는 집단적인 노력을 질서정연하게 결합하고 배열하는 것이다. 즉, 책임과 권한과 업무를 적절하게 분담하고 그 한계를 명확하게 설정해 주는 것이다. 이러한 조정을 통하여 수직적이고 수평적인 역할과 업무들이 적절하게 분담되고 결합된다. 조직이 원활하게 돌아가고 기관과 부서간의 유기적인 협력을 끌어내기 위해서는 기관과 부서간의 협력체계가 잘 갖추어져 있어야 한다. 또한 한 부서가 잘 돌아가기 위해서는 구성원 각 사람에 대한 명확한 직무설명(job description)이 필요하다. 조직 내에서 업무가 불균형을 이루고 있거나, 역할이 중복되어 있거나 또는 업무의 한계가 불분명하여 모호할 경우에 소모적인 갈등이나 불필요한 마찰을 일으키게 된다. 따라서 효율적인 조직이 되기 위해서는 처음부터 충분한 조정과 협의의 과정을 거쳐야 하며, 그럼에도 불구하고 발생하게 되는 소모적인 갈등이나 마찰을 막고 조정역할을 훌륭하게 수행할 수 있는 장치가 충분하게 갖추어져 있어야 한다. 조정의 방법으로는 책임과 권한을 명확하게 하므로 조정할 수 있고, 모두가 공감할 수 있는 아이디어를 찾아내어 조정할 수 있고, 위원회나 협의회를 통하여 조정할 수도 있다.

5 조직의 종류들

교회교육에서 요긴하게 활용할 수 있는 조직에는 어떤 종류들이 있을까? 대부분의 조직에는 두 가지 형태의 조직이 활용되고 있다. 하나는 계선조직이고 다른 하나는 막료조직이다. 대부분의 조직에서는 이 두 가지 형태의 조직이 결합되어 사용되고 있다. 교회교육에서 활용할 수 있는 조직의 형태로는 이 두 가지 조직형태 외에도 계선조직과 막료조직의 장점을 살리고 단점을 보완한 형태인 위원회 조직이 있고, 필요에 따라 한시적으로 사용할 수 있는 과제수행 그룹을 들 수 있다. 이들을 간략히 살펴보면 다음과 같다.

1) 계선조직

계선조직이란 조직체가 추구하는 공동의 목표를 달성하기 위하여 직접 집행하고 실행하는 조직형태를 가리킨다. 대개 상하 수직적인 계층구조를 갖고 있기도 하다. 일반적으로 결재가 이루어지고 명령과 보고가 이루어지는 조직의 중심 구조를 이루는 조직을 일컫는다. 계선조직의 주된 기능은 업무를 추진하고 실행하는 것이다. 교회교육에서는 담임목사-교육위원장-부장-부감 등으로 이어지는 조직형태라고 할 수 있다. 장점으로는 최고 책임자가 강력한 통솔력을 발휘할 수 있으며, 권한과 책임의 한계가 분명하고, 결정과 집행이 신속하게 이루어지며, 조직의 안정적인 기반이 된다는 점을 들 수 있다. 단점으로는 조직이 너무 경직되기 쉽고, 전문가의 의견이 무시되기 쉬우며, 일이 주관적이고 독단적으로 처리될 가능성이 높고, 유능한 인재를 고루 활용하기가 어렵다는 점이다.

2) 막료조직

막료조직은 참모조직이라고도 하는데 주로 계선조직을 도와 간접적으로 공동의 목표달성에 공헌하는 조직형태이다. 계선조직이 수직적인 측면이 강조되는 반면에 막료조직은 수평적인 측면이 강조된다. 막료조직의 주된 기능은 연구하고 자문하는 보조적이고 보완적인 기능을 갖는다. 막료조직의 역할에 대해 바우어(R. K. Bower)는 다음과 같이 지적하고 있다. "참모는 특별한 요청이 없어도 필요하다고 생각되면 조언과 봉사를 제공해야 한다. 참모는 굳이 부를 때까지 기다릴 필요가 없다. 계선조직이 직면한 문제를 그는 항상 알고 있어야 하며 이를 먼저 생각하고, 건설적인 대안을 작성해서 계선의 운영상의 어려운 문제를 해결하는 데 도움을 제공해야 한다."[72] 막료조직의 장점으로는 전문성을 최대한 활용할 수 있으며, 소수의 지도자의 전횡을 막을 수 있고, 계선조직의 비전문성을 보완할 수 있다는 점을 들 수 있다. 단점으로는 계선조직과 마찰을 일으킬 수 있으며, 계선에 대한 지나친 간섭으로 일이 추진력 있게 집행되기 어려워질 수 있으며, 막료집단이 자칫 탁상공론의 자리가 될 위험이 있다는 점이다. 한국교회교육에서는 아직 막료조직이 제대로 활용되지 못하고 있다. 21세기 교회교육에서는 막료조직의 역할이 더욱 요청되고 증대될 것이다. 교회내의 평신도 중에서 활용할 수 있는 전문가들을 발굴하여 효과적으로 활용할 수만 있다면 아주 훌륭한 자원이 될 수 있다.

3) 위원회 조직

위원회 조직은 계선조직의 장점과 막료조직의 장점을 살리고, 계선조직과 막료조직의 단점을 보완할 수 있는 조직의 형태이다. 일반적으로 행정적인 결정이 한 사람에 의해 결정되고 집행되고, 책임도 한 사람이 지는 단독제 조직과 대별된다. 위원회 조직은 동일한 계층과 지위에 있는 여러 사람이 회의를 거쳐 결정을 하고 책임도 함께 지는 합의제 조직이다. 따라서 이를 회의식 조직이라고도 한다. 장점으로는 계선조직의 명령체계와 막료조직의 전문성을 살릴 수 있으며, 이견의 조정을 통한 공정한 결정이 가능하고, 중지를 모을 수 있으며, 창의성 있는 결정이 가능하다는 점이다. 단점으로는 책임의 소재가 불분명하고, 결정에 시간이 많이 걸리며, 발전적인 결정보다는 타협안에 머물러 버릴 위험이 있다는 점이다. 위원회 조직이 성공을 거두기 위해서는 위원의 선임과 구성이 신중하게 이루어져야 한다.

---

72. R. K. Bower, 「기독교교육행정의 원리와 실제」, p. 43.

위원회 조직은 교회 안에서 많이 활용되고 있다. 교육과 관련하여서는 교육위원회를 들 수 있다. 한국교회의 교육위원회는 계선조직이 갖고 있는 결정·집행기능과 막료조직이 갖고 있는 전문성과 함께 기관의 협의체적 기능을 동시에 충족시키려는 복합적인 기능을 가진 조직이다. 따라서 교육위원회는 그 결정이 구속력을 갖고 있으며 집행력을 행사할 수 있다. 반면에 아직은 전문성을 제고하는 막료기능적인 면이 취약한 문제를 안고 있다. 규모가 큰 교회의 경우 교육위원회를 돕는 자문위원회나 연구위원회가 활용되고 있기는 하지만 지극히 제한적인 경우에 속한다. 교육위원회의 전문성을 높이는 일은 앞으로 보강되어야 할 과제라 할 수 있다.

4) 과제수행 그룹(task force group)

과제수행 그룹은 위에서 소개한 세 가지 조직과 같이 상설조직의 형태는 아니다. 일종의 프로젝트팀으로 특정한 프로젝트의 수행을 위하여 한시적으로 조직되어 가동되는 조직의 한 형태이다. 이는 군대에서 특별한 작전이나 임무의 수행을 위해 한시적으로 조직하고 가동하는 기동 특공대와 같은 프로젝트팀에서 유래되었다. 따라서 과제수행 그룹은 그 특정 과제를 수행하는 데 필요한 전문가들로 구성되게 된다. 그리고 과제가 진행되는 과정에서 인원을 교체하거나 보강하거나 하면서 과제를 수행한 후, 그 과제가 달성되고 나면 해산된다. 과제수행그룹은 비록 한시적이기는 하지만 그 과제를 수행하는 데 필요한 상당한 권한과 예산과 책임을 부여받게 된다. 과제수행에 필요한 권한을 갖지 못한 과제수행 그룹은 제 기능을 발휘하기가 어려울 수밖에 없다. 그리고 그룹의 리더는 수행해야 할 과제에 대한 폭넓은 지식과 경험 그리고 통솔력을 갖춘 사람이어야 한다. 경우에 따라서는 필요하다면 외부의 전문가를 과제수행 그룹에 포함시켜 전문가의 전문성을 활용하면서 운영할 수도 있다.

교회교육을 위해서 과제수행 그룹은 교육과 관련한 연구나 조사, 특별한 행사나 수련회, 부서 연합사업을 위하여 요긴하게 사용될 수 있다. 이 외에도 과제수행 그룹은 교회 내의 전문인력을 발굴하여 활용하거나 교사들의 지도력을 훈련시키는 데에도 활용할 수 있다.

제 8 장

교육조직의 원리

우리가 교회교육행정에 관심을 갖고 연구하는 목적은 '건강하고 역동적인 교회교육'이 되도록 하기 위해서이다. 교회가 건강하고 역동적인 교육을 수행하기 위해서는 건강한 조직을 갖고 있어야 한다. 건강한 조직은 어떤 구조를 갖는 조직인가? 교회교육에 적합한 조직은 어떤 모양을 하고 있을까? 교회교육행정에 관심을 갖는 사람이라면 누구나 고민하는 문제이다.

1 피라미드형과 거미줄형

편의상 조직의 형태를 유기적인 공동체의 모습을 하고 있는 조직형태와 기계적인 기관의 모습을 하고 있는 조직의 형태로 구분해 볼 수 있다. 먼저 유기체적인 '공동체'가 갖고 있는 조직구조의 모습과 '기관'이 갖고 있는 조직구조의 모습을 살펴본 후에 교회교육을 위한 조직을 찾아보고자 한다.

기계적인 기관의 모습을 잘 드러내고 있는 조직구조로 피라미드형을 들 수 있다. 그리고 유기체적인 공동체의 모습을 잘 담을 수 있는 조직구조로 우리는 거미줄형을 생각할 수 있다.

1) 피라미드형

피라미드형은 계층의 원리가 갖는 장점을 최대한 활용한 조직의 형태이다. 모세가 백성들을 다스리는 업무로 힘들어 할 때 장인 이드로가 조언을 하면서 제안했던 부장제도가 피라미드형의 전형이다. 군대, 회사, 학교, 종교단체 등에서 쉽게 발견할 수 있다. 피라미드형의 조직구조에서는 수직적인 위계가 강조되고 중앙집권적인 구조를 갖게 된다. 따라서 조직의 목표가 위에서 아래로 전달되는 수직적인 흐름을 형성하게 되는 것이 보통이다. 조직의 운영방식은 교육지도자나 교육부서장과 같은 한 개인을 정점으로 운영되므로 개인의 능력과 사기를 중시하게 된다. 해결해야 할 과제나 문제에 대해 해당 부서는 소극적인 자세로 임하게 되고 구성원들 역시 수동적인 수행을 넘어서기가 쉽지 않다. 피라미드형에서 지도자는 그가 맡은 위치가 부여해 주는 권위를 갖게 되며 주어진 권위로 감독하고 관리하는 역할을 수행하게 된다. 따라서 지도자의 지도력의 형태는 문서를 통한 명령, 지시, 통제들의 형태를 강하게 띄게 된다. 피라미드형의 조직이 지향하는 목표는 능률적인 관리이다. 그러기에 피라미드형은 과업 지향적인 성격을 강하게 갖고 있다. 이러한 피라미드형의 조직구조는 우리에게 무척 익숙한 모습을 하고 있다.

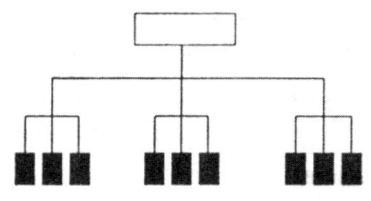

〈기관 - 피라미드 형〉

2) 거미줄형

거미줄형은 계층의 원리보다는 전문화의 원리나 그룹 다이나믹의 원리 등을 최대한 활용한 조직의 형태라 할 수 있다. 최근 교회미래학에서 여러 학자들에 의하여 다양한 형태로 소개되고 주창되는 미래 지향적인 조직의 형태이다. 교회는 살아 있는 유기체라는 사고에서 출발한 조직의 형태로써 소그룹, 셀(cell), 네트워킹 등의 개념을 바탕으로 하고 있다.

거미줄형은 수평적이고 분산적이고 구조적인 특성을 갖고 있다. 따라서 조직의 목표가 위에서 아래로 전달되는 것이 아니라 합의(合意)되는 과정을 거치면서 공유(共有)되므로 상호교감의 흐름을 형성하게 된다. 조직의 운영에 있어서는 특정 개인의 능력보다는 팀워크를 중심으로 하기 때문에 팀의 능력이나 사기를 중시하게 된다. 수행해야 할 과제나 문제에 대해서는 부서 전체의 적극적인 헌신을 기대할 수 있으며, 구성원들의 자발적이고 능동적인 참여를 기대할 수 있다. 이러한 거미줄형에서 지도자는 섬기는 자로 간주된다. 힘을 가진 권위자가 아니라 섬기는 종의 모습을 갖게 되는 것이다. 지도자의 역할은 결정하고 감독하는 것이 아니다. 격려하고 촉진하고 후원하는 역할을 맡게 된다. 자연히 지도력의 형태도 이에 맞게 군림하고 결정하고 지시하는 것이 아니라 대화를 통한 이해와 설득하는 모습으로 나타나게 된다. 거미줄형의 조직이 지향하는 목표는 역동적인 관계의 형성이요, 은사의 개발과 활용이다. 따라서 거미줄형은 과업이 아닌 사람에게 더 우선권을 두는 조직의 성격을 띄게 된다. 피라미드형 조직에 익숙한 우리에게 이러한 거미줄형 조직구조는 생소한 느낌을 주게 된다. 왠지 허술하고 방만하게 분산되어 있는 듯하며, 통제하기가 어려울 것이라는 생각을 갖게 한다. 하지만 거미줄형은 그 장점이 살아나게 될 때 어떤 형태의 조직보다 역동적인 폭발력을 지난 조직의 형태라 할 수 있다. 미래교회의 새로운 패러다임으로 소개되고 있는 소그룹 목회-셀 목회는 모두가 이러한 거미줄형의 조직형태가 갖는 장점을 극대화한 목회조직 구조라 할 수 있다.

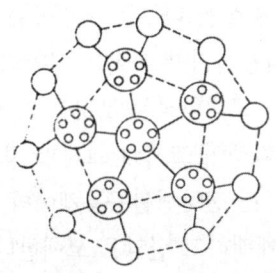

〈공동체 - 거미줄형〉

이상의 내용을 도표로 나타내 보면 다음과 같다.

구 분	기관형 조직-피라미드 형	공동체형 조직-거미줄형
지향점	능률적인 관리-과업지향	역동적인 관계와 은사활용-사람지향
구조적 특징	수직적 위계와 명령체계-집권적	수평적 동역체계-분산적
목표와 흐름	〈상의 하달식의 수직구조〉	〈상호교감을 통한 합의와 공유〉
운영방식	개인의 능력과 사기 중시	팀의 능력과 사기 중시
과제 해결방식	소극적 대응	적극적 헌신
구성원의 자세	수동적 수행	자발적 참여
지도자 상	권위/힘을 가진 자	섬기는 자
지도력의 형태	회의나 문서를 통한 명령과 지시	대화를 통한 이해와 설득
지도자의 역할	결정, 감독, 관리	격려, 촉진, 후원

〈피라미드형 조직과 거미줄형 조직의 비교〉

2 유기체이면서 기관인 교회학교

우리가 앞에서도 살펴본 바와 같이 교회는 유기체이면서 동시에 기관이다. 무엇보다 먼저 교회는 유기체이다. 성경은 교회가 유기체임을 설명하기 위해 몸과 가정을 비유로 들고 있다. 몸이나 가정으로 비유되는 교회는 유기적인 공동체이다. 더불어 예배하고 교제하며 삶을 나누는 생명공동체이다. 교회학교 역시 비록 이름은 '학교'라는 표현을 사용하지만 사실은 신앙의 경험을 공유하며 전수하는 신앙공동체이다. 이런 점에서 교회학교는 무엇을 가르치고 배우는 교수-학습을 위한 학교가 아니라 교사와 학생이 교사와 교사가 학생과 학생이 더불어 신앙의 삶을 공유하고 나누고 체험하는 신앙생활공동체이다. 교회학교에서 교사와 학생은 같은 마음으로 하나님을 예배하고 신앙을 고백한다. 말씀 앞에서 더불어 하나님을 만나고 은혜를 경험한다. 공동체의 이름으로 다양한 방법과 표현양식으로 신앙을 고백하고 신앙적인 삶을 실천한다. 이런 신앙교육적인 경험과 실천을 통하여 교회학교는 유기적이고 역동적인 신앙경험의 자리가 된다.

한편 그동안 교회는 교회교육을 수행하기 위하여 '주일학교'(sunday school) 또는 '교회학교'(church school)를 만들어 운영하여 왔다. 이러한 '학교'라는 이름은 본래 의도와는 관계없이 교회교육은 학교식 교육과 별 다름이 없다는 오해를 하도록 만든다. 실제로 그동안 주일학교나 교회학교에서는 대개 '학교'식 조직체제를 거의 그대로 사용하여 왔다. 이러한 학교식 체제는 많은 장점에도 불구하고 유기적인 공동체를 기계적인 기관으로 변질시키는 결정적인 한계를 지니고 있다. 교회가 유기적이고 역동적인 생명력을 잃어버릴 때, 교회는 본래적인 모습을 잃고 기계적인 기관만 남게 된다. 교회교육도 마찬가지이다. 교회학교가 유기적인 공동체가 되지 못하고 기계적인 기관으로 전락해 버린다면 그 속에서 생명력 있는 신앙교육을 기대하기가 어렵게 된다. 그러므로 우리가 교회교육을 위한 건강하고 역동적인 조직구조를 만들기 위해서는 무엇보다도 먼저 교회는 유기적인 공동체라는 점을 염두에 두어야 한다.

교회학교는 유기체이면서도 기관의 모습을 동시에 갖는다. 유기체이면서도 기관의 모습을 동시에 갖는 것은 유기체인 교회학교의 활동을 보다 풍성하게 하기 위한 보조적인 조치이다. 그러므로 우리는 유기적인 공동체의 모습을 훼손하지 않는 범위에서 기관의 장점을 활용하는 지혜를 가져야 한다. 이것이 뒤바뀔 때, 교회는 심각한 위기를 맞게 된다. 이에 대해 로렌스 리차즈는 이렇게 묻고 있다. "진정한 교회의 유기체적 차원에 기관이란 체제가 이바지하고 풍요롭게 하여 신앙공동체에 생명력을 가져다 주어야 한다는 점이 대단히 중요하게 되었다. ……어떻게 해야 유기체적 시각을 왜곡시키지 않으면서…… 기관체제를 보완, 수정할 수 있겠는가?"[73]

여기서 한 가지 지적해 두어야 할 점이 있다. 유기체형의 거미줄 조직이라고 해서 조직이 갖추어야 할 일반적인 원리나 질서가 무시되는 것은 아니라는 점이다. 우리는 극단을 생각하는 경향이 있다. 이것 아니면 저것, 그래서 이것이 아니라고 했을 때 이것이 갖는 모든 것을 거부해 버리는 실수에 빠지기도 한다. 우리가 지향하는 조직구조의 형태가 유기체적이고 공동체적인 거미줄형이라는 이유로 피라미드형이 갖는 원리나 질서체계를 전면적으로 부정하거나 기피하는 것은 극단적인 사고의 폐단이다. 피라미드 구조가 교회교육 조직의 형태로 어울리지 않는 것은 그 구조가 갖고 있는 지나친 권위적인 분위기, 특정 개인의 능력에 대한 지나친 의존도, 일방적인 의사소통 구조로 인한 폐해, 조직의 경직성 등과 같은 부정적인 면들 때문이다. 피라미드형의 조직구조도 우리가 취해야 하고 취할 수 있는 긍정적인 면들을 많이 갖고 있다.

3 유기적인 교육조직의 실제

우리가 지향하는 것은 유기적이면서 효율적인 조직형태이다. 건강하고 역동

---

73. 로렌스 리차즈, 앞의 책, p. 321.

적인 교회교육을 위해서 꼭 해결해야 할 과제이기 때문이다. 우리는 사도행전이나 서신들에 나타나는 조직구조의 모습에서 유기적이면서 효율적인 조직형태의 모습들을 찾아볼 수 있다. 사도행전 7장에 나타나는 사도들과 일곱 집사를 축으로 하는 예루살렘 교회의 조직이나, 바울이 전도여행을 통하여 세웠던 초대교회들의 조직 등이 바로 그것이다. 우리는 여기서 사도들과 감독, 장로, 집사, 교사 등의 직책들이 조화롭게 그리고 아주 역동적으로 사역을 감당해 나가고 있는 모습을 볼 수 있다. 한편 때로는 질서에 교란이 일어나고 소모적인 잡음이나 균열의 파열음이 터져 나올 때도 있었다. 이 경우는 대개 권위에 대한 도전(고린도 교회의 경우)이나 역할분담이 제대로 이루어지지 않은 것과 관련이 있었다. 초대교회의 이러한 실수는 우리에게 좋은 교훈이 된다. 그러면 유기적인 교회교육 조직을 만들기 위해 고려해야 할 몇 가지 사항을 살펴보도록 하자.

1) 계층을 단순화해야 한다

우리는 흔히 교회에서 교회학교장-교감-부장-부감-총무-서기, 회계 등으로 짜여진 교육행정 조직을 보게 된다. 계층이 복잡하고 다단계일수록 조직은 권위적인 모습을 갖게 된다. 사실 교육조직이 다단계층을 갖게 되는 데에는 교육적인 배려보다는 다른 측면이 더 강하게 작용하고 있는 것이 사실이다. 사실 교회학교에 감투가 많고 관리형 자리가 많은 것은 교육에 필요해서라기보다는 다른 의미가 더 강한 경우가 너무 많다. 그러다 보니 방만한 조직이 되어서 일을 위한 조직이 아니라 자리 만들기 위한 조직이 되어 버린다. 나눠 주기식 자리 만들기는 이제 버려야 할 폐습이라 할 것이다. 교육조직이 유기적인 생명력을 갖기 위해서는 수직적인 계층을 최소화하는 노력이 필요하다.

2) 역할분담이 명료해야 한다

역할이 중첩되거나 역할구분이 명확하지 않은 것은 불필요한 갈등을 일으키는 요인이 된다. 역할구분을 분명히 하고 명료화하기 위해서는 조직에서 이루어지는 직무들을 명확하게 기술하고 정리할 필요가 있다. 조직의 직무들을 명료하게 정리하는 것을 직무기술이라 한다. 즉, 직무기술이란 '조직에서 사람들이 맡게 될 역할을 분명하고 구체적으로 기술하는 것'이다. 그리고 직무기술을 밝혀

놓은 문서를 직무기술서(job description)라고 한다. 직무기술서에는 각 사람이 맡게 될 역할과 그에 따른 권한과 책임이 기술되어 있다. 역할이란 그 사람에게 맡겨진 업무이고, 권한이란 맡겨진 책임을 수행하기 위해 필요한 권위이며 책임이란 그 역할수행과 권한행사에 따른 의무이다.

3) 수평적인 연계성이 살아 있어야 한다

피라미드형 조직은 수직적 질서를 확립하는 데 효과적이다. 반면에 수평적 조정이나 협력체계를 만들어 가는 데는 취약할 수밖에 없다. 조직이 유기적인 역동성을 갖기 위해서는 수평적인 연계성이 충분히 고려되어야 한다. 이를 위해서는 부서간의 인적, 물적 교류 뿐만 아니라 비전의 공유까지도 가능해야 한다. 부서의 특성을 살리면서도 전체의 조화가 필요하다. 부서간의 상호 공조체계를 공고히 하는 것은 유기적인 교육조직이 갖추어야 할 중요한 요소이다. 이를 통해 부서간의 이기주의를 극복할 수 있고, 정보의 공유와 교류를 통하여 보다 유기적인 교육체계를 형성해 갈 수 있게 된다.

4) 은사활용에 민감해야 한다

거미줄형에서의 조직가나 행정가는 구성원 개개인이 갖고 있는 은사를 발굴하고 개발하며 활용하는 데 민감해야 한다. 구성원 개개인의 성취와 성장을 위해서도 유용한 구조를 갖고 있는 것이 거미줄형이다. 사람은 누구나 조직활동을 통하여 자기 만족을 얻기 원한다. 그래서 사람은 조직의 목표를 달성하는 것만으로 만족하지는 않는다. 조직의 목표와 함께 자기 개인의 목표도 달성하기를 원한다. 의미를 찾고 보람을 느끼고 싶어한다. 그리고 성취감을 맛보며 성장하기를 원한다. 조직의 목표가 아무리 성공적으로 달성되었다 하더라도 그것이 자기 성취나 보람으로 연결되지 못할 때 사람들은 만족을 느끼지 못한다. 교회학교 조직에서 개인의 성취와 성장은 은사활용을 통하여 가능하다. 하나님은 우리 각 사람에게 나름의 은사를 주셨다. 자신의 은사를 발굴하고 그 은사를 활용하게 될 때 사람은 보람을 느끼고 의미를 찾게 된다. 교사들이 서로의 은사를 확인하고 존중하며 협력하는 가운데 은사 네트워크를 만들어 공동의 목표인 하나님의 교육에 헌신하는 것은 생각만 해도 즐거운 일이다.

5) 대화와 협력이 원활하게 이루어져야 한다

피라미드형 조직에서는 지시와 감독이 강조된다. 반면에 거미줄형 조직에서는 대화와 협력이 강조된다. 대화를 통하여 유기적인 교류 협력를 이루어 가면서 공동의 목표를 이루어 가는 것이 거미줄형 조직이 갖는 장점이다. 이제 일방적인 상명하복식 의사전달 구조로 조직을 움직이는 시대는 지났다. 대화와 교류 협력을 통한 쌍방향 의사소통이 강조되는 시대이다. 또한 지식정보 사회는 정보의 교류와 상호협력이 무엇보다 중요하다. 정보의 독식보다는 교류를 통하여 더 많은 시너지 효과를 거둘 수 있기 때문이다. 그러므로 부서간의 대화와 협력, 구성원간의 대화와 협력의 분위기가 꼭 필요한 것이다. 이제 부서 이기주의를 부추기거나 부서간의 불필요한 경쟁의식을 자극하는 식의 교회학교 운영은 피해야 한다. 상호존중의 대화를 통하여 유기적인 상호 협력하는 교회학교를 만들어 가야 한다.

제 9 장

교육부 조직의 실제

대부분의 교회는 규모에 상관없이 교육부를 두고 있다. 그리고 교육부 산하에 각급 부서를 두고 있다. 교육부의 구조나 부서의 편성은 교회에 따라 다양하다. 우리 교회에 맞는 교육부와 부서의 편성은 어떤 것인가? 이는 아마도 교회의 규모, 교육에 대한 강조의 정도, 학생수의 규모 등에 따라 달라질 것이다.[74]

1 개척교회의 교육조직

1) 조직

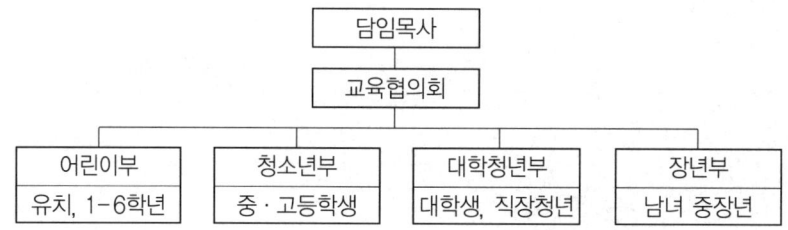

2) 역할

개척교회의 단계에서는 교육부서를 세분화하기가 어렵다. 따라서 역할도 분화되어 있지 않은 상태라 할 수 있다. 처음에는 어린이부로 시작하여 학생들이 늘어감에 따라 유치부, 아동부 등으로 나누는 것이 바람직하다. 따라서 아직은 교육위원회나 교육부를 두기보다는 각부의 실무 책임자들을 중심으로 한 교육협의회를 두어 운영하는 것이 바람직하다.

---

74. 성기호 교수는 「주일학교운영관리」에서 교회의 규모에 따라 다양한 교회학교의 조직의 모델들을 소개하고 있다. 교회의 규모에 따라 적합한 교회학교 조직에 대하여 도움을 얻고자 하는 이에게 좋은 지침이 될 것이다. (성기호, 「주일학교운영관리」, 성광문화사, 1995, pp. 26-30.)

2 소형 교회의 교육조직

1) 조직

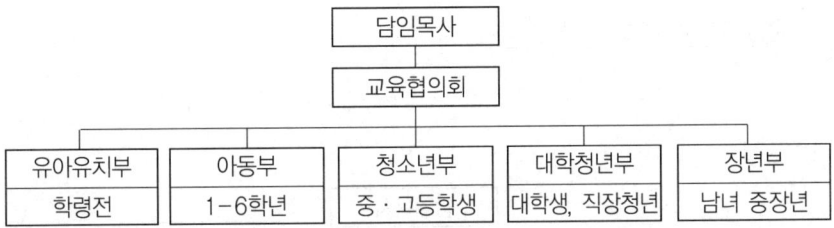

2) 역할

① 담임목사

작은 교회의 경우, 담임목사가 교육부 전체를 총괄하여 운영하게 된다. 따라서 다른 조직은 간소화하고 담임목사 중심의 교육협의회를 두어 운영하는 것이 바람직하다. 담임목사는 교육협의회의 의장이 되어 교회교육을 이끌게 된다.

② 교육협의회

교육협의회는 담임목사, 교육관련 교역자, 교육부장, 각 부서장 및 총무로 구성한다. 교회학교의 전반적인 사항을 함께 협의하고 결정하는 자리이다. 교육정책에서부터 교육현안 그리고 실무적인 협의사항까지 교육과 관련한 제반 문제들을 다루는 역할을 하게 된다. 매월이나 격월로 정기적인 모임을 갖는 것이 필요하고 자체 내에 총무나 서기를 두어 협의하고 논의된 사항들이 잘 실행되고 지켜지고 있는지를 챙기도록 하는 것이 바람직하다. 자칫 결정만 하고 지켜지는 것은 제대로 없는 실로 회의적인 회의가 될 우려가 있기 때문이다.

③ 부장

규모가 작은 교회의 경우, 교역자가 부족하기 때문에 교육부서는 대개 부장을 중심으로 그 살림을 꾸려가기 마련이다. 그래서 부장의 역할이 강조되고 많은 비중을 차지하게 된다. 부장에게는 그만큼 물질, 시간, 정성면에서 많은 헌신을 요구받게 된다. 하지만 어떠한 경우라 하더라도 부장 혼자서 할 수는 없다. 총무, 서기, 회계, 교사들의 도움을 받아야 한다. 따라서 부장은 이런 점들을 잘 감안하여 자칫 독주하는 일이 없도록 하면서 부서의 다른 교사들과 더불어 조화와 협력의 분위기를 만들어 가는 것이 무엇보다 중요하다 하겠다.

3 중형 교회의 교육조직

1) 조직

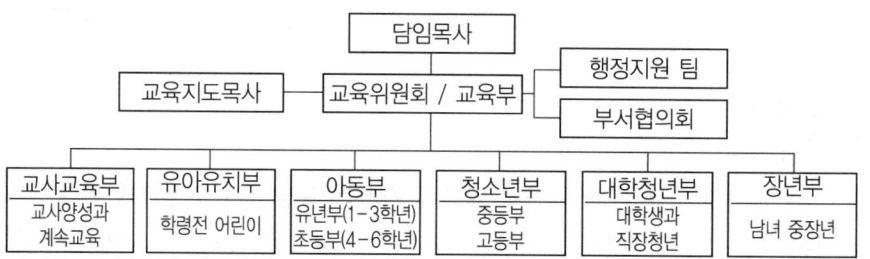

2) 역할

① 교육지도목사

교회의 규모가 중형인 경우에는 부교역자들 중에서 한 분을 교육부서를 지도하는 지도목사로 세우게 된다. 교육지도목사의 역할은 담임목사를 대신하여 목회적인 지도를 담당하는 것이다. 이 경우 지도목사는 교육만을 전담으로 하는 교육목사가 아니기 때문에 활동에 많은 제약이 따르게 된다. 또한 교육지도목사를 세울 때, 교육에 관한 전문성을 고려하지 않고 지도목사를 세우는 경우가 많다. 따라서 비록 교육지도목사라고는 하지만 교회교육에 관한 전문성이 뒷받침되지 않기 때문에 갖게 되는 한계도 있기 마련이다. 이런 한계점에도 불구하고 교육지도목사를 세움으로 해서 교회는 몇 가지 유익한 점이 있다.

a) 교회교육이 일관된 방향을 갖고 진행될 수 있다.
b) 부서간의 유기적인 협력관계를 이끌어 내기가 용이하다.

c) 책임 있는 교역자가 지도를 맡으므로 교육부서 전반에 안정감을 줄 수 있다.

교육지도목사는 교육위원회에 참석하여 교회의 교육방침을 전달하기도 하고 각 부서의 요구사항을 듣기도 한다. 교육을 전담하는 것이 아니기 때문에 실제 교육정책을 수립하고 교육활동에 직접 참여하는 것 등을 기대하기는 쉽지 않다.

교육지도목사에게 있어서 중요한 것은 관계이다. 교육위원장과 교육부서 교역자들과의 관계가 중요하다. 먼저 교육부장과 상호협력 관계를 유지해야 한다. 서로의 위치에서 서로를 존중하는 가운데 협력사역을 하는 지혜가 필요하다. 교육부서 교육자들과의 관계는 팀워크 중심의 관계형성이 필요하다. 교육지도목사를 중심으로 교육부서 교역자들이 조화로운 팀워크를 만들어 가야 한다. 아울러 정보의 공유가 필요하다. 교회교육에 대한 정보와 교육부서에 대한 정보를 공유하면서 유기적인 협력관계를 발전시켜 가도록 힘써야 할 것이다.

② 교육위원회

교육위원회는 교회교육에 관한 제반사항을 관장하고 협의하는 상설 부서이다. 교육지도목사, 교육담당 교역자, 교육위원장, 각 부장 등으로 구성한다. 여기서는 교육과 관련한 중요한 정책을 협의하고, 교회교육이 나아갈 방향을 잡아가는 일들을 담당하게 된다. 구체적이고 실무적인 일은 교육행정 팀에 일임한다.

③ 행정지원 팀

교회학교 운영에 어려움 중의 하나는 흩어져 있는 각 부서를 유기적으로 연결하고 협력체계를 만들어 갈 수 있는 장치가 없다는 점이다. 각 부서의 책임자들은 주일이 지나면 다시 만나기가 어렵기 때문이다. 교육위원회에도 실제 행정을 실무적으로 뒷받침할 수 있는 조직이 없다. 결국 행정의 공백이 생길 수밖에 없다. 교육위원회나 부장회의에서 결정은 하지만 그 결정을 뒷받침할 수 있는 장치가 없기 때문이다. 일이 능률적으로 이루어지기 위해서는 교육위원회와 각 부서를 연결해 줄 수 있는 상설조직이 필요하다. 이를 위해 필요한 것이 행정지원팀이다. 이러한 구조는 규모가 있는 교회의 경우에는 꼭 필요하다. 행정지원팀은 상설기구이다. 하지만 각 교육 부서를 지도하고 명령하는 상급기관이 아니다. 행정적으로 지원하고 조정하는 코디네이터라 할 수 있다. 행정지원 팀은 어디까지나 조정자의 위치에 있어야 한다.

필자가 섬기고 있는 연동교회 교육부 조직은 청소년 주일학교와 성인주일학교로 구성되어 있다. 청소년 주일학교는 유아·유치부로부터 고등부까지를 관장하며, 성인주일학교는 청년부와 장년부를 관장한다. 특이한 것은 청소년 주일학교에 본부라는 조직이 있다는 점이다. 본부는 상설기구로써 청소년주일학교의 각 부서를 통합하고 조정하는 역할을 수행하고 있다. 이 본부가 행정지원 팀에 해당되는 조직이라 할 수 있다.

④ 부서협의회

부서협의회는 각 부서의 지도자들이 한 자리에 모이는 자리이다. 매월 또는 정기적인 모임을 갖고 각 부서의 현안들을 내어놓고 상호 협력과 조정을 모색하는 자리이다. 이런 자리는 부서간의 유기적인 협력체계를 유지하기 위하여 꼭 필요하다. 또 필요한 경우에는 부서협의회에서 각 부에 필요한 요구사항들을 정리하여 교회에 건의할 수도 있다. 이 부서협의회를 위한 행정적인 뒷바라지는 행정지원 팀이 담당한다.

4 대형교회의 교육조직

1) 조직

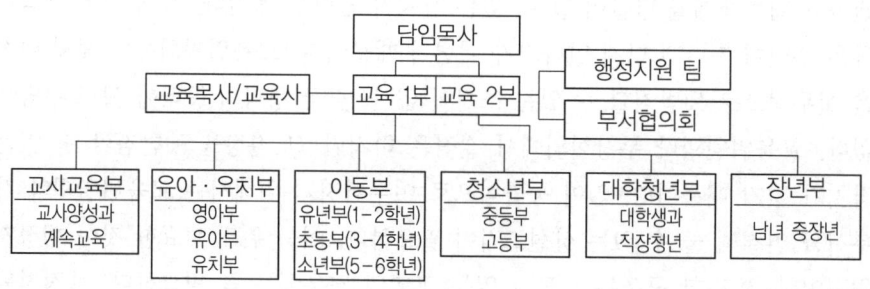

대형교회의 경우에는 교육부서가 더욱 세분화된다. 먼저 교육위원회를 교육 1부와 교육 2부로 나누어 편성한다. 교육 1부는 유아·유치부, 아동부, 청소년부에 관련한 교육활동을 관장하고, 교육 2부는 대학청년부, 장년부를 관장한다.

교육 1부의 경우도 부서가 더욱 세분화되어 영아부, 유아부, 유치부, 유년부, 초등부, 소년부, 중등부, 고등부 등으로 세분화된다. 규모가 아주 큰 교회의 경우에는 1개 학년을 하나의 부서로 편성하기도 하고, 1개 학년을 2~3개의 부서로 나누어 운영하기도 한다. 하지만 이러한 경우는 초대형 교회의 경우에 해당되는 것으로 그리 많지 않다.

2) 역할
① 교육목사/교육사

교육목사는 기독교교육 전문가이다. 신학과 기독교교육학에 관한 일정한 훈련을 받은 교회교육 전문가를 교육목사 또는 교육사라고 한다. 교단에 따라서는 교육사 제도를 두어 교단에서 정한 소기의 교육과 시험을 거쳐 교육사 자격증을 부여하기도 한다. 이제는 갈수록 많은 교회들이 교육목사를 두어 교회교육의 전문성을 꾀하고 있는 추세이다. 사회가 전반적으로 전문화되어 가고 있다는 점을 감안할 때 바람직한 경향이라 여겨진다. 교육목사는 전문성(專門性)을 갖고 교육을 전담(全擔)한다는 점에서 교육지도 목사와는 다르다. 자연히 교육목사의 역할에 대한 기대가 높을 수밖에 없다.

교육목사는 전문적인 식견과 경험을 가지고 교회교육의 방향을 연구하고 제안하고 실행하는 위치에 있어야 한다. 따라서 교육목사는 교회가 안고 있는 교육적인 제반 문제들에 대하여 진단하고 평가하고 대안을 찾아 문제를 개선해 가는 중추적인 역할을 담당하게 된다.

이를 위해서는 교육 1, 2부의 부장이나 각 부서의 부장들 그리고 각 부서의 지도교역자들과의 상호 유기적인 협력관계의 형성이 중요하다. 교육현장에서 일어나는 갈등은 견해의 차이에서 비롯되기보다는 인간관계의 미숙에서 비롯되는 경우가 대부분이다.

② 교육위원회, 행정지원 팀, 부서협의회

역할에 있어서는 중형교회의 경우나 별 차이가 없다. 다만 교육 1, 2부 사이에 상호 협력적인 관계를 유지하는 노력이 필요하다는 점이다.

제 10 장

교육부서 조직의 실제

교회학교에는 많은 부서가 있다. 부서의 종류도 다양하고 형태도 다양하다. 한 부서 안에만 해도 이름만 있는 이런 저런 부서들이 조직되어 있다. 그러다 보니 전교사의 간부화가 이루어지는 경우가 많다. 결국 조직은 방만해지고 실제 일은 한두 사람에 의해서 좌지우지되는 경우가 비일비재하다. 일이 이렇게 되면 다른 사람들은 괜히 들러리를 서는 느낌을 지울 수가 없다. 어떻게 하면 각 부서의 조직을 건강하고 효율적으로 편성할 수 있을까? 각 부서의 조직에 관하여 알아보고자 한다.

1 부서조직의 요소

교육부서의 조직에는 크게 네 가지 조직요소가 혼재되어 있다. 첫째는 양육조직, 둘째는 기능(사역)조직, 셋째는 자치조직, 넷째는 행정관리조직이다. 이 네 가지 요소에 대해 살펴보자.

1) 양육조직

일반적으로 양육조직은 반(班)이라는 이름으로 불려지고 있다. 반은 대개가 4~5명을 한 단위로 묶은 소그룹의 형태로 편성되어 있다. 교육부서는 교육을 위한 부서이다. 이런 점에서 볼 때, 양육조직은 부서의 1차적인 조직이며 중추적인 활동조직이다.

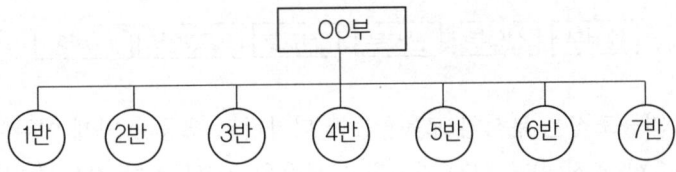

반편성을 소그룹으로 조직할 것인가 아니면 중그룹으로 할 것인가? 또는 같은 연령이나 학년으로 할 것인가, 아니면 혼합연령으로 조직할 것인가? 이런 문제들은 반조직과 관련하여 심도 있게 다루어져야 할 문제들이다. 최근 중그룹에

대한 관심이 높아지고 있으며, 발달연령에 얽매이지 않고 통합반을 운영하여 효과를 보는 교회들이 생기면서 혼합연령에 따른 반 편성을 시도하는 교회들이 생겨나고 있는 것은 유의해 볼 일이다. 또한 반을 중그룹으로 편성하면서 2~3명의 교사가 공동으로 성경공부를 진행하는 협력수업(Team-Teaching)에 대한 관심도 일어나고 있다. 이는 수급 가능한 교사의 수, 사용 가능한 교육공간 등과 밀접하게 관련되어 있는 문제이기도 하다. 한편 이러한 반조직이 양육조직으로서의 역동적인 힘을 발휘하지 못하고 단순히 학습조직이나 관리조직 이상의 역할을 하지 못하는 경우가 많다. 이것은 교회교육이 점점 힘을 잃어 가는 주된 요인 중의 하나라 할 수 있다. 양육 조직은 부서 조직에 있어서 우선적으로 연구되고 고려되어야 할 문제이다. 사실 이러한 양육조직의 문제는 행정상의 문제라기보다는 교육과정(Curriculum)상의 문제라 할 수 있다.

2) 기능조직

기능조직은 사역의 성격을 띠고 있는 조직이다. 따라서 기능조직은 사역조직이라고 할 수도 있다. 기능조직의 종류로는 예배부, 전도부, 봉사부, 친교부, 프로그램부, 문서사역부, 찬양사역 팀 등과 같은 각종 사역을 담당하는 부들을 들 수 있다. 갈수록 기능조직이 다양화되어 가는 추세이다. 이는 전문화 다양화되어 가는 교육현장의 요구를 반영한 것이라 할 수 있다. 앞으로 이러한 현상은 더욱 심화될 것이다.

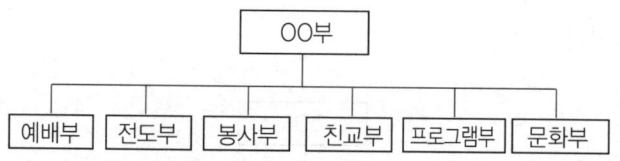

이러한 기능조직은 부서의 교육활동이 다양하고 생동감 있게 이루어지기 위해서 꼭 필요한 조직이다. 실제 기능별 부서들은 유명무실한 경우가 대부분이라 할 수 있다. 이름만 있고 감투만 있을 뿐 활동이 제대로 이루어지지 못하고 있다. 미래 교회의 모습을 생각할 때 안타까운 일이다. 해당 교육부서의 교육활동이 살아나기 위해서는 기능조직이 살아나야 한다. 보다 역동적인 미래 교회교육을 위해 기능 부서들의 활동을 활성화할 수 있는 방안이 적극적으로 모색되어야 할 것이다. 기능조직이 활발하게 움직여야 보다 다양하고 전문화된 프로그램들을 만들어 내고 제공할 수 있기 때문이다. 이를 위해서는 관행에 따른 명목상의 부서의 나열과 인원의 배정은 지양되어야 한다. 보다 참여적이고, 발산적인 소그룹으로 거듭나야 한다. 사실 기능조직이 어떤 내용들로 구성되어 있느냐에 따라 해당 교육부서가 어떤 교육적인 활동들을 구상하고 있는지를 가름할 수 있기 때문이다. 기능조직과 관련하여 우리는 과제수행 그룹이나 프로젝트 그룹의 활용을 생각할 수 있다. 상설부서 외에 한시적이면서도 집중적인 사역을 위하여 과제수행 그룹(Task Force Group)이나 프로젝트 그룹(Project Group)을 활용할 수 있다.

3) 자치조직

교회에서의 교육조직의 수준을 논하면서 자치회를 조직의 한 단위로 포함시켜야 함을 강조한 적이 있다. 자치회를 구성하는 성원들은 곧 교회교육의 당사자요, 수혜자들이기 때문이다. 자치회는 아동부나 중·고등부, 청년, 대학부와 관련된 부서이다. 이러한 부서들은 지도자들의 조직인 교사조직 외에 피교육자의 위치에 있는 학생들의 자치적인 조직을 갖게 된다. 과거 필자가 교회에서 자랄 때에는 중·고등부에 교사조직이 없었다. 지방의 작은 교회였기 때문이기는 하겠지만, 성인 지도자라고는 부장 장로님과 성가대를 지휘하는 선배뿐이었다. 그래서 중·고등부는 자치기구인 학생회에 의해서 운영되었다. 학생회의 회장, 부회장, 총무, 서기, 회계 그리고 각부의 부장들이 모여 사업을 의논하고 운영하였다. 따라서 체계적인 교육의 혜택은 적게 받았으나 결과적으로는 유익한 경험의 기회가 되었다. 하지만 그동안 교회에서 학생들의 활동은 학교교육의 영향으로 엄청난 압박을 받아왔고, 학생들의 활동은 위축될 때로 위축되었다. 이제 일반학교교육의 환경이 많이 바뀌고 있다. 주 5일 수업제의 도입, 보충수업 폐지 등으로 학생들에게 많은 시간을 주게 된다. 중·고등부의 경우, 교회교육이 새로운 국면을 맞고 있다고 해야 할 것이다. 자치조직의 활성화가 교회현장의 새로운 과제로 떠오르고 있다.

4) 관리조직

지금까지 부서조직이라고 하면 주로 이 행정관리조직을 떠올려 왔다. 그만큼 행정관리조직은 부서조직에 있어서 행정적인 특성이 가장 잘 드러나는 조직의 요소이다. 행정관리조직으로는 대부분의 교회가 부장을 정점으로 부감, 총무 그리고 서기와 회계 교사가 그 아래 나란히 자리를 잡고 있는 것을 볼 수 있다. 이를 그림으로 보면 다음과 같다.

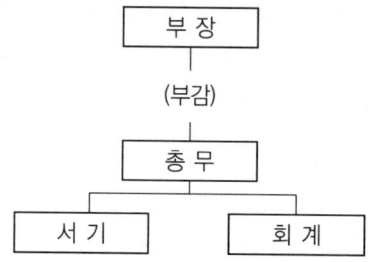

이외에도 교회에 따라 고문, 지도장로, 지도권사, 기도권사 등을 두고 있기도 하다. 이러한 조직형태는 계층제의 특징을 살린 사역 중심의 기능적인 조직이라 할 수 있다. 하지만 전형적인 피라미드 조직형태로 지나치게 기계적이고, 권위적인 형태를 띄고 있다는 문제점이 있다. 또한 조직의 질서나 위계를 강조하는 조직형태이기에 일을 해 나가는데는 유리한 점이 있으나 사람을 생각하고 위하는 면에 있어서는 약점이 있다. 또한 이런 조직은 필연적으로 부서의 지도교역자와 부장 사이의 갈등을 초래할 수밖에 없다. 따라서 부장을 정점으로 계층을 이루는 피라미드형 조직의 형태보다는 부장-교역자를 중심으로 방사형으로 뻗어나가는 거미줄형의 조직으로 개선할 필요가 있다.

5) 셀 조직

최근 주목을 받고 있는 조직의 형태로 셀 조직이 있다. 셀 조직은 양육조직과 기능(사역)조직의 통합된 성격을 가진 조직이다. 따라서 셀 조직을 양육조직, 기능조직과 병립하여 함께 둘 수는 없다. 셀 조직은 양육과 사역 그리고 교제, 더 나아가서는 전도를 통한 번식까지를 염두에 두고 있다. 따라서 셀 조직은 교회학교 조직의 요소라기 보다는 새로운 형식의 조직 패러다임이라 할 수 있다.

2 부서조직의 형태

앞에서 살펴본 바와 같이 교육부서의 조직에는 양육조직, 기능조직, 자치조직, 행정관리조직 등이 있다. 교육부서의 조직은 이러한 네 가지 종류의 조직요소들이 적절한 조화와 균형을 갖고 짜여지기 마련이다. 어느 하나만 가지고는 조직이 제대로 운영될 수 없다. 교회의 규모에 따라 조직의 크기나 분화의 정도에는 차이가 날 수밖에 없다. 하지만 교회학교의 규모와 관계없이 각 요소들을 균형 있게 갖추고 있어야 한다. 다만 자치조직은 양육대상에 따라 둘 수도 있고 두지 않을 수도 있다. 유아·유치부에 자치조직을 둘 수는 없을 것이다. 하지만 중·고등부에 자치조직을 두지 않는다면 그것은 문제이다.

부서조직의 형태를 결정하는 데는 몇 가지 요인에 따라 영향을 받게 된다. 첫째는 교회의 또는 교회학교의 규모이다. 둘째는 인적자원을 어느 정도 확보하였느냐 하는 점이다. 가용한 인적자원이 어느 정도 되는지를 고려하지 않고 조직을 지나치게 세분화시켜서 한 사람에게 두세 가지 역할을 중복적으로 맡기는 것은 바람직하지 못하다. 셋째는 교회학교를 어떤 방식으로 운영할 것인가 하는 점이다. 양육조직을 중심으로 운영할 것인지 아니면 기능조직을 중심으로 운영할 것인지 하는 것에 따라 조직의 형태는 조금씩 달라질 수밖에 없다.

교회학교 부서 조직의 형태로는 몇 가지를 들 수 있다. 배한숙 목사는 크게 자치형태의 조직, 학교형태의 조직, 팀 형태의 조직, 혼합형태의 조직으로 나누고 있다.[75]

---

75. 배한숙, "교회학교 직임자 교육," 「교육목회」, 2000년 봄호, pp. 138-140.

1) 자치형태의 조직

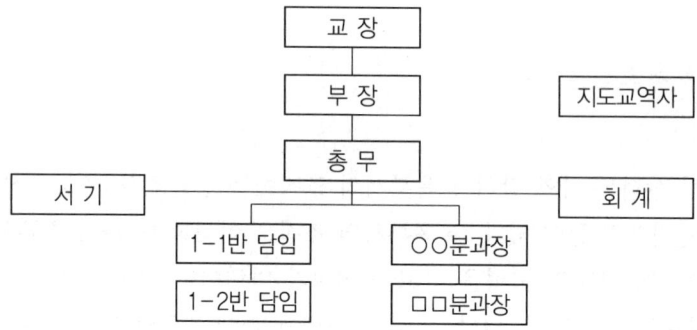

2) 학교형태의 조직

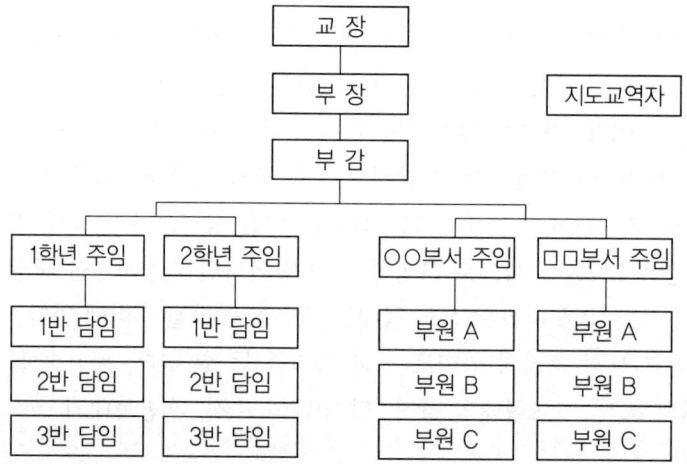

3) 팀 형태의 조직

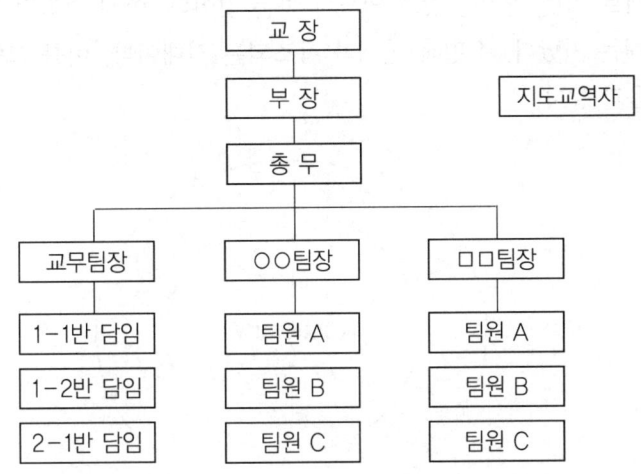

4) 혼합형태의 조직

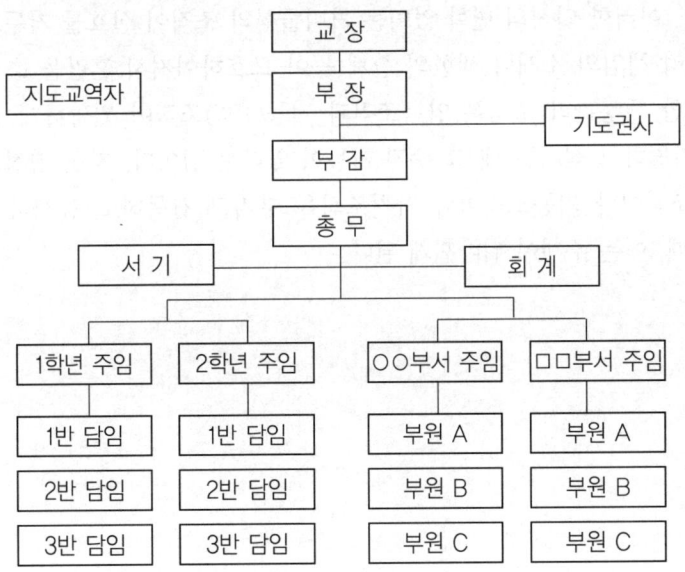

부서조직의 형태에서 중요한 것은 조직은 어떤 요소들을 갖고 있느냐 하는 것보다 서로 어떤 관계를 갖고 있느냐 하는 것이다. 이제 수직적 관계가 중심이 되는 시대는 지났다. 수평적 관계가 강조되는 시대이다. 이를 그림으로 나타내 보면 다음과 같다.

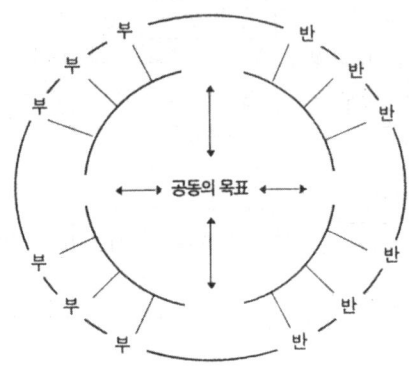

이 그림이 담고 있는 것은 조직 형태상의 변화보다는 인식의 변화라 할 수 있다. 위치(status)에 대하여 계급적 이해에서 벗어나 기능적으로 인식하는 변화가 필요하다. 이러한 인식의 변화 없이는 거미줄형의 조직이 실효를 거두기는 어렵다. 오히려 책임의 소재나 권한의 한계 등이 모호하여져서 혼란을 초래할 수도 있다. 또한 행정관리 조직은 양육조직과 기능(사역)조직이 원활하게 움직일 수 있도록 지원하고 섬기는 데 그 주된 기능이 있다는 점이다. 자칫 행정관리 조직이 양육조직이나 기능조직이나 자치조직을 부리고 감독하고 통제하는 위치에 서게 될 때, 이는 주객이 뒤바뀌게 된다.

제 11 장

교육위원회

1 필요성 – 변화된 교육환경

성공적인 교회교육을 위해서는 치밀함과 느슨함이 잘 조화를 이루어야 한다. 치밀함이란 전문적이고 체계적이고 교육적인 접근을 의미한다. 무작정 열심만으로는 적절한 교육효과를 거두기가 어렵다. 그래서 치밀한 연구와 접근이 필요한 것이다. 교회교육을 감싸고 있는 주변환경이 급속도로 변하고 있다. 우리가 교육하려는 대상인 사람도 시대의 변화에 따라 변하고 있다. 가치관도 변하고 기호도 변하고 삶의 방식도 변하고 있다. 급속하고 전방위적인 변화는 교회교육 현장에도 새로운 교육적인 대응을 요구하게 된다. 교육현장에서 일어나는 이러한 필요를 파악하고 적절한 교육계획을 수립하고 이를 일관성 있게 실행하고 평가하는 치밀함은 바람직한 교회교육을 위해 꼭 필요하다. 한편 느슨함이란 유연하고 상황 순응적이고 현장 순응적인 태도를 가리킨다. 인간적인 의도와 계획만으로는 교육할 수 없다는 점이 기독교육이 갖는 독특성이다. 때로는 인간적이고 전문적인 시도를 멈추고 그냥 하나님께 내어 맡겨야 할 때가 있다. 사람의 생각으로는 느슨한 듯하지만 팽팽한 영적 긴장이 고조되는 때라고 할 수도 있다. 그래서 느슨함의 이면에는 팽팽한 기도의 줄다리기가 있어야 한다. 영적 긴장이 없는 느슨함은 자칫 무책임한 방임이나 무관심한 내버려둠으로 흐를 수 있다. 이러한 치밀함과 느슨함의 조화는 성공적인 교회교육을 위해 필수적이다. 치밀함과 느슨함의 조화는 그냥 되는 것이 아니다. 과거보다 더 강렬한 영성과 더 고도의 전문성이 필요하다.

한때, 열심 하나만으로 교회교육을 이끌어오던 때가 있었다. 체계적인 교육이론도, 세련된 교재도, 편리한 교육 기자재도 없이 그냥 열심 하나만으로 교육해 왔다. 하나님께서는 한국교회의 이러한 열심을 쓰셨다. 그래서 교회학교는 한국교회 성장의 견인차 역할을 해왔다. 이제는 시대가 변하고 사회가 변했다. 교회교육도 변해야 한다. 열심 하나만 믿고 교육할 수 있는 시대는 지났다. 교회교육에도 체계적이고 전문적인 접근이 요구되고 있다. 전문성의 확보는 우리 교회교육이 시급하게 채워야 할 과제이다. 뿐만 아니라 교육적인 여건도 많이 달라쳐 가고 있다. 과거 교회교육은 단순히 주일학교를 운영하는 것 정도로 이해되어 왔다. 코흘리개 아이들을 모아서 성경을 가르치는 주일학교식 교회교육 이해로는 이제 교회교육을 온전히 담아낼 수가 없다. 교회 안에 교육적인 요구가 갈수록 늘어나고 있다. 교회 안의 다양한 계층, 교회 안과 밖으로부터의 다양한 도전들은 교회의 교육적인 필요를 만들어 내고 있다. 그만큼 교육의 중요성이 증대되고 있다. 목회 자체가 교육적이어야 한다는 목소리가 높아 가고 있다. 간세대 교육(inter-generational education)이나 전생애 교육(life-long education)에 대한 관심 또한 날로 증가하고 있다. 책임 있게 교회교육을 이끌어 갈 포괄적이면서도 체계적인 기관이 필요하다. 이러한 교회교육의 특성과 교육환경의 변화는 교육위원회와 같은 보다 잘 정비된 교육의 중추를 요청하고 있다.

2 진 단

대부분의 교회마다 교육위원회나 교육부가 당회 직속이나 또는 제직회의 한 부서로 엄연히 자리잡고 있다. 하지만 그 운영이나 활동에 있어서는 기대에 미치지 못하는 실정이다. 실제적인 교회교육은 대개 각 부서에 맡겨둔 상태였다. 연말에 각 부서 책임자를 임명, 발표하고 나면 각 부서에서 알아서 잘하겠거니 하고는 지내 왔다. 필요에 따라서 실무자들이 가끔 모여 의견을 수렴하고 조정하는 정도가 고작이었다. 그러다 보니 교육부서간의 연계성이나 통합이 잘 이루어지지 않았다. 부서간의 갈등을 겪기도 했다. 교육정책이 일관성을 잃고 지속성을 갖지도 못하였다. 부서의 책임자가 바뀌면 교육정책이 바뀌는 경우도 많았다. 지역사회의 변화에 대하여 능동적으로 대처하는 데에도 소홀하였다. 회의는 하였지만 생산적이고 창조적인 회의가 되도록 하는 데에도 많은 실패를 겪었다. 담임목사의 목회방향과 교육부서의 교육방향이 일치하지 않고 따로 노는 경우도 많았다. 지속적이고 일관성 있는 교육정책을 갖지도 못하였다. 심지어 한 교회 안에 있는 교육부서간에도 서로 제 각각 다른 교육주제를 갖고 교육하기도 했다. 어느 부서가 어떤 교육주제를 가지고 어떤 교재를 사용하는지 제대로 파악이 되지 않았다. 교육위원회가 있기는 했으나 정책의 개발은 고사하고 교육부서의 관리나 조정조차도 제대로 이루어지지 못하고 있는 실정이다. 교회의 교육위원회는 이러한 전망과 반성을 토대로 새롭게 조명되고 재정비되어야 한다.

3 성격

먼저 교육위원회의 성격에 관하여 간략하게 정리할 필요가 있다.

조직을 어떻게 할 것인가? 번(H. W. Byrne)은 「교회중심의 기독교교육」에서 교육위원회가 수행하는 업무를 발달 연령별 부서 중심의 업무와 기능 중심의 업무로 나누어 소개하고 있다.[76] 이는 교육위원회의 조직을 연령부서 중심의 조직과 기능 중심의 조직으로 구분하고 있는 것이다. 여기서 연령부서 중심의 조직은 주로 관리기능에 중점을 둔 조직이다. 발달연령에 따라 편성된 부서의 대표들로 구성된다. 기능중심의 조직은 교육위원회에서 관심을 두고 있는 사업을 수행하기 위한 조직이다.

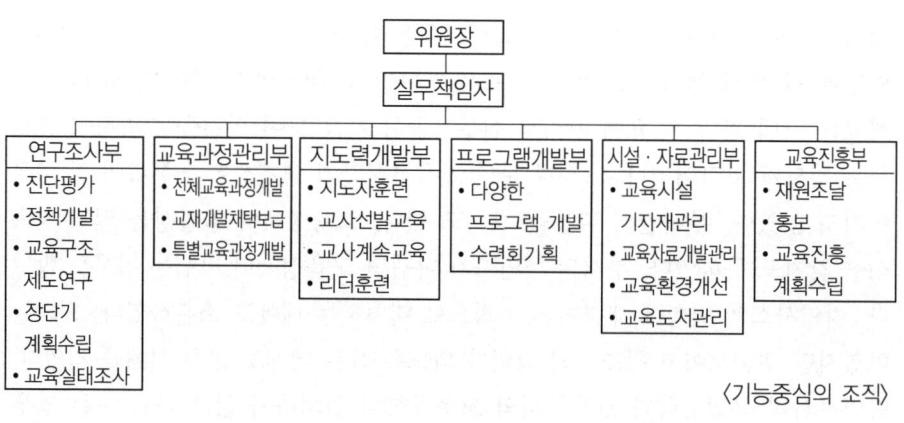

〈기능중심의 조직〉

---

76. H. W. 번, 「교회중심의 기독교교육」(서울 : 생명의 말씀사, 1985), p. 55–56 ; 로버르 헤익스, 정정숙 역, 「기독교교육학개론」(서울 : 성광문화사, 1979), pp. 290–292.

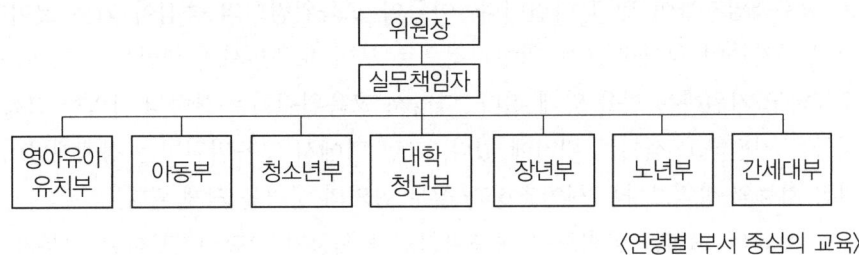

〈연령별 부서 중심의 교육〉

　이 두 가지 조직구성 방식은 서로 장단점을 지니고 있다. 연령중심의 조직은 기관협의회의 성격을 많이 띠게 된다. 따라서 조정과 협의 기능은 뛰어나지만 정책개발이나 교육개발 기능은 약할 수밖에 없다. 한편 기능중심의 조직은 개발 기능에 중점을 둔 조직이라 할 수 있다. 따라서 부서간의 조정이나 협의 그리고 현안에 대한 의견수렴 등에는 약할 수밖에 없다. 따라서 이를 보완하기 위한 노력이 이루어져야 한다.

　많은 교회들의 경우, 연령에 따른 업무조직을 중심으로 위원회를 구성하여 운영하고 있다. 즉, 부서별 대표자를 중심으로 운영위원회를 구성하고 부서별 활동사항을 보고하고 프로그램을 조정하는 등 부서별 업무가 중심이 된다. 따라서 기능중심의 활동이 효과적으로 이루어지지 못하고 있다. 최선의 방법은 두 가지 방식을 보완적으로 결합하여 이원적으로 조직하는 것이라 할 수 있다. 우선 연령별 분과로 나누어 조직하고, 교회의 형편에 따라 필요한 기능별 분과나 특별위원회를 두고 위원을 재배치하는 방식이다. 이는 위원수의 많고 적음에 관계없이 활용할 수 있는 조직방식이다.

　한국교회에서 교육위원회는 크게 두 가지 성격을 갖고 있다. 하나는 전문가 집단으로서의 교육위원회이다. 교육위원회는 전문가 집단이어야 한다. 교육은 아무나 할 수 있는 일이라는 비전문적인 사고는 한국교회 교육이 뒷걸음질치게 하는 주요 요인 중의 하나이다. 교육은 아무렇게나 할 수 있는 일이 아니다. 교육은 아무나 맡아서 하면 되는 일도 아니다. 교육은 전문적인 활동이다. 교육위원회는 그 교회공동체 안에 있는 교육에 관한 전문가 그룹으로 자리잡아야 한다. 다른 하나는 실무자 집단으로서의 교육위원회이다. 이 경우 교육위원회는 교육부서의 실무자들이 중심이 된다. 교회가 크든 작든 교육부서에서 책임을 맡은 실무책임자들이 있기 마련이다. 이들이 교육위원회의 중심이 되는 것이다. 이 실무자들이 정기적 또는 비정기적으로 모여 교육부서의 현안들을 협의하고 조정하고 지원하는 일을 맞게 된다. 따라서 교육위원회는 산하의 다양한 교육부서들을 지원하고 섬기는 위치에 있다. 그런 점에서 교육위원회는 정책개발이나 결정 기능의 성격보다는 현안조정과 실무 협의의 성격을 띠게 된다.

대부분의 교회를 살펴보면 교육위원회가 전문가 집단이기보다는 실무자 집단의 성격을 더 강하게 띠고 있다. 이는 전문가 부재 또는 전문성에 대한 인식부족이라는 우리의 현실을 그대로 반영한 것이라 할 수 있다. 교육전문가가 절대 부족하고 교회교육의 전문성에 대한 인식이 아직도 일천한 상황에서 전문가 집단으로서의 교육위원회를 기대하기는 쉽지 않다. 이는 앞으로 우리가 풀어 가야 할 과제이다. 다른 한편 전문성을 갖고 있지 못한 상태에서 교육위원회가 지나치게 교육부서의 위에 군림하여 통제하려고 한다면 이는 일을 더 어렵게 만들게 된다. 전문성이 갖추어지기 전까지는 협의기구로써의 기능에 중점을 두는 것이 더 바람직한 모습이라 할 것이다.

앞으로 교회교육이 발전하기 위해서는 교육위원회의 기능이 중요하다. 교육위원회가 언제까지나 '기관협의회'나 '교육부서장 회의'의 성격에 머물러 있어서는 안 된다. 그렇다고 전문성을 갖추고 있지도 못한 상태에서 전문위원회라는 권위를 내세우는 것도 피해야 할 모습이다. 교육위원회는 전문가 집단이요, 실무자 집단이라는 양면성을 지녀야 한다. 그리고 전문가와 실무자의 상호협력과 조화는 교회교육의 발전에 필수적이다. 이러한 성격이해는 교육위원회의 기능과 구성과 운영을 설명하는 데 중요한 밑받침이 된다. 교육위원회는 전교회 차원의 교육정책을 개발하고 교육 프로그램을 개발하는 등 교육진흥을 모색해야 한다. 따라서 교육위원회는 교육목회라는 차원에서의 중심기관으로 자리매김되어야 한다.

4 역할

그럼 먼저 전문가 집단이면서 실무자 집단의 성격을 갖고 있는 교육위원회가 해야 할 일에 대해 종합적으로 알아보자. 로이스 레바르는 「사람들에게 중점을 둔 교회교육」에서 교육위원회의 기능으로 1) 전교회에서의 교육의식의 증진 2) 필요와 목적에 따른 일반적인 프로그램과 정책구상 3) 전체 프로그램의 통합 4) 임원과 지도자 교육계획 5) 교육과정 확정 6) 시설, 장비, 재정적 후원 7) 지속적인 평가 등을 들고 있다.[77] 딕스(Paul L. Dirks)는 이를 좀더 세분화하여 1) 교회가 교육사역을 수행하기 위해 필요로 하는 사항들을 조사하고 파악하는 일 2) 프로그램의 목표를 설정하는 일 3) 교회의 프로그램을 개발하고 향상시키는 일 4) 커리큘럼을 승인하는 일 5) 프로그램을 주관하거나 혹은 거기에 참여하는 사람들을 관리하고 감독하는 일 6) 필요한 예산을 지원하는 일 7) 적절한 시설을 제공하는 일 8) 가정사역과 협력하도록 격려하는 일 9) 교육사역이 제대로 진전되고 있는지에 대하여 수시로 검토하고 평가하는 일 등을 들고 있다.[78]

교육위원회는 교육목회와 교회교육의 중추기관이다. 교회교육을 계획하고 실행하고 평가하는 제반사항을 총괄하고 섬기는 전문적이고 실무적인 기관이다. 단순히 교회교육 부서들을 챙기고 관리하는 정도의 기능이 아니다. 보다 근본적인 진단연구 조사로부터 계획의 수립과 교육과정의 개발 그리고 지도력의 개발, 인적 물적 자원의 조달과 지원, 새로운 프로그램의 개발과 통합 등 교회교육과 관련된 전반적인 기능을 수행하게 된다. 이렇게 볼 때, 교육위원회의 기능은 다음과 같이 정리해 볼 수 있다.

첫째, 교육위원회는 교회교육을 진단, 평가하고 연구 조사하는 일을 한다.
둘째, 교회교육이 나아가야 할 방향을 제시하고 교회에 맞는 교육정책을 개발한다.
셋째, 교육과정 및 교재를 개발하거나 채택하고 보급, 관리한다.
넷째, 교회내의 교육 지도력을 개발한다.

---

77. 로이스 레바르, 앞의 책, pp. 85-86.
78. 베르너 그랜도르, 「복음주의 기독교교육론」(서울 : 기독교문서선교회, 1992), pp. 377-379.

다섯째, 교육에 필요한 재원을 조달하고 배분하고 관리하는 일을 한다.
여섯째, 교회 전체의 교육 프로그램을 통합하고 조정하며 협력체계를 돕는다.
일곱째, 교회내의 교육의식을 고취시키고 가정사역 등 교육진흥에 필요한 연구와 지원을 한다.
여덟째, 교육시설과 기자재 및 교육자료 등을 개발하고 보급하고 관리한다.
아홉째, 교회학교의 현안을 협의하고 의견을 수렴하여 운영에 반영한다.

5 구 성

    여기서 생각할 점은 교육위원회의 위원을 누구로 할 것인가 하는 점과 몇 명으로 할 것인가 하는 문제이다. 우선 출발점은 전문가와 실무자로 구성한다는 것이다. 전문가 그룹에 해당되는 사람은 담임목사, 교육사(교육목사), 평신도 교육전문가 등이다. 실무자 그룹에 해당되는 사람으로는 교육부서 담당자를 들 수 있다. 이처럼 전문가 그룹과 실무자 그룹이라는 구분은 기능상의 구분이다. 다른 한편 위원의 임명과정에 따라 직임상 당연직으로 위원이 되는 경우와 교회에서 필요에 따라 위촉하여 위원이 되는 경우를 생각할 수 있다. 직임상 위원이 되는 경우는 담임목사, 교육사(교육목사), 교회학교 평신도 책임자 등을 들 수 있다. 위촉되어 위원이 되는 경우는 평신도 교육전문가나 수혜자 대표를 들 수 있다. 여기에 우리가 생각해 보아야 할 한 그룹이 있다. 바로 교육의 수혜자 그룹이다. 학생, 청년, 장년, 노년의 학생 그리고 학부모이다. 할 수만 있다면 수혜자 그룹을 교육위원회의 구성원에 포함시키는 것이 바람직하다. 이에 대해서는 다른 논의가 필요하겠으나 본 고에서는 피하고, 다만 수혜자를 위원회에 포함시키는 것이 필요하다는 점을 한번 더 지적하고자 한다. 다만 임기에 있어서는 차등을 두어야 한다. 이에 대해서는 위원회의 운영에 관하여 다룰 때 소개하고자 한다.

    그러면 교육위원회는 몇 명으로 구성하는 것이 이상적인가? 교회의 규모에 따라 다를 수밖에 없다. 우선 직임상의 위원 외에 위촉되는 위원의 수는 교인 수에 따라 조정되어야 할 것이다. 위촉되는 위원의 수를 교인 수와 관련지어 도표로 나타내면 다음과 같다.

교인 수	위촉 교육위원 수	수혜자 그룹 포함여부
100명 이하	3명	포함하지 않음
100 - 300명	6명	포함함
300 - 600명	9명	포함함
600 - 900명	11명	포함함
900 - 1,200명	13명	포함함
1,200명 이상	15명	포함함

위원회의 구성방식은 몇 가지로 생각해 볼 수 있다. 첫째는 직임상 위원을 제외하고는 교육에 관심이 있고 전문가적인 식견이 있는 교회직분자 중에서 위촉하는 방법이다. 이 경우 교회학교에서 책임을 맡았는지 맡지 않았는지와는 상관이 없다. 두 번째는 직임상 위원과 교육부서의 부장과 담당 교역자로 구성하는 방법이다. 세 번째는 직임상의 위원과 교육부서의 부장들과 그 외 평신도 교육 전문가들 중에서 필요한 인원을 위촉하는 경우이다. 그리고 수혜자 그룹의 대표인 학생과 학부모의 포함 여부도 위원회를 구성하는 방식에 중요한 변수가 될 수 있다. 그리고 네 번째는 상설위원회를 두지 않고 교회의 필요에 따라 한시적으로 위원회를 구성하여 교육위원회를 운영하는 방식이다. 다섯 번째는 상설 교육위원회 내에 전문가들을 중심으로 특별위원회를 두어 활용하는 방식이다. 이는 규모가 큰 교회에서 사용할 수 있는 방식이다.

6 조 직

기본적인 조직은 위원장, 실무책임자, 서기, 회계, 부서별 또는 기능별 분과장(팀장)이다. 그럼 누가 위원장을 맡을 것인가? 교회의 형편에 따라 다를 수 있겠으나 교육의 중요성을 감안할 때, 담임목사가 맡는 것이 가장 이상적이다. 목회를 교육적으로 펼치기 위하여 그리고 전교인을 포함하는 교회 차원의 교회교육을 실현시키기 위해서라면 당연히 담임목사가 위원장을 맡아야 한다. 다만 경우에 따라 담임목사로부터 위임을 받은 기독교교육에 관해 전문적인 훈련을 받은 교육목사가 맡을 수도 있다(이 경우, 현재 당회원인 장로가 제직회의 한 부서로서 교육위원회의 위원장을 맡고 있는 관행과 충돌이 일어난다. 하지만 이는 교육에 관한 담임목사의 비전이 분명하다면 넘어야 할 산이라 할 것이다). 실무책임자는 교육사(교육목사)가 맡는 것이 이상적이다.

7 운 영

우선 생각해 보아야 할 문제는 위원들의 임기 문제이다. 직임상의 위원은 맡은 직임의 임기 동안으로 하고 위촉된 위원의 경우는 3년으로 하는 것이 이상적이다. 3년으로 하면서 1년, 2년, 3년 연차를 두어 1/3씩 교체되도록 배려하는 것이 좋겠다. 이는 교육정책의 연속성을 유지하기 위한 조치이다. 그리고 수혜자 그룹의 대표는 1년으로 하는 것이 무난하다.

모임(회의)은 매월 갖는 것이 좋으나 그것이 어렵다면 격월이나 최소한 3개월에 1번은 모임을 갖는 것이 필요하다. 매월 모임을 가질 경우, 월마다 모임의 성격을 달리하여 때로는 부서간의 활동에 대한 정보교환과 조정과 협력에 중점을 두기도 하고, 때로는 교육정책을 모색하고 교육제도를 검토하는 등 보다 장기적이고 거시적인 과제에 중점을 두고 모이는 것이 효과적이다. 특히 매년 11월경에는 내년도의 교육정책을 검토하고 수립하기 위한 '교육정책회의'를 갖는 것이 꼭 필요하다.

제 12 장

각급 지도자의 역할 이해

이제 교회교육을 위해 사역하는 각급 지도자들의 책임과 권한에 대하여 살펴보자. 앞에서 다루어 온 조직의 원리들 속에 이미 기본적인 방향이 제시되었다고 할 수 있다. 여기서는 구체적인 내용을 정리해 보고자 한다. 각급 지도자들 간에 상호역할에 대한 충분한 이해와 협조가 이루어지지 않을 때 교회학교는 삐거덕거리는 소리를 내게 된다. 여기 저기에서 부딪히는 소리가 나고 갈등이 일어나게 되는 것이다. 이는 우리가 원하는 모습이 아니다. 오히려 사단이 획책하는 것이다.

1 역할 이해

조직을 만들고, 일할 사람을 선발하고, 적재적소에 사람을 배치하는 것은 행정에 있어서 기본이다. 그리고 서로 유기적인 협력관계를 갖고 일을 해 나가기 위해서는 서로의 위치와 역할에 대하여 충분히 이해하는 것은 필수적인 일이다.

역할은 자리 즉, 지위와 맞물려 있다. 그리고 권한과 책임과도 맞물려 있다. 따라서 역할을 바르게 이해하기 위해서는 지위(position, status) - 역할(role) - 권한(authority) - 책임(responsibility) 이 네 가지 요소에 대해 종합적으로 이해해야 한다. 교회에서 한 교육지도자에게 어떤 자리(지위)를 주어 임명하게 될 때, 역할과 역할에 따른 권한의 범위 그리고 책임의 한계에 대해 명료하게 선을 그어 주어야 한다. 이것이 명료하지 못할 때, 역할에 대한 혼란이 오게 되고 나아가서는 서로간의 갈등으로까지 발전하게 된다.

2 각급 지도자의 역할

1) 담임목사

담임목사는 교육목회적인 안목과 비전을 가지고 교육에 관한 총괄적인 리더십을 발휘하며 지도 감독한다. 담임목사에게 무엇보다 요구되는 것은 교육적인 비전을 제시하는 일이다. 담임목사의 지도력은 교육목사(교육사)와 교육위원장에게 위임되며, 교육목사와 교육위원장은 업무를 분담하여 관장하면서 상호 유기적인 동역자(co-worker)로 사역하게 된다. 이는 교육목사와 교육위원장이 분리되어 있을 경우에 해당된다. 교육목사가 교육위원장직을 맡아 볼 경우에는 담임목사의 지도력을 교육목사가 위임받아 교회교육에 관한 제반활동들을 관장하게 된다.

2) 교육목사(교육사)

교육위원회를 통하여 수립된 교육정책과 계획에 따라 총회와 교회의 목회정책을 수렴하여 교육계획을 수립하고, 관리하며, 집행한다. 교육위원장과 협조를 주고받으며 역할을 수행한다. 교육목사는 담임목사로부터 목회적인 지도력을 위임받아 목회자의 교육목회 비전을 구체화하고 구현하며 교육 부서들을 직접 지도한다.

3) 교육위원장

교육목사와 협력하여 교육위원회에서 수립된 정책과 계획이 효율적으로 추진될 수 있도록 행정적이고 사무적인 업무에 지도력을 갖는다. 또한 교육부서 내의 지도자들을 관리하며 인화하는 일에 힘쓰고, 교육부서들의 교육적인 활동에 어려움이 없도록 행정적인 지원에 힘쓴다.

교육목사와 교육위원장의 관계에 관하여 반피득은 잘 정리하고 있다.

"교장과 종교교육 지도자간에 좋은 활동 관계의 이해를 얻는 해결책을 찾는 것은 항상 쉬운 문제가 아니다. 때로는 문제에 약간의 오해와 불행한 경험을 갖는 수가 있다. 그들의 상호관계에 대해서는 양자가 의견이 일치하게 되는 것이 좋다. 종교교육 지도자는 이 연구분야에서 훈련을 받았기 때문에 교육문제에 대해서는 권위자라는 것을 이해해야 한다. 그러나 종교교육 지도자는 또한 현명해야 하고 교장은 교회학교의 집행 책임자이며, 따라서 자기 뒤에 충고자로서 머물러 일하는 것을 기억해야 한다. 그는 교장을 격려시키고 동료로서 그와 일해야 한다. 교장은 차례로 정책문제와 교육문제에 대해서 종교교육 지도자와 상의해야 한다"[79]

4) 부서 지도교역자

부서 지도교역자는 담임목사와 교육목사의 지도를 받으며, 해당 부서에서 목회적 지도력을 갖는다. 부서 지도교역자가 하는 일을 구체적으로 살펴보면 다음과 같다.

① 교육위원회의 정책과 계획을 부서 차원에 맞게 교육계획을 수립하고 실천에 옮긴다.
② 예배의 계획과 집례, 설교, 성경공부 계획 등을 맡아 수행한다.
③ 부서의 교육활동 프로그램들을 지도하고 관리한다.
④ 교사와 학생들의 영적 상태를 돌보며 신앙지도 및 상담에 힘쓴다.
⑤ 부서의 교사교육 및 지도력 개발에 힘쓴다.

5) 부장/부감

부장은 부서의 행정적인 책임자이다. 부감이 있을 경우에는 부감과 협력하여 부서를 관리하고 운영한다. 부장이 하는 일을 구체적으로 정리해 보면 다음과 같다.

① 각종 회의와 재정출납 및 부서의 사무를 관장한다.
② 교사를 위해 기도하고 격려하며 관리에 힘쓴다(친교, 인간관계, 출결관리, 애경사 등).
③ 교회 – 가정 – 해당부서가 유기적인 협조관계를 가질 수 있도록 힘쓴다.
④ 학생들을 위해 기도하고 격려하며 관리에 힘쓴다.

6) 총무

총무는 지도교역자, 부장과 상의하며 부서의 실무를 추진한다. 총무는 결정권

---

79. 반피득, 「기독교교육」,(서울 : 한국기독교교육학회, 1975), p. 416.

자가 아니라 집행하는 사람이다. 하는 일을 구체적으로 살펴보면 다음과 같다.
① 해당부서와 협력하여 교육활동 프로그램들을 추진하고 관리한다.
② 교사회의를 준비하며, 부서의 행정업무를 맡아 관리한다.
③ 매주마다 진행되는 활동들을 점검하고, 추진한다.
④ 학생을 위해 기도하고 격려하며 교사 – 학생 연석모임 등을 관장한다.

7) 서기
① 각종 서류를 작성 정리및 보관(학생/교사 신상카드, 신입학생 카드, 예배일지, 제적자 명부, 수상자 명부 등)
② 교사회의록, 교회학교 연혁 등을 기록 보관
③ 각종 통계표를 작성(출석 – 오전·오후, 월말 우승반, 연말 시상자……)
④ 제반보고서 작성 : 출석통계보고

8) 회계
① 예산표 작성을 위한 기초 자료 준비
② 수입지출의 행정담당
③ 결산보고서를 작성
④ 교회학교 설비에 관한 재정을 집행
⑤ 재정사항을 정기적으로 보고(월례회 시)

9) 반교사
(1) 반교사의 역할
① 가르치는 일
공과를 충분히 연구하고 학습지도안을 작성하여 자신을 가지고 학생들 앞에 선다. 학생들의 지능과 흥미를 참고하여 교수방법에 이용한다. 요점을 정확히 이해하여 실제의 생활과 결부시키며, 교회생활에서부터 점진적으로 실천하도록 한다.
② 반관리
학생들과 1:1로 접촉하여 관심을 갖는다. 학생 개개인을 이해하고 그러기

위해서 각 개인의 성격, 지능, 예의, 취미, 특기, 가정환경, 학교생활, 교우관계 등을 자세히 관찰한다. 결석하는 학생에 대해서는 원인을 확인하고(전화 또는 직접심방하거나 가까운 친구를 통하여) 개인적인 문제까지도 해결해 주도록 노력한다 (언어, 복장까지도).

③ 신앙 양육

반교사의 사명은 성경을 가르치고 출결사항을 관리하는 것으로 끝나지 않는다. 교회교육은 가르치는 활동이기보다는 양육활동이다. 반교사는 맡은 학생들의 신앙양육을 책임맡아 있는 것이다. 따라서 지속적으로 반복적인 관심과 지도가 필요하다. 주중에 전화, 이메일 등을 통한 상담과 교제, 중보기도 등이 꾸준히 이루어져야 한다.

(2) 반교사의 확인사항
① 학생들에 대한 기본조사는 끝났는가?(가정환경, 학교생활, 성격 등)
② 학생의 가정과 연락할 수 있는 창구를 가지고 있는가?
③ 학생들의 집을 다 알고 있는가?
④ 학생을 통한 학부형의 전도를 생각해 본 일이 있는가?
⑤ 경제적 혹은 기타 여러 가지로 도움이 꼭 필요한 학생을 파악하고 있는가?
⑥ 유고학생이나 신입학생에 대한 심방이 즉각적으로 이루어지고 있는가?
⑦ 출석이 지나치게 유동적인 학생의 원인을 파악하고 있는가?
⑧ 분반공부를 위하여 공과준비가 충실하게 이루어졌는가?
⑨ 능동적이고 적극적인 태도로 자치활동에 참여하도록 이해시키며 권고하고 있는가?
⑩ 매주일의 준비물이나 연락해야 할 사항들을 잘 챙기고 있는가?

(3) 반교사의 자세
① 모든 집회 시간에 빠지지 않는다.
② 모든 집회 시간에 시간을 지킨다.
③ 준비된 모습으로 학생들 앞에 선다.
④ 학생들의 활동을 항상 주의 깊게 살펴본다.

⑤ 학생의 기념일을 챙긴다.
⑥ 학생 한 사람 한 사람의 이름을 부르면서 기도한다.
⑦ 가르치는 자이기 전에 먼저 은혜받는 자의 자리에 처한다.
⑧ 항상 성령님의 도우심을 사모한다.
⑨ 학생들에게 진실하고 성실한 모습으로 다가간다.
⑩ 교사라기 보다는 목회자라는 마음을 갖는다.

3 업무 갈등관리

교회 지도자들은 성장을 방해하는 질병과 장애물들을 발견하고 제거하는 일을 해야 한다. 사단은 기회만 있으면 갈등을 부추긴다. 작은 일도 크게 만들고 그냥 웃고 넘어갈 수 있는 일도 싸움거리로 만든다. 따라서 교회학교 안에서 갈등이 일어나는 것은 피할 수 없는 일이다. 하지만 그 갈등을 소모적인 싸움으로 만들 것이 아니라 생산적인 기회로 만들어야 한다.

1) 갈등의 원인
교회학교에서 일어나는 갈등은 대개 4가지의 근원에서 발생한다.
첫째, 태도(attitudes)에서 오는 갈등이다. 사람은 자기만의 삶의 방식을 갖고 있고 문제를 처리하는 태도를 갖고 있다. 이러한 태도의 차이는 견해의 차이로 나타날 수 있으면 갈등의 원인이 될 수 있다. 이 과정에서 선입견, 편견, 고정관념 등이 문제가 되기도 한다.
둘째, 실재적(substantive)인 문제에서 오는 갈등이다. 실재적인 갈등이란 의사결정 과정에서 야기되는 견해의 차이, 재정사용에 대한 견해의 차이, 업무혼선이나 역할혼돈에서 오는 분쟁 등 실제적 문제에서 기인하는 갈등을 가리킨다. 따라서 업무분담이나 역할조정이 명료하게 이루어지지 않았을 때, 이는 갈등의 결정적인 요인이 될 수 있다.
셋째, 의사소통(communicative)상의 갈등이다. 대화의 부족이나 대화의 기술의 부족에서 야기되는 갈등이다. 사실 우리 주위에서 일어나는 많은 갈등을 자세히 살펴보면 인간관계의 미숙이나 대화의 미숙에서 오는 경우가 많다. 의사소통은 건강한 조직이 꼭 갖추어야 할 요소이다. 의사소통의 미숙은 작은 일도 크게 만든다. 괜한 오해를 불러일으키기도 한다.

넷째, 감정적(emotional) 갈등이다. 감정은 묶여 있던 감정같이 그 자체가 갈등의 씨앗이 되기도 하고 다른 유형의 갈등에 뒤따라오는 이차적인 갈등요인이 되기도 한다. 또는 일을 추진하는 과정에서 일어나는 서운함, 소외감 등이 갈등의 꼬투리가 되기도 한다.

2) 갈등관계의 유형

교회학교에서 발견되는 갈등은 크게 조직간의 갈등과 개인간의 갈등으로 나누어 볼 수 있다. 먼저 조직간의 갈등으로는 교육위원회와 교육부서간의 갈등, 각급 부서간의 수평적 갈등, 교사회와 학생자치회 사이의 갈등 등을 들 수 있다. 개인간의 갈등으로는 교육목사와 교육위원장, 부서 지도교역자와 부장, 부서 지도교역자와 총무, 신임 부장과 총무, 신구간의 갈등 등을 들 수 있다. 갈등의 유형은 교회의 상황에 따라 다양할 수밖에 없다.

3) 교회교육행정상 갈등의 성격
① 갈등이 표면화되기보다는 내면화되면서 암세포처럼 작용하기 쉽다.
② 표면적으로는 일의 문제이지만 실제로는 인간관계의 문제이다.
③ 관리자들 간의 갈등은 구성원들의 사기를 저하시킨다.
④ 갈등은 기회다.

갈등은 하나님이 기뻐하시는 바가 아닐 뿐 아니라 하나님의 백성들을 교육하는 일에 사용되어야 할 에너지가 엉뚱한 곳으로 빠져 나가도록 한다. 갈등이 싸움이 될 때, 사람은 승부에 집착하게 된다. 그래서 어떻게 하든지 이기려하고 상대방을 짓누르려고 한다. 이기는 사람이 있으면 지는 사람이 있기 마련이다. 이기는 사람이 있고 지는 사람이 있다는 것은 교회공동체의 모습이 아니다. 서로가 섬기고 서로가 낮아지는 것이 교회공동체이다. 이기는 것이 지는 것이요, 지는 것이 오히려 이기는 것일 수 있다. 따라서 너도 이기고 나도 이기는 윈(win)-윈(win)의 전략을 구사해야 한다. 이것이 결국은 서로가 이기는 것이요, 교회공동체를 세워 가는 것이기 때문이다.

제 13 장

조직운영의 실제
— 위임, 역할분담, 직무기술

모든 조직은 종(縱)적인 면과 횡(橫)적인 면이 있다. 종적인 면은 수직적인 계층 질서에 해당되고 횡적인 면은 수평적인 기능 질서에 해당된다. 기관형인 피라미드 조직에서는 종적인 계층 질서가 횡적인 기능질서보다 강조되고 우선된다. 한편 공동체형 거미줄 조직이라 하더라도 종적인 질서와 횡적인 질서는 있기 마련이다. 다만 공동체형인 거미줄 조직에서는 종적인 위계 질서보다는 횡적인 기능 질서가 더 강조되고 우선된다. 이러한 종적 질서와 횡적 질서가 제대로 잡혀 있지 않을 때, 조직 내에는 심한 갈등과 잡음이 일어나게 된다. 조직은 건강을 잃게 되고, 경우에 따라서는 조직의 균열과 와해로까지 발전하게 된다. 따라서 교회교육을 위한 조직이 원활하게 돌아가고, 지향하는 공동의 교육목적을 향하여 역동적으로 움직이기 위해서는 종적인 계층 질서와 횡적인 기능 질서를 잘 잡아야 한다. 더욱이 유기적인 공동체를 지향하는 거미줄형의 교회교육 조직에서는 수평적인 기능 질서가 잘 정비되어 있어야 한다. 수평적인 기능 질서는 섬김과 상호존중의 정신을 필요로 한다. 따라서 상호간의 역할에 대한 명확한 정리가 이루어지지 않을 경우, 쉽게 불필요한 충돌과 갈등을 가져올 소지가 많이 있다. 여기서 수직적인 질서와 관련된 조직의 원리가 위임의 원리이며, 수평적인 질서와 관련된 조직의 원리가 업무분담의 원리이다. 위임, 업무분담, 직무기술 이 세 가지는 조직관리에 필요한 중요한 기술들이다. 이런 방법들을 통하여 조직을 더욱 건강하게 만들고, 규모 있게 만들 수 있다.

1 위 임

1) 위임이란?

알렌(L. Allen)은 위임이란 '임무와 권한을 맡기고 책임계통을 확립하는 것'이라고 정의하였다. 조직이 원활하게 운영되고 업무가 효과적으로 수행되기 위해서는 일을 적절하게 분담하여 맡기는 지혜가 필요하다. 아무리 유능한 사람이라 하더라도 일을 혼자서 다 할 수는 없다(출 18 : 18). 적절한 사람을 발굴하고 그 사람에게 일을 나누어 주어야 한다. 이를 가리켜 '위임'이라 한다. 올란 헨드

릭스의 「교회지도자를 위한 운영과 관리」라는 책에 위임과 관련한 재미있는 이야기를 소개하고 있다.[80]

일본인 목사가 내게 와서 "헨드릭스 씨, 당신에게 질문 하나 하고 싶은데요"라고 말했다. 나는 긴장했다. 그는 "일본에 옛 격언이 하나 있는데 이 격언이 사실이고 정확하다고 생각하시는지 물어보고 싶습니다. 그 격언에는 '현명한 군주는 부엌 아궁이 안에 재가 얼마나 많이 있는지를 안다'고 했습니다. 훌륭한 격언이지요?"라고 말했다. 나는 그의 의도를 이해하려고 애쓴 후 이렇게 말했다. "아니요, 그것은 훌륭한 격언이 아닙니다. 현명한 군주라고 꼭 아궁이 속에 재가 얼마나 많이 있는가를 알 필요는 없습니다. 그러나 누가 아궁이 속에 재가 얼마나 많이 있는가를 아는지 압니다." 그러자 그 목회자는 빙긋이 웃었다.[81]

헨리 브랜드(H. R. Brand)는 "교회가 성장함에 따라 목사의 행정적인 의무와 책임도 변화되어야 한다. 그는 이제 더 이상 자기 혼자서 그 많은 업무를 감당할 수 없으며 교회 구석구석의 일에까지 단독으로 책임을 질 수도 없다. 그는 누군가 다른 적임자에게 나머지 일을 맡기고 목회에 전념할 수 있어야 한다."[82]

위임은 수직적인 계층질서 상에서 이루어지는 역할분담이다. 위임이 효과적으로 이루어지기 위해서는 분명한 위임이 이루어져야 한다. 조직에 있어서 직책이 주어지면 그 직책에 따른 책무(과업)가 있고 아울러 그 책무를 수행하는 데 필요한 권한이 따르게 되며 또한 책무와 권한에 대한 책임이 따르게 된다. 즉, 직책 - 책무 - 권한 - 책임이 항상 맞물려 돌아가게 된다. 위임은 일(책무)만 맡기는 것도 아니며, 직책만 부여하는 것도, 권한만 주는 것도, 책임만 묻는 것도 아니다. 이 네 가지 요소를 균형 있게 갖추어 주어야 한다. 부장이라는 직책을 주었으면 그 직책에 상응하는 책무와 권한과 책임까지도 분명히 해야 한다. 모세가 장인 이드로의 조언을 받아 부장을 세울 때, 모세는 부장들에게 부장이라는 직

---

80. 올란 핸드릭스, 앞의 책, p. 124.
81. 앞의 책.
82. 베르너 그랜도르, 「복음주의 기독교교육론」(서울 : 기독교문서선교회, 1992), p. 346.

책과 민원처리라는 책무와 판결할 수 있는 권한과 그에 따른 책임을 함께 주었다. 이러한 분명한 위임을 통하여 수직적인 계층상의 질서가 분명해진다. 한 가지 짚어 두어야 할 것은 교회행정에서는 수직적인 계층상의 질서라고 해서 이것이 수직적인 위계/계급 질서를 의미하는 것은 아니라는 점이다. 편의상 계층상의 질서를 이야기하지만 내용적으로는 이 마저도 기능상의 차이를 의미하는 것이 교회행정의 특성이다.[83]

2) 위임의 효력

위임의 기술은 지도자가 갖추어야 할 중요한 기술이다. 자기 혼자의 힘으로 모든 일을 다 하려고 하는 사람은 아무 일도 할 수 없다. 담임목사는 교육목사에게 교육과 관련된 일을 과감하게 떼어 내주어야 한다. 부장은 부감이나 교사들에게 과감하게 일을 맡겨야 한다. 우리는 효과적인 위임을 통하여 과중한 일에 대한 부담에서 벗어날 수 있다. 그래서 더 우선적이고 중요한 일에 더 많은 시간을 투자할 수 있다. 또한 위임은 장차 지도자나 책임자가 되어야 할 사람에게 자신을 발견하고 자신을 성장시킬 수 있는 기회를 주게 된다. 상당수의 목회자들이나 교회 지도자들은 다른 사람에게 자기의 일을 위임하는 것에 대해 주저한다. 하나님이 나에게 맡기신 일을 다른 사람에게 맡기는 것에 대해 부담스러워하는 마음을 갖고 있기 때문이다.[84] 하지만 이것은 지나친 기우이다. 위임은 책임회피가 아니다. 하나님이 맡기신 일을 효과적으로 수행하는 지혜이다. 사실 일을 위임한다고 해서 그 일에 대한 책임으로부터도 완전히 벗어나는 것이 아니다. 위임을 했다 하더라도 그 일이 제대로 진행되고 있는지를 챙기고 관리하는 일은 여전히 위임한 사람의 몫이다. 위임은 일에 대한 책임회피나 전가가 아니라 일을 하는 지혜이다. 우리는 위임을 통하여 일에 있어서 권한의 소재나 책임의 소재 등 계층상의 질서를 명확하게 할 수 있다.

3) 위임이 잘 이루어지지 않는 이유

---

83. 이성희, 앞의 책, pp. 110-111, 254.
84. 올란 핸드릭스, 앞의 책, p. 127.

위임은 분명 필요하고 유익한 기술이다. 그럼에도 불구하고 위임이 잘 이루어지지 않고 있다. 여기에는 앞에서 지적한 신앙 윤리적인 이유 말고도 또 다른 몇 가지 이유가 있다. 첫째, 자신의 한계를 인정하기를 꺼려하기 때문이다. 사람은 누구나 자신의 한계를 인정하거나 노출하는 것을 꺼려한다. 그래서 슈퍼맨이 되고 싶어한다. 하지만 한계를 인정하는 것은 용기 있는 행동이며 또한 성숙한 모습이다. 또한 위임이 마치 자신의 한계를 노출시키거나 인정하는 것으로 생각하는 것은 잘못이다. 둘째, 계속 전권을 쥐고 통제하려는 욕망을 들 수 있다. 위임이 이루어지면 그만큼 권한도 이양되어야 하기에 통제권에 대한 독점력이 강한 경우에는 위임을 꺼리게 된다. 셋째, 다른 사람에 대한 신뢰의 결핍이다. 일을 맡기려고 해도 "믿고 맡길 만한 사람이 없다"는 말을 흔히 듣는다. 넷째, 위임에 대한 경험 부재를 들 수 있다. 즉, 위임이 적절하게 또는 효과적으로 이루어지는 것을 보지 못했거나 경험하지 못했기 때문이다.[85]

2 업무분담

1) 업무분담이란?

위임이 수직적인 역할분담이라고 한다면 업무분담은 수평적인 역할분담이라 할 수 있다. 업무분담이 균형 있게 이루어지게 되었을 때, 조직은 역동적으로 움직이게 되고, 유기적인 협력이 가능하게 된다. 업무의 분담은 관리자가 갖추어야 할 중요한 기술이다. 교회는 유기체이다. 교회의 교육공동체는 유기적인 조직 형태를 갖추어야 한다. 특히 공동체형인 거미줄 조직에서는 유기적인 역할분담이 무엇보다 중요하다. 예배부, 선교부, 봉사부, 서무부 등과 같은 조직편성이 수평적인 기능상의 업무분담에 속하는 대표적인 경우라 할 수 있다. 교회학교에서 총무-서기-회계는 계층상의 위임이 아니라 기능상의 업무분담에 속한

---

85. 올란 헨드릭스, 앞의 책, pp. 129-130.

다. 이러한 업무분담 역시 위임과 마찬가지로 직책-책무-권한-책임이 균형 있게 이루어져야 한다.

한국교회 교육 현장에서 일어나는 역할분담과 관련된 갈등은 대개가 업무분담이 명확하지 못한 데에서 발생되는 문제라 할 수 있다. 즉, 기능상 질서가 제대로 정비되지 못한 데에 기인한다. 기능의 차이를 마치 계급의 차이로 잘못 이해하는 데에서 불필요한 충돌이 일어나고 갈등이 발생하게 된다는 것이다. 유교적인 인간관계는 다분히 계층적이다. 유교적인 문화에 익숙한 우리로서는 조직에서 일어나는 일을 계층적인 위계질서로 받아들이는 데 익숙하다. 반면 기능상 차이를 받아들이고 기능상의 질서에 적응하는 데 많은 어려움을 겪게 된다.

2) 두 가지 지도력

하나의 조직 안에 두 개의 지도력이 조화를 이루고 있는 것이 장로교 행정의 특성이다. 장로교 헌법에 따르면 목사의 직무는 하나님의 말씀으로 교훈하며 성례를 거행하고 교인을 축복하며 장로와 협력하여 치리권을 행사하는 것으로 되어 있다. 한편 장로의 직무는 치리회원이 되어 목사와 협력하여 행정과 권징을 하며 교회의 신령상 관계를 살피며, 교인들이 교리를 오해하거나 도덕적으로 부패하지 않도록 권면하며 회개하지 않는 자가 있으면 당회에 보고하는 것으로 되어 있다. 여기서 목사의 지도력은 목회적이고 영적인 일에 중심이 있으며, 장로의 지도력은 행정적인 일에 중심이 있음을 알 수 있다. 이러한 구분은 헌법상의 구분이며, 교회현장에서 담임목사의 경우는 교회에서 행정의 수반으로서의 역할을 수행하게 된다.[86] 따라서 교회현장에서는 담임목사를 중심으로 하여 목회와 행정이 통합적으로 펼쳐지게 된다. 따라서 담임목사로부터 목회적인 지도력은 부교역자들에게, 행정적인 지도력은 평신도 지도자(부장, 부감 등)에게 위임이 이루어진다.

이처럼 교회교육 조직에서는 두 가지 흐름의 조직지도력이 존재한다. 이를 편의상 목회적 지도력과 행정적 지도력으로 나누어 볼 수 있다. 목회적 지도력

---

86. 이성희, 앞의 책, p. 112.

이란, 담임목사-부목사(교육목사)-부서지도 교역자로 이어지는 조직지도력의 흐름이다. 이러한 목회적 지도력은 신앙적 지도력 또는 영적 지도력이라 부를 수 있을 것이다. 행정적 지도력이란, 담임목사-교육위원장-부장-부감-총무로 이어지는 조직지도력이다. 이는 사무적이고 행정적인 업무를 처리하는 지도력의 흐름이다.

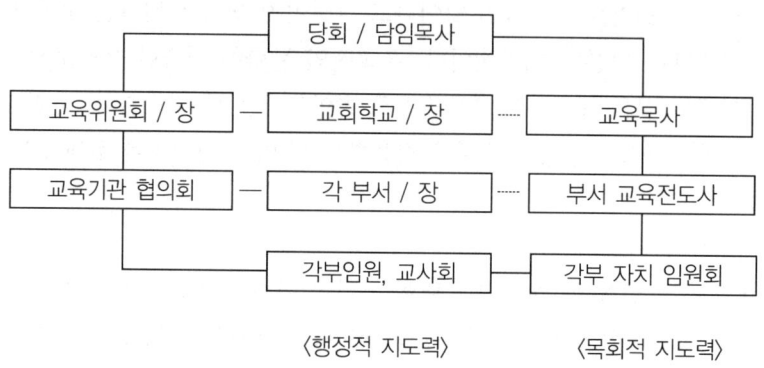

3) 두 지도력의 관계

연말이나 연초가 되면 여러 차례 받는 전화가 있다. 교회학교 내에서의 역할분담에 대한 문의이다. 대개 이런 전화의 경우에 교육목사와 교육위원장(장로)과의 갈등, 부장과 교육전도사의 갈등, 교육전도사와 총무의 갈등 등으로 겪는 애로사항에 대한 이야기가 곁들여지는 것이 보통이다. 교회학교 현장에서 역할 혼돈이나 중첩으로 인한 소모적인 갈등은 한국 교회학교가 안고 있는 고질적인 증상이다. 갈등관리나 처리는 행정이 풀어야 할 중요한 과제이다. 역할분담과 관련된 갈등의 주된 원인 중의 하나는 두 가지 지도력에 대한 이해의 부족에서 기인한다.

교회교육 현장에서 존재하는 두 가지 지도력은 권력의 분점도, 상호 견제를 위한 것도 아니다. 두 가지 지도력은 기능상의 차이이지, 지위의 높고 낮음이 아니다. 모두가 하나님의 교회를 섬기고 교회교육을 위해 부름받은 하나님의 일꾼이다. 다만 수평적인 역할의 분담일 뿐이다. 행정적인 성격의 일은 행정지도력의 라인(line)을 따라 이루어지면 되고, 목회적인 성격의 일은 목회지도력의 라인을 따라 이루어지면 된다. 문제는 그 일의 성격이 목회적인 일이냐 행정적인 일이냐를 먼저 가려내는 것이다. 그것만 분명하다면 괜히 다툴 이유도, 소모적인 갈등관계에 빠질 이유도 없다. 서로의 위치에서 서로를 섬기며 서로를 존중하면서 동역하는 것이다.

3 직무기술

1) 직무기술이란?

행정책임자나 관리자는 조직내의 복잡하고 다양한 업무들을 분석(Job analysis)하고, 이를 적절하게 위임하고, 분담시킬 뿐만 아니라 이러한 내용을 명료하게 정리하여 밝혀 두어야 한다. 이때 사용되는 방법이 바로 직무기술이다. 직무기술(Job description)이란 조직내의 각 사람들이 맡게 될 책무가 무엇인지를 밝히고 이를 구체적으로 기술하는 것을 가리킨다. 직무기술은 과업관리의 중요한 수단이요 조직관리의 한 방법이다. 한국교회는 정으로 뭉쳐진 사회이다. 합리적인 사고보다는 정적인 사고, 정적인 관계에 익숙하다. 직무를 분석하고 기술한다는 것이 어색하게 여겨질 수 있다. 또한 너무 기계적으로 되어 가는 것 아니냐 하는 반감을 가질 수도 있다. 하지만 직무기술은 위임이나 업무분담과 같이 하나님의 일을 해 나가는 지혜 중의 하나이다.

2) 직무기술서

직무기술을 문서화해 놓은 것을 직무기술서라 한다. 교회교육 조직이 규모 있고 질서 있게 운영되기 위해서는 직무기술서가 필요하다. 직무기술서는 역할의 규정, 책임의 소재, 협력관계의 구조 등을 파악하는 기준이 되기 때문이다. 이를 통해 사람들은 자기가 할 일이 무엇이며, 누구와 어떻게 협력하며 일을 해야 할 것인지를 알 수 있다. 관리자는 직무기술을 통해 일의 책임소재를 분명히 파악할 수 있다. 미국의 경우 가장 효율적인 교회들에는 교회학교의 각급 직분자들에 대한 직무기술서가 갖추어져 있는 것으로 알려져 있다.[87]

3) 직무기술서의 작성

직무기술서에는 누가 어떤 직책을 맡았으며(지위), 수행해야 할 과업은 무엇이며(역할), 어떤 권한을 가지고 있으며(권한의 범위), 어디까지 책임을 져야 하는지(책임한계) 그리고 누구와 협력해야 하는지(협력관계) 등이 수록되어 있어야 한다. 경우에 따라서는 직무담당자의 자격과 기본 자세 등을 함께 명시해 두기도 한다. 그리고 직무기술서가 제대로 활용되기 위해서는 직무를 맡은 개개인에게 분명하게 전달되고 동의가 이루어져야 한다.

---

87. 올란 핸드릭스, 앞의 책, p. 132.

제 14 장

인사행정의 원리

1 인사행정이란 무엇인가?

"그가 혹은 사도로, 혹은 선지자로, 혹은 복음 전하는 자로, 혹은 목사와 교사로 주셨으니 이는 성도를 온전케 하며 봉사의 일을 하게 하며 그리스도의 몸을 세우려 하심이라"(엡 4 : 11-12).

이 모든 사람들은 초대교회의 훌륭한 인적 자원들이다. 교회학교에는 여러 인적자원들이 참여하여 봉사하고 있다. 교육목사, 교육전도사, 교육위원장(교육부장), 부장, 부감, 교사, 교회학교 성가대 지휘자와 반주자 등 다양하다. 이 외에도 일일교사, 일일봉사자, 보조교사 등 다양한 인적자원들이 있다. 이들은 모두가 교회교육을 위하여 소중한 인적 자원들이다. 인적 자원을 효과적으로 개발하고 활용하는 일은 성공적인 교회교육을 위하여 꼭 해결해야 할 과제이다. 교회교육을 위해 필요한 사람을 찾아내고, 교육시키며, 역할을 부여하여 봉사하도록 하는 일은 인적자원의 관리에 속하는 활동이다. 인사행정이란 교회의 교육적인 목적을 실현하기 위하여 필요한 인적자원들을 발굴 또는 모집하고 교육하고 적재적소에 배치하며 동기를 부여하고 사기를 앙양하는 활동들을 가리킨다. 뿐만 아니라 이들에 대한 처우, 사기앙양, 동기부여, 임명과 해임 또는 파면과 같은 치리 등 인적자원과 관련된 전반적인 활동들이 인사행정의 범주에 속한다. 이러한 인사행정은 교무행정, 조직행정, 재무행정, 시설행정, 서무행정 등과 함께 실무행정의 중요한 부분을 차지하고 있다.

2 인사행정의 중요성

"이 때에 예수께서 기도하시러 산으로 가사 밤이 맞도록 하나님께 기도하시고 밝으매 그 제자들을 부르사 그 중에서 열둘을 택하여 사도라 칭하셨으니 곧 베드로라고도 이름 주신 시몬과 및 그 형제 안드레와 및 야고보와 요한과 빌립과 바돌로매와 마태와 도마와 및 알패오의 아들 야고보와 및 셀롯이라 하는 시몬과 및 야고보의 아들 유다와 및 예수를 파는 자 될 가룟 유다라"(눅 6 : 12-16).

성경에는 예수님이 밤이 맞도록 기도하시는 모습을 두 번에 걸쳐 기록하고 있다. 한 번은 십자가의 죽음을 앞두고 겟세마네 동산에서의 기도요, 다른 한 번은 열두 제자를 세우기 위해 산에서 밤이 맞도록 드리신 기도이다. 예수께서는 제자를 세우는 일을 밤이 맞도록 기도할 정도로 중요하게 다루셨음을 알 수 있다. 예수님의 사역에서 어느 것 하나 중요하지 않은 일이 있을까마는 밤이 맞도록 기도하시는 모습에서 예수님이 사람을 세우는 일을 얼마나 신중하게 하셨는지를 가늠해 볼 수 있다.

인사행정의 중요성은 갈수록 강조되고 있다. '인사가 만사'라고 할 정도로 사람을 찾아내고 관리하는 일은 지도자가 갖추어야 할 우선적인 덕목이다. 그러기에 능력 있는 지도자는 사람을 잘 찾아내고 구비시키고 격려하며 활용할 줄 안다. "탁월한 지도력이란 결국 행정적 인력관리의 능력이다. 인력이란 한정적이지만 조직이 소유하고 있는 인력을 최대한 활용하고 인적 잠재력을 극대화해 주며 잉여인력을 개발하여 조직을 위하여 기동할 수 있도록 동기를 부여해 주는 것은 중요한 조직의 역동적 요소이다. 인력이란 살아 있고 움직이는 조직의 구성요소이기 때문에 조직의 성격에 가장 큰 변수로 등장한다. 여기에 조직에서의 인사행정의 중요성이 있다."[88]

일은 사람이 하는 것이다. 일을 맡은 사람의 능력만큼 일의 성과는 나타나기 마련이다. 그럼에도 불구하고 교회에서는 믿음으로 하는 봉사라는 명분을 내세워 인사행정을 소홀히 하고 있는 것은 안타까운 일이라 하겠다. 우리는 인사행정에 관한 로버트 바우어의 지적에 주의를 기울일 필요가 있다. "교회교육 계획

---

88. 이성희, 앞의 책, p. 349.

을 위해서 우수한 지도자를 선발하는 것보다 더욱 중요한 일은 없을 것이다. 교회계획의 성공은 지도자의 능력에 크게 좌우된다.…… 아무리 훌륭한 계획도 이를 실행할 좋은 지도자가 없으면 무참히 실패할 것이다.…… 확실히 지도자 선발 및 개발 문제는 경시되거나 지체할 수 없는 사항이다."[89]

3 인적 자원에 대한 이해

1) 유급 사역자(staff)

교회교육에 동원되고 활용되는 인적 자원에는 다양한 범주가 있다. 우선 보수의 유무에 따라서 유급 사역자(staff)와 자원봉사자(volunteers)로 나눌 수 있다.[90] 그리고 자원봉사자의 범주에 속하면서도 구분해서 다루어야 할 인적 자원으로 자원인사(resource person)가 있다. 유급 사역자로는 교육목사(교육사), 교육전도사, 성가대 지휘자와 반주자가 대표적이다. 성가대 지휘자나 반주자의 경우는 교회에 따라 차이가 많다. 유급 사역자가 되기도 하고 자원봉사자가 되기도 한다. 그동안은 성가대 지휘자와 반주자는 자원봉사직으로 이해되어 왔다. 최근에 와서는 여기에 대한 생각에 많은 변화가 일어나고 있다. 규모가 큰 교회의 경우는 대개 유급 사역자로, 규모가 작은 교회의 경우는 자원봉사자로 여겨지는 경향이 있다. 반면에 교회의 성가대와 반주자의 경우는 유급 사역자로 자리매김이 되어 가는 실정이다. 이제는 교회학교의 지휘자와 반주자의 위치에 대한 연구가 이루어져야 할 것으로 여겨진다. 언제까지 원칙 없는 행정에 맡겨둘 수는 없기 때문이다. 현재 가장 전형적인 유급 사역자로는 교육전도사를 들 수 있다. 유급 사역자로서의 교육전도사는 이제 한국교회에서 보편적으로 활용되고 있다. 현재 교육전도사의 경우는 전문성을 갖고 있는 것도 아니고, 교회에서

---

89. 로버트 바우어, 앞의 책, pp. 121-122.
90. 찰스 티드웰, 박두헌 역, 「교회행정을 위한 효과적인 지도자론」(서울 : 쿰란출판사, 1996), pp. 142-143.

매월 지급하는 것이 장학금인지 사례비인지 조차도 분명하지 않은 경우가 많다. 결국 현재 교육전도사 제도는 전문성이 확보되는 것도 아니고 그렇다고 전임사역자가 보장되는 것도 아니라는 문제점을 안고 있다. 지금은 이와 같은 유급 사역자의 인사행정 및 인사관리에 관한 체계적인 연구가 이루어져야 할 시점이다. 특히 교회교육의 전문 사역자인 '교회교육사' 제도가 각 교단의 총회를 거쳐 제도화되어 가고 있는 시점에 있다는 점을 감안할 때 더욱 그러하다. '교회교육사'란, 교회교육에 관한 전문성을 가진 유급 사역자라는 것이 전제가 되기 때문이다. 그러기에 현행의 교육전도사의 경우와는 다를 수밖에 없다.

2) 자원봉사자(volunteers)

자원봉사자로는 부장, 부감, 총무, 일반 교사 등을 들 수 있다. 교회학교의 인적자원은 대부분 이러한 자원봉사자에 의해 채워지고 있다. 미래사회로 갈수록 자원봉사활동이 더욱 활성화될 것이다. 교회도 예외가 아니다. 교회 인력관리의 핵심은 자원봉사자의 개발에 있다. 교회사역의 주를 이루고 있는 사람들이 자원봉사자들이기 때문이다. 이러한 자원봉사자의 활동이 활발하게 이루어지는 교회는 건강한 교회일 수밖에 없다. 하지만 자원봉사자를 개발하지 못하고 유급 사역자에 의존하는 교회는 취약한 사역구조를 가질 수밖에 없다. 유급 사역자 중심의 교회는 효과적인 은사개발이나 성도들의 적극적인 참여나 역동적인 소그룹을 기대할 수 없기 때문이다. 전문적 전임사역자가 필요한 부분이 아니라면 교회내의 자원봉사자를 발굴하여 활용하는 것이 바람직하다. 교회교육에 있어서도 그렇다. 유급사역자 중심의 교회학교는 건강하지 못하다. 다양한 역할을 맡아 수행하는 다양한 자원봉사자들이 활발하게 움직이는 교회학교가 건강하고 역동적이다. 교회교육을 위하여 자원하여 봉사하고 헌신할 사람을 찾아내고 개발하고 일으키는 일은 지금의 한국교회의 교회학교가 새로운 관심을 갖고 개발해야 할 부분이다. 교회가 성장기조를 유지하고 있을 때에는 가만히 있어도 봉사지원자들이 교회학교를 찾아온다. 하지만 지금 한국교회의 형편은 그렇지가 못하다. 교회학교들 마다 헌신된 교사의 부족을 호소하고 있다. 또한 교사의 수는 채워져 있을지 몰라도 헌신된 교사의 수는 점점 줄어들고 있는 현실이다. 자원봉사활동이 살아나기 위해서는 자발적 헌신(voluntary devotion)이 있어야 한다. 자발적 헌신에 뿌리를 두지 못한 자원봉사는 실패할 수밖에 없다. 교사들로부터 어떻게 자원봉사의 원동력이라 할 수 있는 자발적 헌신을 고양시킬 수 있을 것인가? 이는 교회교육 행정가가 기도하며 풀어 가야 할 과제이다. 따라서 교회교육을 위한 인사행정에서 우리가 관심을 갖는 것은 자원봉사자들을 일으키고 세우고 격려하고 관리하는 일이다. 또한 기존의 자원봉사자인 교사들이 자발적 헌신으로 무장되도록 돕는 일이다.

인적자원의 관리라는 측면에서 볼 때, 자원봉사자들은 크게 맡은 역할의 규모에 따라서 교육지도자와 일반교사로 나눌 수 있다. 평신도 교육지도자에 속하는 자원봉사자로는 부장, 부감이 대표적이며, 경우에 따라서는 총무교사도 여기에 속하게 된다. 이들은 교회교육의 중간지도력을 형성하는 자원봉사 그룹이다. 일반교사에 속하는 자원봉사자로는 일반교사와 보조교사, 일일교사, 일반 봉사자를 들 수 있다. 이들은 학생들과 직접 만나면서 교육하고 상담하고 교제하며 심방하는 교회교육의 최일선에 포진해 있는 자원봉사 그룹이다. 이 두 그룹의 자원봉사자들은 같은 자원봉사자이지만 그 역할이나 위치의 차이로 인하여 인사관리상의 많은 차이점이 발생하게 된다.

3) 자원인사(resource person)

교회는 인적 자원의 보고라 할 만큼 풍부한 인적 자원을 갖고 있다. 교회 안에는 다양한 전공, 다양한 재능, 다양한 경험을 가진 인적 자원들이 있다. 여기서 자원인사란, 어떤 전문성이나 독특한 재능이나 능력을 가진 사람들을 가리킨다. 이러한 자원인사로는 대학교수에서부터 의사, 약사, 외교관, 방송인, 연극인, 연예인, 공예가, 미술가, 여행전문가, 체육인, 미용인 등 전문분야에 종사하는 사람들을 들 수 있다. 이들은 다양한 직종에서 다양한 경험들을 갖고 있는 재원들이다. 이들을 잘 개발하고 동원하고 조직화할 때 실로 엄청난 자원봉사 그룹을 확보할 수 있다. 현재 우리 사회에는 24,000종이 넘는 직업이 있다. 다양한 직업을 통하여 갖게 되는 다양한 경험들은 교회교육에서 활용할 수 있는 훌륭한 교육적 자원이 될 수 있다.

그동안 교회학교에서는 이러한 자원인사들을 활용하는 데 별 관심이 없었다. 혹 관심을 갖고 활용을 한다 하더라도 소극적이 수준이었고 체계적이지도 못했다. 자원인사들을 효과적으로 활용하기 위해서는 우선 이들에 대한 자원인사 프로파일을 만드는 것이 필요하다.[91] 그리고 평소 직·간접적인 유대관계를 맺어 두고, 교육부서에 관심을 갖도록 유도하는 노력이 필요하다.

성 명			남/여	생년월일		
주소및연락처			직업(직장)			
신 급			교회직분			
소속교구 및 구역			추천교역자			
가족사항	이름	관계	생년월일	신급	출석교회	비고
교회봉사경력						
사회경력 및 소개사항						
활용자원의 내용						

〈자원인사 카드 양식〉

4 인적 자원의 종류와 인사유형

앞에서 살펴본 바와 같이 교회학교의 인적 요소는 유급 사역자와 자원봉사자로 구성되어 있다. 그리고 각각의 유급 사역자와 자원봉사자들은 주어진 위치에

---

91. 김영호, 앞의 책, p. 96.

서 자신의 은사와 지식과 경험을 활용하여 맡은 바 역할을 수행한다. 이는 다시 교역자 그룹과 평신도 그룹으로 그리고 평신도 그룹은 다시 행정그룹과 은사에 따른 사역그룹으로 나누어 볼 수 있다.

1) 교역자 그룹 사역자

교역자 그룹에는 교육목사 또는 교육사와 교육전도사가 이에 속한다. 교역자가 찬양 사역을 맡아서 수행하는 경우에는 교역자 그룹에 속하지만 평신도 찬양 사역자가 역할을 맡을 경우에는 평신도 그룹에 속하게 된다. 이런 문제는 교육사에게도 있다. 미국교회의 경우 평신도 교육사가 활동을 하고 있으나 한국교회의 경우 평신도 교육사가 받아들여지기까지는 많은 어려움이 있을 것이다. 현재 각 교단 차원에서 추진하고 있는 교육사 제도는 교역자 그룹에 속하는 교육사를 전제로 하고 있다. 하지만 미래교회의 대표적인 현상 중에 하나로 평신도 사역의 극대화를 꼽고 있다는 점을 감안한다면 한국교회에도 평신도 교육사가 등장할 가능성이 전혀 없다고는 할 수 없을 것이다. 교육자 그룹에 속하는 사람들은 모두가 교회의 당회나 인사위원회의 공식적인 청빙절차를 거쳐 임용된다.

교역자 그룹	교육목사(또는 교육사) 교육전도사 (찬양사역자)

2) 평신도 그룹 사역자

평신도 그룹에 속하는 인적 요소로는 먼저 행정 그룹에 해당되는 사역자들을 들 수 있다. 교육위원장(교육부장), 부장/부감, 총무, 서기, 회계가 이에 속한다. 이들은 모두가 해당 기관이나 부서에서 행정업무에 관련된 역할을 맡고 있다. 이들의 임용과정은 교회적인 차원에서 공식적인 인선과정을 거쳐 임명되는 경우도 있고, 해당 부서 차원에서 투표나 추천의 과정을 통하여 선출되는 경우도 있다. 교육위원장(교육부장), 부장/부감의 경우는 대개 교회적인 차원에서 임명이 이루어지고 총무, 서기, 회계 등은 해당 부서에서 선출하여 임명되고 있다. 은사에 따른 사역 그룹에 속하는 사역자들은 다양하다. 성가 지휘자, 반주자, 특별활동 지도자 - 상담가, 노래율동, 구연동화, 찬양사역, 워십댄스, 연극연출, 컴퓨터 프리젠테이션 담당, 문서편집 담당, 레크리에이션 담당 등등. 교회교육이 다채롭고 보다 전문화되기 위해서는 이러한 은사 중심의 사역 자원이 풍부해야 한다. 특출한 한 두 사람이 교회학교의 모든 일을 맡아 하는 시대는 지났다. 인적 자원 자체가 절대적으로 부족한 교회의 경우라면 다른 관점에서 접근해야 할 것이다. 하지만 교회의 일이 한두 사람의 역량에 의해 좌우되는 것은 바람직하지 못하다. 구성원들이 서로의 은사를 살려가면서 상호협력하고 참여하는 구조가 되어야 한다. 교회학교는 다양한 은사와 경험과 식견을 가진 사람이 필요하다. 그리고 각자 자신이 가진 그것으로 하나님의 교회를 섬길 수 있어야 한다. 이런 점에서 볼 때, 앞으로 교회는 다양한 은사자들을 발굴하고 개발하는 데 힘을 쏟아야 한다. 필요하다면 교회적인 차원에서 훈련과 연수의 기회를 제공할 수 있어야 한다. 다양한 은사를 가진 사역자를 많이 가진 교회학교는 그만큼 풍부한 교육적 자원을 가진 것이다.

	사역유형	역 할 형 태	임용형태
평신도 그룹	행정 그룹	교육위원회/교육부장	교회임명
		부장/부감	교회임명
		총무	부서선출
		서기	부서선출
		회계	부서선출
	은사사역 그룹	성가 지휘자	교회임용(부서선출)
		반주자	교회임용(부서선출)
		특별활동 지도자 -상담가, 노래율동, 구연동화, 찬양사역, 워십댄스, 연극연출, 컴퓨터 프리젠테이션 담당, 문서편집 담당, 레크리에이션 담당 등	부서선출

5 인사행정(인사관리)의 원리

적절한 사람을 찾아서 적절한 위치에 배치하는 것은 인사행정의 핵심적인 기술이다. 즉, 인사관리의 기술이다. 하지만 인사행정에서 가장 어려운 일이 바로 이 인사관리이다. 잘못된 인사는 불필요한 갈등과 오해를 불러일으킨다. 미숙한 인사로 말미암아 오해를 받는 경우도 많고 상처를 받는 경우도 많다. 인사에 있어서 가장 경계해야 할 것은 학연, 지연, 혈연 등에 뿌리를 둔 인맥인사이다. 인맥인사는 결국 정실주의에 빠지게 된다. 그 사람이 어떤 사람이냐를 따지기보다는 그 사람이 누구의 추천을 받았느냐 또는 그 사람이 누구와 가까우냐 하는 것에 따라 인사가 좌우되는 것이 정실주의 인사이다. 사실 그동안 교회 안에서는 이러한 정실에 따라 인사가 많이 이루어져 온 것이 사실이다.[92]

행정이 보다 객관적이고 합리적인 절차에 따라 이루어지기 위해서는 실적주의에 입각한 인사관리가 이루어져야 한다. 민주적인 절차에 따른 실적주의 행정은 투명하고 객관성을 확보할 수 있다. 근래에 와서 한국교회는 조금씩 실적주의 인사의 장점들을 받아들이는 방향으로 변해 가고 있다. 하지만 교회는 특성상 실적만 가지고 인사행정을 펼칠 수 없는 특성을 갖고 있다.[93] 교회는 능률보다는 사람을 더 중요시하기 때문이다. 그 사람의 실력보다는 그 사람이 가진 영성과 인간성이 더 중요할 수 있다. 또한 교회는 단순한 기능조직이 아니다. 그렇다면 실력이나 실적 위주로 사람을 뽑아, 보다 능률적인 조직을 만드는 것이 당연하다. 하지만 교회는 기능조직이기 이전에 유기체이다. 모두가 주님의 몸인 교회의 지체들이다. 실적이나 실력으로만 따지게 되면 엘리트 주의에 빠질 우려가 있다. 결과적으로 상대적으로 모자라는 사람은 소외되게 된다. 이것은 하나님이 기뻐하시는 교회의 모습이 아니다. 거기다가 교회 일은 팀워크가 중요하다. 조화로운 인간관계가 교회 일에서는 능률보다 더 중요할 수 있다.

박완신 장로는 그의 교회행정론에서 인사관리의 원리에 해당되는 요소들을 다음과 같이 제시하고 있다. 첫째, 행정조직의 침체를 막기 위하여 젊고 유능한 인재를 발굴하고 충원하여야 한다. 둘째, 인사행정이 인간 지향적이어야 하며 인간미를 상실하지 않도록 하여야 한다. 셋째, 구성원들이 소속감과 안정감을 느낄 수 있도록 봉사의욕을 높여 주어야 하며, 능력실현의 기회가 주어져야 한

---

92. 손병호, 「교회행정학원론」(서울 : 그리인, 1990), p. 88.
93. 이성희, 앞의 책, p. 354.

다. 넷째, 조직의 방향과 기준이 개인의 성취욕구를 침식하거나 말살하지 않는 범위에서 수행되어야 한다.[94] 이러한 요소들은 교회학교의 인사행정을 위한 일반적인 원리가 될 수 있을 것이다. 교육은 사람을 길러내는 과정이다. 예수 그리스도를 닮아 가는 사람으로 양육하고 하나님 나라의 일꾼을 만드는 것이 교회교육이다. 이러한 정신은 인사행정에도 잘 반영되어져야 한다. 따라서 봉사는 봉사 자체만이 아니라 봉사자에게는 성장의 기회가 되도록 배려해야 한다. 교회학교 인사관리를 위해서는 다음과 같은 원리들을 제시할 수 있을 것이다.

1) 정실주의와 실적주의의 조화의 원리

교회에서 인사는 정실주의와 실적주의가 적절하게 조화되어 이루어지는 것이 바람직하다. 이에 대해 이성희 목사는 이렇게 지적하고 있다.

"교회는 여러 계층과 여러 종류의 사람들이 모인 기관이다. 그러므로 교회는 모든 계층의 의견을 객관적으로 수렴하여 실천해야 하며, 특히 인사행정에 있어서도 이러한 객관성을 유지해야 한다. 교회의 인사행정은 합리성과 신앙심이 조화되어야 한다. 이것은 정적인 사고와 유형을 가진 한국인에게 있어서 특히 어렵고 중요한 일이다. 그동안의 교회의 인사행정은 정실(情實)주의 인사를 해왔으나 근래에 와서는 실적(實績)주의 인사를 추구하고 있다. 그런 면에서 정실주의와 실적주의가 잘 조화되는 것이 교회의 인사행정의 이상적인 형태라고 할 수 있는 것이다."[95]

2) 미래 지향의 원리

교육은 미래 지향적이다. 미래 지향적이지 못한 교육은 소망이 없다. 인사에 있어서도 미래 지향적인 사고가 필요하다. 젊고 유능한 인재를 발굴하여 기회를 주고 다음 세대를 준비하는 것은 당연한 일이다. '구관이 명관'이라는 식의 인사는 자라 오는 세대의 기회를 박탈하고 조직의 침체를 가져올 위험이 있다. 연륜과 경륜은 소중한 자원이다. 굳이 이를 사장시키거나, 구시대의 유물 취급하

---

94. 박완신, 「교육행정론 : 교육행정의 이론과 실제」(서울 : 기독교교문사, 1991), p. 125.
95. 이성희, 앞의 책, p. 353.

는 것은 어리석은 일이다. 하지만 미래는 자라는 세대의 몫인 것은 피할 수 없다. 요즈음 같이 변화와 성장의 속도가 가속화되는 상황에서는 경륜과 패기, 보수성과 개혁성, 안정과 변화의 조화가 꼭 필요한 일이다.

3) 인간 지향의 원리

사람을 위하고 사람을 살리는 것이 교회교육이다. 교회의 인사는 일을 위하기 전에 사람을 생각해야 한다. 조직을 위하기 전에 사람을 배려해야 한다. 그렇다고 사람을 위해 자리를 만드는 것은 곤란하다. 필요하지도 않는 자리를 사람을 위해 만드는 것은 낭비이다. 하지만 역으로 사람을 위해 필요하다면 자리를 만들 수도 있어야 한다. 사람이 중요하다. 그 사람이 얼마나 일을 잘할 수 있느냐 보다는 그 사람이 얼마나 조화로운 인간관계를 맺고 서로 격려하면서 일을 할 수 있느냐가 우선적으로 고려되어야 한다. 그러기에 자기 일을 성취하기 위해 다른 사람을 짓밟고 올라서는 사람은 교회 사역에 있어서는 적절하지 못하다.

4) 사기 앙양의 원리

행정가는 어떻게 하면 구성원들이 즐겁고 신나게 봉사하고 일할 수 있을까를 생각해야 한다. 동기를 부여하고 사기를 앙양하는 일은 인사행정의 중요한 몫이다. 지금까지 한국교회 특히 교회학교에서는 교회학교 지도자나 교사의 일방적인 희생을 강요해 왔다. 하나님의 일은 은혜로 하는 것이라 하면서도 은혜를 경험할 수 있는 기회는 만들어 주지 않았다. 하나님의 일은 덕으로 하는 것이라 하면서 상식을 벗어나는 일이 비일비재하여 묵묵히 봉사하는 사람의 마음을 뒤흔들어 놓거나 사기를 꺾어 왔다. 다른 한편으로는 성경학교나 수련회를 마친 후, 교사 위로회를 열어 주거나 연말에 교인들 앞에서 작은 선물(?)을 전달하면서 박수를 쳐주는 것으로 사기앙양을 대신하기도 했다. 이제 좀더 성경적이고 기독교 교육적인 사기앙양과 동기부여의 방법에 대해 생각해야 한다.

5) 성취동기의 원리

아브라함 매슬로우(A. Maslow)에 따르면 사람은 내면의 어떤 동기(욕구)에 의하여 움직인다. 그리고 하위의 욕구가 채워지면 그 다음 더 높은 욕구의 충족을 요구하게 된다. 매슬로우는 이러한 욕구를 5가지 단계로 나열하여 설명하고 있다. 5단계의 욕구체계는 가장 하위 체계인 생리적 욕구, 안전의 욕구, 사회적 욕구, 존경의 욕구, 자아실현의 욕구의 순으로 나열되어 있다. 모든 사람은 나름의 성취동기를 갖고 있다. 교회학교의 봉사를 통하여 사람들은 어떤 물질적 보상을 기대하지는 않는다. 오히려 매슬로우가 말하는 사회적 욕구나 존경의 욕구나 자아실현의 욕구에 대한 충족을 기대한다고 볼 수 있다. 교회학교의 봉사를 통하여 성취감을 갖게 되고 더 발전된 성취동기를 갖도록 자극하게 될 때, 누구나 즐거운 마음으로 헌신하고 봉사하게 될 것이다.

6) 성장기회의 원리

교회학교에서의 봉사는 봉사 그 자체만으로도 큰 의미를 갖는다. 하나님에 대한 믿음의 한 표현이 곧 헌신이요, 봉사의 형태로 나타나기 때문이다. 하나님의 구원과 사랑의 사역에 동참하고 있다는 점에서도 흐뭇함과 보람을 느끼게 된다. 하지만 앞에서도 지적한 바와 같이 교회에서의 봉사는 자신의 신앙이 자라고 성숙해 가는 기회가 된다. 믿음은 봉사를 통하여 성장한다. 더욱이 교회학교에서의 봉사는 신앙성장의 좋은 기회가 될 수 있다. 사실 상당수의 교회학교 봉사자들이 이를 경험적으로 고백하고 있기도 하다. 따라서 교회에서는 교회학교 인사관리에 있어서 이 점을 충분히 고려해야 한다. 일방적인 희생이나 수고만을 강요하는 것은 성경적이지도 않거니와 너무 소모적이다. 이 경우 교육지도자나 교사들은 쉽게 지치거나 탈진하게 된다.

6 지도자 선발의 기준

지도자나 책임자를 선발하는 일은 인사행정에 있어서 중요한 부분이다. 누구를 세울 것인가? 어떤 사람을 지도자로 정할 것인가? 이것은 교회에 따라 차이가 있을 수 있다. 교회의 목회 비전에 따라 또는 목회자의 목회 방침에 따라 또는 교회의 형편에 따라 다를 수 있다. 바우어는 교회교육 지도자를 선발하는데 사용할 수 있는 기준으로 다섯 가지를 제시하였다.[96] 첫째, 영적이어야 한다. 둘째, 교육적인 속성을 지녀야 한다. 셋째, 협력적이어야 한다. 넷째, 헌신하는 정신을 지녀야 한다. 다섯째, 열성이 있는 자이어야 한다.

교회교육은 누구나 할 수 있는 사역이다. 그러나 아무나 할 수 있는 사역은 아니다. 교회교육은 신앙적이고 교육적이라는 점에서 전문적인 사역이다. 그렇다고 전문적인 훈련을 받았다고 되는 것은 아니다. 교회의 특성에 맞게 협력하며 일하는 능력이 요구된다. 그리고 대부분의 사역자들은 자원봉사자이다. 따라서 자발적이고 희생적인 헌신이 요구된다. 교회교육 지도자 선발의 기준으로 다음 네 가지를 들 수 있다.

1) 신앙적 모범성

교회교육은 교육이기 이전에 신앙의 행위이다. 신앙적 모범성이 없이는 교육을 수행할 수 없다. 베드로는 성전 미문에 앉은 걸인에게 "내게 있는 것으로 네게 주노니"(행 3 : 6)라고 했다. 내게 있는 것이 없이는 줄 수 없다. 먼저 하나님과의 관계에서 받은 것이 있어야 한다. 가진 것이 있어야 한다. 교육지도자들은 영적으로 앞선 경험이 있어야 하며 모범적인 경건생활이 뒤따라야 한다. 아울러 신앙에서 우러나는 신앙적 인격성이 드러나야 한다. 신앙은 도덕이 아니다. 하지만 도덕적이지 않은 신앙은 문제가 있다. 교회교육 지도자는 영적 경건생활과 도덕성이 겸비되어야 한다.

2) 역할수행 능력

교육은 아무나 할 수 있는 것이 아니다. 유치원의 교사가 되기 위해서는 유아교육과를 나와야 하며, 초등학교 어린이를 가르치기 위해서는 교육대학에서 훈련을 받아야 한다. 중·고등학교 교사도 마찬가지이다. 그리고 전공했다고 아무나 가르칠 수 있는 것 또한 아니다. 모든 일에는 그 일을 수행하는 데 필요한 훈련이 수반되어야 한다. 교회교육도 마찬가지이다. 아무리 평신도 지도자라 하더

---

96. 로버트 바우어, 앞의 책, pp. 125-130.

라도 교회교육에 대한 어느 정도의 전문성과 현장에서의 경험이 필요하다.

3) 인간관계 능력

교회는 공동체이고 유기체이다. 특별난 한두 사람의 힘으로 교회의 일은 이루어지지 않는다. 그런 사람이 있다 하더라도 그것은 바람직하지 못하다. 더욱이 교회학교에서의 사역은 협력사역이 필수적이다. 내 반만 내가 잘 가르치면 된다는 식의 사고는 교회적이지 못하다. 따라서 교회학교 지도자는 나 혼자 일을 처리하는 사람이 아니다. 더불어 협력하여 일하는 사람이다. 뿐만 아니라 지도자는 다른 사람을 이해하고 격려하는 사람이다. 따라서 교회교육 지도자에게는 친화력과 협력사역의 지혜 그리고 이해하고 격려하는 능력이 요구된다.

4) 헌신적 생활

희생적인 헌신이 없이 교회 일은 이룰 수 없다. 어떤 물리적 보상을 받거나 기대하고 하는 일이 아니기에 희생적 헌신은 더더욱 중요하다. 자발적 헌신과 희생적 열심이 하나님의 일을 가능하게 하기 때문이다. 교육지도자를 선발하기 위해서는 그 사람이 자발적으로 헌신하는 자세가 되어 있는가, 자기를 희생하면서까지 주의 일을 이루고자 하는 열심이 있는가를 살펴보아야 한다. 교회의 입장에서는 사기를 앙양하고 동기를 부여하기 위하여 다양한 노력을 기울여야겠으나 봉사자의 입장에서는 자기 내면에 헌신적 열심을 우선 갖추고 있어야 하는 것은 당연한 일이다.

제 15 장

교사 관리론

1 교사관리 개관

1) 교사란 누구인가?

교회학교에서 교사란 누구인가? 교사직을 어떻게 정의할 것인가? 이것은 교사의 모집과 훈련을 다루기 전에 반드시 짚고 넘어가야 할 문제이다. 일반적으로 교사는 가르치는 사람으로 일컬어진다. 이는 교사를 기능적으로 설명한 것이다. 일반적으로 교사의 주된 역할이 가르치는 일이기 때문이다. 우리는 교사에 대한 이러한 기능적인 정의에 익숙해 있다. 교회교육에서는 교사의 기능이 무엇이냐 하는 것보다 교사가 누구인가 하는 정체성에 대한 물음이 더 중요하다.

부활하신 예수님은 갈릴리 바닷가에서 만난 베드로에게 물으셨다. "네가 나를 사랑하느냐?" 이어서 사랑한다는 베드로의 고백을 들은 예수님은 "내 양을 먹이라. 내 양을 치라"(요 21장)고 말씀하셨다. 여기서 예수님은 '목자됨'의 사명을 베드로에게 당부하신 것이다. 우리는 여기서 예수님께서는 교사직의 모형으로 목자상를 제시하고 있음을 알 수 있다. 그 당시에도 교사직에 해당되는 직책으로 랍비나 서기관 같은 교사직이 있었다. 그럼에도 예수님은 목자의 모습을 교사의 모습으로 설정하신 것이다. 이것은 우리가 일반적으로 생각하고 있는 교사상과는 차이가 있다.

예수님이 설정하신 교사의 모습은 목자이다. 교사는 누구인가? 교사는 목자직을 수행하는 사람이다. 그러기에 교사는 가르치는 사람이 아니다. 교사는 양육하는 사람이다. 교사는 주님께서 맡겨 주신 주님의 어린 영혼(양)들을 먹이고 돌보며 양육하는 사람이다. 따라서 교사는 "내 양을 먹이라"는 목자로의 부르심(소명)에 응답한 사람이요, 주님의 양을 먹여야 하는 목자의 사명에 헌신한 사람이다. 교사가 목자로 이해될 때, 학생은 배우는 사람이 아니라 양으로 이해된다. 교사와 학생의 관계는 목자와 양의 관계이다.

구 분	일반교육	교회교육
학생이해	배우는 사람	돌보아야 할 양
교사이해	가르치는 사람	양을 돌보는 목자(목회자)

2) 교사관리의 주체

좋은 교사는 바람직한 교회교육을 위해 없어서는 안 될 요소이다. 교육의 승패는 교사에게 달려 있다고 해도 과언이 아니다. 따라서 좋은 교사를 확보하는 일은 교회교육의 사활이 걸린 문제이다. 그러기에 교사를 모집하고 교육시키는 교사 지도력 개발은 교회학교 지도력 개발의 핵심적인 부분에 해당되는 일이다. 이 일은 어떤 이유에서도 한두 사람에 의하여 임의적으로 추진될 일이 아니다. 체계적이고 치밀한 준비와 계획이 있어야 한다. 로이스 레바르는 이렇게 제안하고 있다. "교회의 지도자 교육계획은 교회의 중요한 기능 중의 하나로서 지도자 교육에 관한 책임을 맡은 상임 위원회에 의하여 계획되고 관리되거나 혹은 만약 지도자 교육위원회가 없다면 기독교교육 위원회에 의하여 계획, 관리될 수 있다. 지도자 교육위원회는 교회의 영적인 역할을 잘 알고 있고, 마음속에 유능한 지도력에 대한 책임감을 가지고 있는 6, 7명의 성숙한 사람들로 구성된다".[97] 좋은 교사 지도력 개발을 위해서는 어떤 형태로든 전담 그룹이 필요하다는 것이다. 교육위원회가 이 일을 맡거나 교육위원회 내에 교사개발 소위원회를 두어 이 일을 맡는 것이 바람직할 것이다.

2 교사관리의 과정

교사관리는 일련의 과정을 거치게 된다. 일반적으로 교사관리는 교사수요의 발생 – 교사모집 – 교사교육 – 교사임용과 배치 – 임명식의 과정을 거쳐 이루어진다. 먼저 교사를 모집해야 할 필요가 발생하게 된다. 부서의 확장으로 인해 교사의 충원, 교사의 사임 등의 원인으로 결원이 생기게 된다. 이렇게 교사의 수요가 발행하게 되면 교육위원회나 교사교육 위원회에서는 어느 부서에 어떤 교사가 몇 명이 필요한지를 정확하게 파악해야 한다. 그 다음으로는 교사를 모집하는

---

97. 로이스 레바르, 앞의 책, p. 149.

활동에 들어가게 된다. 모집이 끝나면 교사교육에 들어간다. 교육이 끝나면 교사를 임용하고 적재적소에 배치하게 된다. 그리고 전교인이 참석하는 가운데 교사임명식을 치르게 된다.

| 교사수요의 발생 | ― | 교사모집 | ― | 교사교육 | ― | 교사임용과 배치 | ― | 임명식 |

3 교사의 모집

1) 교사모집의 과정

많은 교회들이 교사를 모집하고 부족한 교사를 충원하는 일에 대하여 뚜렷한 방안을 갖고 있지 못한 것이 우리의 실정이다. 그때그때 필요에 따라 해당부서에서 필요한 교사를 알아서 스카웃하여 교회에 명단을 보고하면, 교회는 그 명단을 받아 교사로 임명하는 것이 일반적인 모습이다. 규모가 좀 큰 교회의 경우에는 체계적인 교사양성 과정이 있기도 하고, 교사를 하려면 교사양성 과정을 거친 후, 대기발령의 기간을 거쳐 교사로 임명되는 기쁨을 갖기도 한다. 하지만 이는 실로 극소수의 대형 교회에나 해당되는 이야기이다. 대다수의 교회는 일관된 원칙도, 교회차원의 관리체계도 갖고 있지 못하다. 그냥 해당부서에서 임기응변으로 교사를 충원하고 있다. 임기응변의 교사충원으로는 효과적인 교육을 기대할 수 없다. 교사모집은 체계적으로 계획성 있게 이루어져야 한다. 강겔(K. O. Gangel)은 교사를 확보하는 기술을 다음과 같이 제안하고 있다. 1) 전교인에 대한 요구 및 과제조사를 실시한다. 2) 전교인에 대한 흥미, 능력조사를 실시한다. 3) 교회의 전 교육과제 속에서 교인들을 계속적으로 교육시킨다. 4) 교회의 모든 지위를 교회의 교육 프로그램의 궁극 목적과 연관시킨다. 5) 모든 단계에서 인간 중심적인 접근법을 선택한다. 6) 교사 예정자에 대하여 신중히 준비한 업무분석, 직무규정 내용을 알려 준다. 7) 대상자의 결정을 재촉 강제하지 않는다. 강겔은 교사모집이 단지 교회학교의 일이 아니라 교회공동체 전체의 일이며, 교육목회적인 차원에서 추진되고 이루어져야 하는 것임을 보여 주고 있다.

우리가 교회에서 사용할 수 있는 교사모집의 단계는 다음과 같은 다섯 단계로 이루어질 수 있다. 첫째, 교회학교에 꼭 필요한 교사의 총인원이 몇 명인지를 결정한 후, 새로이 충원해야 할 교사가 몇 명인지를 파악한다. 둘째, 충원해야 할 교사의 위치, 역할, 봉사시간 등을 정리한다. 셋째, 교사 충원에 대하여 공개적으로 교회에 알리고, 능력과 자질을 갖춘 인재를 찾는다. 넷째, 모집에 지원한 사람과 찾아낸 사람들을 찾아가 접촉하여 분명한 동의를 얻은 사람들의 명단을 작성한다. 다섯째, 직무기술서를 보여 주고 서약서를 작성한다. 교사모집의 절차를 그림으로 나타내면 다음과 같다.

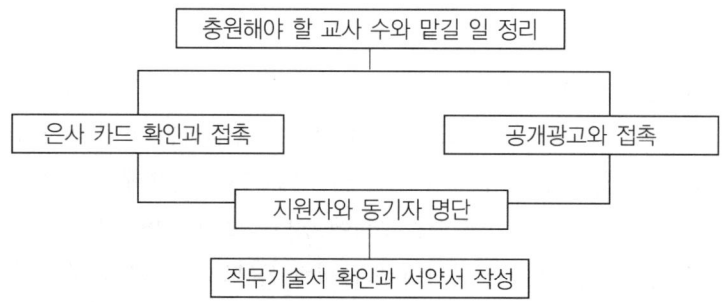

이상에 소개된 절차는 이상적인 표준절차에 해당된다. 우리의 교회교육 현실은 입장이 다르다. 많은 교회의 경우, 갈수록 헌신하려는 교사의 수가 점점 줄어들고 있는 형편이다. 또한 교사 연령이 점점 고령화되어 가는 추세이다. 그렇다고 교사모집과 교사지도력 개발을 아무 계획도 없이 임시 변통식으로 할 수는 없는 노릇이다. 오히려 그렇기 때문에 더욱더 적극적으로 교사를 모집하고 교사지도력을 개발해야 한다.

2) 교사모집의 방법

교사모집의 방법은 위에서 소개한 교사모집의 다섯 과정 중에서 셋째와 넷째 절차에 해당된다. 교회학교 교사지도력을 개발하는 일은 교회학교에 국한된 일이 아니다. 교회 전체의 은사개발을 통한 네트워크 사역 차원에서 다루어져야 한다. 교회는 전교인들이 자신의 은사와 관심를 발견하고 그 은사를 최대한 활용하여 봉사할 수 있도록 도와주어야 한다. 이를 위해서는 먼저 전교인 대상의 '은사 카드'를 만들 필요가 있다. 은사 카드에는 해당 교인의 기본적인 인적 사항과 신앙경력과 함께 그 사람의 은사, 관심, 시간적인 여건 등이 자세하게 기록되어 있어야 한다. 교사발굴은 이렇게 작성된 은사 카드를 중심으로 선발할 수 있을 것이다. 그렇게 하고도 모자라는 교사가 있다면 공개적, 비공개적인 다양한 방법을 동원하여 교사를 모집할 수 있다. 교사는 자원봉사자(volunteer)이다. 자원봉사자를 모집하는 데 있어서 무엇보다 중요한 것은 충분한 동기부여가 주어져야 한다는 점이다. 그러므로 교사 예정자를 만났을 때, 강요한다거나, 결정을 재촉하는 것은 바람직하지 못하다. 충분한 동기부여를 갖지 못한 채, 자원봉사를 시작하는 것은 실패할 것을 예약한 사역이기 때문이다. 자원봉사자의 사역이 성공적으로 이루어지기 위해서는 자원하는 마음에서 우러난 사역이어야 한다. 교사모집에 있어서 이 점이 충분히 고려되어야 한다. 그래서 교사모집의 방향이 강요나 설득이 아니라 자원하는 마음이 일어나도록 동기를 부여하는 데 초점을 맞추어야 한다. 사람들은 의미 있는 일에 참여하고 자신이 하고 싶은 일에 참여하는 것에서 기쁨을 느낀다. 목회자는 설교나 교육을 통하여 교인들이 갖고 있는 이런 내적 동기를 자극하여야 한다. 이런 점에서 교사모집 과정에서 목회자의 역할이 매우 중요하다. 이와 같은 점들을 감안하면서 교사를 찾는데 활용할 수 있는 방법들을 생각해야 할 것이다.

① 교사자원 카드 활용

교회에서 운영하는 교사 양성반을 이수한 사람이나 교인 가운데 교사로 봉사할 은사와 자질을 갖추고 있는 사람을 파악하여 카드로 정리해 두었다가 교사충원이 필요할 때 사용하는 방법이다. 이는 지속적인 교사충원 방안이다. 다만 이는 어느 정도 규모가 있는 교회에서 효과적으로 활용할 수 있는 방법이라 할 수 있다.

② 공개적 광고

주보나 정기적으로 발간되는 소식지 또는 교회 게시판 등에 광고를 게재한다. 담임목사의 적극적인 도전과 홍보는 아주 효과적이다. 공개적인 광고는 가장 보편적으로 사용하고 있는 방법이다. 이 경우 '교사 지원서'를 교회 입구나 사무실에 비치하고 접수처 등을 명확하게 밝혀서 지원하고자 하는 성도가 쉽게 접할 수 있도록 배려하는 것이 필요하다.

③ 개별접촉

교회학교 지도자들(지도교역자, 부장, 교사)이 성도 가운데 교사로 봉사할 만한 사람을 찾아서 개별적으로 접촉하는 방법이다. 이 역시 현재 교회에서 흔히 사용되고 있는 교사모집 방법이다. 이 경우, 성도들에 대한 은사 카드가 유용하게 활용될 수 있을 것이다. 은사 카드가 없는 경우라 하더라도 교적 카드나 담당교역자의 도움을 받아 소개받을 수 있을 것이다. 이 경우에 눈여겨보아야 할 사람들로는 어린이나 청소년들의 부모, 과거에 중·고등부 교사로 봉사했던 사람, 교회의 장년 성경공부반에 참여하는 사람, 대학부나 청년부 회원, 군에서 제대할 청년, 새로 등록한 교우 등이다. 교회학교 지도자들은 안테나를 세워서 좋은 교사가 어디 있는지를 항상 눈여겨보고 살펴야 한다.

④ 추천

교회의 어른이나 직분자들로부터 추천을 받는 방법이다. 교육위원회가 적극적인 홍보를 통하여 교회의 직분자들이 주변에서 교사로 봉사할 만한 사람들을 찾아서 권면하여, 교육위원회에 추천하도록 하는 것이다. 이를 위해서는 교육위원회가 적극적으로 부탁하고 홍보하는 것이 필요하다.

4 교사의 임용과 배치

1) 교사의 임용

교사 모집과 교육이 끝났다면 다음은 교사 임용의 단계이다. 교사의 임용은 교육과 관련한 핵심사항이다. 교사의 임용이란, 신임 교사와 기존의 교사들을 배치하고 임명하는 전과정을 가리킨다. 즉, "교사 임용권자는 누구인가? 교사임용은 어떤 절차를 통하여 이루어지는가? 어떤 원리에 따라 교사배치가 이루어지는 것이 바람직한가?" 하는 것이 교사 임용과 관련된 주요사항들이다. 또한 교사임용은 교회차원의 교사수급정책이나 계획과 맞물려 있는 문제이다. 따라서 교회는 연말이 되면 신년도 교사임용 계획안을 만들고 그 계획에 따라 교사 수

급과 임용에 필요한 세부계획을 세워야 한다. 이러한 교사임용의 기술은 건강하고 활성적인 교회학교을 만드는 데 필요한 핵심적인 관리기술이다. 그럼에도 불구하고 많은 교회의 경우에, 교사임용에 관한 제반 원리나 절차가 제대로 확립되어 있지 못한 실정이다. 교사임용과 관련한 몇 가지 행정적인 사항을 살펴보면 다음과 같다.

2) 임용권자의 문제

교회학교 교사의 임용권자는 누구인가? 즉, 교사임명장을 누구 명의로 발행하고 수여하는 것이 바람직한가 하는 문제이다. 교사는 교회학교 이전에 교회의 중요한 지도자이다. 그러기에 교사임용은 담임목사에게 속하는 권한이다. 경우에 따라서 담임목사의 일임을 받은 교육목사나 교육부장 또는 교회학교장이 맡을 수도 있으나 원칙적으로는 담임목사의 권한에 속하는 일이다. 따라서 교사임명장은 담임목사의 명의로 발행되고 수여되는 것이 바람직하다. 경우에 따라 교육부장이나 교회학교장의 이름이 병기(倂記)될 수는 있다. 교육부장이나 교회학교장은 담임목사의 행정적 지도력을 위임받아 수행하는 위치에 있기 때문이다. 따라서 해당 부서의 부장이 임의로 교사를 세우거나 교회가 임명한 교사를 면직시키는 일은 삼가야 한다. 교사임용에 관한 사항은 전적으로 교회에 맡겨야 한다.

3) 임용의 절차

교사임용은 소정의 절차를 거쳐 이루어져야 한다. 교사관리라는 측면에서 볼 때, 교사임용은 교사모집 - 교사양성 교육 - 교사임용이라는 과정을 거쳐 이루어지게 된다. 이 과정을 좀더 세분화시켜 살펴보면, 신년교사 수급계획 수립 - 모집활동 - 명단확정 - 교사양성 교육 - 교사임용이라는 과정으로 이루어진다. 따라서 교사임용은 이러한 절차의 연장선상에 있다는 점을 먼저 염두에 두어야 한다.

각 부서는 기존의 교사 외에 새롭게 충원해야 할 교사가 얼마나 되는지를 감안하여 교사 수급계획을 세우게 된다. 교육위원회는 각 부서의 교사 수급계획을 보고 받아 교회학교 전체의 교사 수급계획을 세우게 된다. 교육위원회에서는 각 부서의 협조를 받아 교사를 모집하고 교육계획을 세워 필요한 교육을 실시한 후에, 교사로 임용하게 된다. 따라서 교사임용의 절차는 교육위원회가 중심이 되어 이루어지게 된다. 따라서 해당 부서에서 임의로 교사를 세우고 일을 맡기는 것은 경계하여야 한다. 교사를 세우는 일의 중요성을 감안할 때, 이는 위험한 일이다. 만약 연중에 교사의 충원이 필요하다면, 이를 교육위원회에 보고하여 절차를 거쳐 임용해야 한다. 교육위원회는 부서로부터 이러한 청원사항이 보고되었을 때, 지체하지 말고 후속조치를 취해 주어야 한다. 만약 교육위원회가 이를 신속하게 처리해 주지 못할 때, 행정이 오히려 일의 발목을 잡는 결과를 초래하게 된다. 그러므로 교육위원회는 추가임용의 절차를 밟아야 한다. 이 경우, 교육위원회에서는 해당 부서에 필요한 사람을 찾아내고 교섭할 수 있는 권한을 주고, 부서에서는 절차에 따라 적절한 사람을 찾아 교섭한 후, 결과를 보고하면 교육위원회는 이를 받아 임용절차를 밟도록 한다. 생각하기에 따라서 번거로운 것 같으나 최소한의 질서는 오히려 유익한 결과를 가져다 주는 법이다.

4) 교사배치의 원리

교회학교에는 여러 가지 직무가 있다. 지도자는 먼저 교사들에게 맡길 직무나 역할의 목록을 작성하여야 한다. 그리고 어떤 교사에게 어떤 일이 맞는지를 고려하여 교사를 배치하여야 한다. 이때 고려해야 할 점은 다음과 같다.

① 중복직임의 문제

한국교회에서의 중복직임의 문제는 심각한 상태이다. 많은 교사들이 교사 외에 성가대, 자치기관의 임원 등 3중 4중으로 직책을 맡고 있다. 이처럼 한 사람이 직책을 중복적으로 맡게 되는 원인으로는 크게 두 가지를 들 수 있다. 하나는 인적 자원의 부족이다. 봉사해야 할 일은 많고 사람은 부족한 현실에서 겸직은 불가피한 현상이라는 것이다. 사실 한국교회의 대부분인 약 90%를 차지하는 교인 300명 이하의 교회에서 겸직을 피하기란 어려운 일이다. 다른 한 가지는 헌신에 대한 그릇된 이해에서 비롯된다고 할 수 있다. 일인 다역이 마치 헌신적인 신앙의 모델인 것처럼 생각하는 경향이 있다. 이런 경향으로 인하여 가능한 한 여러 가지 직책을 맡아 많은 봉사를 하고 싶어하는 성도들의 심리도 크게 작용을 하고 있는 것이다. 그래서 중복사역으로 인하여 힘들어 하고 바빠 하면서도 막상 일을 줄이거나 내려놓으라고 하면 서운해한다.

하지만 이와 같은 겹치기 봉사는 몇 가지 피할 수 없는 문제를 초래하게 된다. 첫째, 무엇보다 봉사의 집중력을 떨어뜨린다. 마음과 시간이 분산되기 때문이다. 집중력이 떨어지는 봉사로 좋은 열매를 거둘 수는 없는 노릇이다. 둘째, 전문성을 살리기가 어렵다. 자신의 은사에 맞는 일을 맡아서 지속적으로 봉사하므로 전문성을 높일 수 있다. 하지만 겸임으로 인한 분산된 사역으로는 전문성을 살릴 수가 없다. 이 부서에 조금, 저 부서에 조금 하다가는 한 가지 일도 제대로 하지 못하는 어중간한 사람이 될 수밖에 없다. 사회는 갈수록 전문화된 지도력을 필요로 한다. 셋째, 균형 있는 사역자 개발을 어렵게 만든다. 소위 열심 있고 능력 있는 한두 사람이 일을 독식해 버리게 될 때, 다른 사람의 은사를 개발하거나 적극적으로 참여할 수 있는 기회를 가로막는 결과를 초래하게 된다. 교회는 몸이다. 그러기에 성장이 균형 있게 이루어져야 한다. 그리고 좀 늦게 가더라도 함께 가는 것이 좋다. 넷째, 쉽게 지치게 만든다. 한두 사람에게 과중한 일이 주어지는 것은 단기적으로는 효과를 거둘 수 있을지 모르나 장기적으로는 많은 손실을 가져온다. 과중한 사역의 부담을 안고 있는 사람을 빨리 지치게 만들고, 다른 숨은 사역자 발굴을 어렵게 만들기 때문이다. 이런 이유로 중복직임은 피해야 한다. 로이스 레바르는 이와 같은 중복직임의 위험성에 대해 이렇게 지적하고 있다. "오늘날 교회 안에서의 실패의 원인 중의 하나는 일꾼들을 적절하게 배치할 수 있는 것 이상으로 더 많은 부서에 작용시키려는 시도 때문이다.…… 소수의 사람들이 너무 많은 책임을 감당하려고 하다가 과로하였을 때는 어떤 일도 적절하게 감당할 수 없게 된다. 그들의 생활에 긴장이 쌓이고, 다른 사람들이 활기 없이 침체되어 있는 동안 그들만이 홀로 과로한 일로 억압을 받게 된다."[98]

② 은사배치의 원리

이는 교사를 배치할 때, 그 사람의 은사를 고려하여 적재적소에 적절하게 배치해야 한다는 것이다. 필자가 섬기던 교회에서 겪었던 일이다. 중·고등부에서 교사로 봉사하던 어느 청년자매가 있었다. 주말마다 반 학생들에게 전화를 하

---

98. 앞의 책, pp. 149-150.

고, 때마다 예쁜 엽서를 보내기도 하고, 없는 주머니를 털어 맛있는 것도 사 주면서 누가 봐도 최선을 다하는 모습이었다. 하지만 웬지 힘들어하는 기색이 역력하였다. 시간이 갈수록 열심마저 점점 식어지더니 교사회의나 모임에 빠지기 일수였다. 교사로의 봉사에 흥미를 잃어가기 시작한 것이다. 연말에 가서는 중·고등부 교사를 그만 두겠다는 의사를 밝혀왔다. 다른 부서로 자리를 옮기고 싶었던 것이다. 중·고등부에서는 아쉬웠지만 기꺼이 원하는 부서로 자리를 옮기도록 도와주었다. 그리고 얼마 후, 그 자매의 열심에 다시 불이 붙기 시작하였다. 그리고 그 열심은 열매를 거두기 시작하였다. 그 부서에서 그 자매는 가장 모범적이고 우수한 교사로 모범을 보이는 교사가 되었다. 하나님께서는 각 사람에게 다양한 은사를 주셨다. 그러기에 사람마다 갖고 있는 재능이 다르고 관심이 다르다. 그리고 사람은 누구나 자기에게 맞는 역할을 맡았을 때, 자신의 능력을 충분히 발휘할 수 있다. 하지만 아무리 유능한 사람이라 하더라도 자기에게 맞지 않는 역할이 주어졌을 때, 능력은 반감되기 마련이다. 따라서 관리자는 교사들을 은사에 따라서 적재적소에 배치하기 위하여 노력하여야 한다. 교사를 배치할 때는 그 교사가 가진 은사와 관심 영역 그리고 취향 등을 충분히 고려하여야 한다.

독일의 슈바르츠(Christian A. Schwarz)가 제안한 자연적 교회성장(Natural Church Development)에서는 은사 중심적 사역(gift-oriented ministry)을 강조하고 있다. 은사 중심적 사역이란, 하나님께서 각각의 교사들에게 주신 은사를 찾아내어 그 은사를 따라 사역할 수 있도록 하는 것이다. 따라서 지도자는 교사의 은사가 무엇인지를 발견하도록 도와주고, 자신에게 맞는 은사를 따라 사역을 할 수 있도록 조정해 주는 일을 해야 한다.[99] 교회는 그리스도의 몸이요, 성도는 각 지체들이다. 그리고 성도들은 하나님으로부터 받는 각양의 은사들을 갖고 있다. 이 은사에 따라 사역하고 봉사할 때, 보람은 배가될 것이다. 은사 테스트를 통하여 교사들이 가진 은사를 발굴하고 그 은사에 따라 교사를 적재적소에 배치하여 은사 네트워크를 형성하도록 하는 것이 필요하다.

---

99. 크리스티안 A. 슈바르츠·크르시토퍼 샤크, 「자연적 교회성장」(서울 : 도서출판 NCD, 1999), p. 24.

③ 능력범위의 원리

사람은 너무 쉬운 일이나 너무 어려운 일에는 만족을 느끼지 못한다. 그리고 너무 쉽거나 너무 어려운 일은 성장의 기회가 되지 못한다. 이를 과부하(過負荷)의 원리(Overload Principle)라고 한다. 운동 선수가 근력을 키우기 위해서는 적당하게 힘이 드는 운동을 해야 한다. 예를 들어 어떤 기구를 든다고 했을 때, 너무 가벼워서 간단하게 들 수 있는 기구로 운동을 하는 경우나 반대로 너무 무거워서 과도하게 무리한 힘을 써야 들 수 있는 기구로 운동을 하는 경우 모두 근력을 기르는데는 도움이 되지 않는다. 들어 올리기에 힘이 들지만 근육에 힘을 주어 들어 올릴 수 있는 정도의 기구로 운동을 할 때, 운동이 되고 근력이 신장되는 효과를 기대할 수 있다는 것이다.[100] 그래서 하나님께도 우리에게 감당할 수 없는 시험을 주지 않으신다고 했다. 하나님께서는 과부하의 원리를 이용하여 우리를 훈련시키고 단련시키시는 것이다.

이러한 원리는 교사에게 역할을 맡기고 자리를 배치할 때도 적용된다. 교사의 능력범위를 고려하여 너무 쉽지도 않고 너무 부담이 되지도 않도록 일을 맡기는 것이 필요하다. 힘이 들기는 하겠지만 기도하고 연구하면서 할 수 있는 정도의 일을 맡겨야 한다. 너무 간단한 일은 동기부여도 되지 않을 뿐더러 성장의 기회가 되지 못하다. 그렇다고 너무 지나치게 힘든 일을 맡기는 것은 탈진하게 만들고 심지어는 시험에 빠지도록 만들기도 한다. 따라서 지도자는 그 교사의 능력, 시간적인 여건, 기타의 제반 환경적인 여건 등을 충분히 고려하여 적정능력의 범위를 정하고 이에 맞게 역할을 정해 주어야 한다.

5) 교사임명식

대개 연말에 교회의 제직 및 다른 여러 기관의 봉사자들에 대한 발표와 함께 이루어지는 것이 일반적이다. 그리고 교사의 사명을 고취시키기 위한 행사로 청지기 주일이나 교사 헌신예배 같은 프로그램을 갖게 된다. 이렇게 되다보니 일반적으로 교사 임명장 수여나 교사 임명식이 요식적인 행사로 치루어지는 경우

---

100. 폴 허어시·캐너드 H 브랜차드, 김남현 역, 「조직행동의 관리」(서울 : 경문사, 1997), p. 70.

가 많다. 교사 임명식은 교사들에게 교사로서의 사명을 일깨우고, 헌신을 다짐하는 기회가 되도록 하는 것이 좋다. 매년 갖는 교사 임명식이지만 새롭게 다짐하는 자리가 되도록 하는 것이 필요하다. 교사 임명식은 단순히 행정적인 절차가 아니라 하나님과 교회 앞에서 사명을 확인하고 헌신을 확인하는 시간이 되어야 하기 때문이다. 끝으로 교사 임용과 배치를 위하여 챙겨야 할 행정적인 사항들을 순서에 따라 정리해 보면 다음과 같다.

〈교사 임용을 위한 행정업무〉

1. 교회학교 직무(역할) 목록표를 작성한다.
2. 임용할 교사 명단을 작성한다.
3. 교사 명단을 교회에 보고하여 추인을 받는다.
4. 교사들을 은사에 따라 적재적소에 배치한다(부서별 구분).
5. 교사 임명장을 준비한다(임명장, 직책 표기, 대장 준비, 담임목사의 직인필).
6. 교사 임명식(또는 청지기주일)의 일시를 정한다.
7. 임명장 수령 방법을 정하고 필요한 경우 대표 수령자를 정한다.
8. 교사 임명식에 대하여 해당 교사들과 교회에 알린다.
9. 교사 임명식 당일에 사용할 용품이나 다과 등을 준비한다.

제 16 장

교사교육론

교회학교 교사 관리는 일반적으로 교사 모집 - 교사 양성교육 - 교사 임용 - 교사 계속교육이라는 4단계를 거치게 된다. 교사 모집은 다시, 신년 교사 수급 계획 수립 - 모집활동 - 명단확정이라는 과정으로 이루어진다. 우리는 앞에서 교사 모집에 관하여 살펴보았다. 이제 교사교육에 관하여 알아보고자 한다.

1 교육과 임용

　교사교육과 임용과 관련하여는 크게 두 가지 방법이 활용되고 있다. 먼저는 '선 임용 후 교육'의 방법이다. 교사를 모집하여 임용을 한 후, 소정의 교육을 실시하는 경우이다. 규모가 작고 인적자원이 부족한 경우에 많이 사용되는 방법이다. 다음은 '선 교육 후 임용'의 방법이다. 먼저 교사 양성을 위한 교육과정을 개설하여 지원자를 모집해서 소정의 교육을 실시한 후, 수료자에 한하여 필요에 따라 교사로 임용하는 경우이다. 규모가 크고 교사 지원자가 많은 교회에서 사용하고 있는 방법이다. 선 임용 후 교육이라는 방법보다는 선 교육 후 임용이라는 방법이 훨씬 이상적이라는 것은 주지의 사실이다. 하지만 현장의 사정은 그렇지가 못하다. 대부분 교회의 경우, 선 교육 후 임용이라는 방법은 하나의 이상에 지나지 않는 실정이다. 당장 필요한 교사의 절대수가 부족한 것이 많은 교회의 형편이기 때문이다. 따라서 지금 당장 필요한 교사를 모집하고 교육하기에 급급한 지금의 모습에서 좀더 장기적인 안목과 정책을 가지고 지속적으로 교사교육을 실시하고 교사 인력을 육성하는 노력이 필요하다.

　여기서 우리는 교사교육의 형태에 대한 기본 개념부터 새롭게 점검해 볼 필요가 있다. 우리는 교사교육이라고 하면 우선 모든 교사 또는 많은 교사가 참석하는 중그룹 내지는 대그룹 형태의 교사교육을 떠올린다. 그렇기 때문에 규모가 작은 교회의 경우 교사 양성반 운영은 아예 꿈도 꾸지 못하게 된다. 이는 우리 사회에 만연해 있고 교회 속에 스며들어 있는 물량주의와 획일주의적인 사고에서 기인한 것이 아닌가 한다. 만약 우리가 이러한 사고에서 벗어날 수만 있다면 좀더 다양한 교사교육의 형태를 생각해 낼 수 있을 것이다. 우선 7~8명 정도의 소그룹 단위로 실시하는 교사교육을 생각할 수 있다. 이렇게 되면 교회 내에서 교사로 헌신하고자 하는 뜻이 있는 사람을 수시로 모집하여 작은 그룹의 교사교육반을 만들어 교육할 수 있다. 강사로는 교회의 교역자나 교사 중에서 모범적인 교사를 활용할 수 있을 것이다. 특히 전문교육사가 교회에 있다면 교육사가 중심이 되어 이런 소규모 교사교육 그룹을 수시로 운영하는 데 아주 도움이 될 것이다.

2 교사교육의 종류와 기본내용

교사 모집이 끝났으면 교사교육을 해야 한다. 교사교육에는 양성교육과 계속교육이 있다. 그리고 특별한 직무를 맡은 교사를 대상으로 하는 특별교육으로 직무교육과 은사개발 교육을 들 수 있다.

교사는 교회학교 교사로서의 전문성과 경건성(영성) 그리고 교사됨의 자질을 갖추어야 한다. 전문성은 기독교교육 이론과 방법에 대한 이해, 성경과 신학에 대한 기본적인 이해와 관련된 것이다. 경건성은 교사직을 수행함에 있어 원천이 되는 것으로 주님과의 바른 관계, 기도생활, 말씀생활, 예배생활 등과 관련된다. 교사됨의 자질이란 교사직을 수행하는 자세와 관련된 것으로 청지기도, 우선순위, 교사로서의 비전, 헌신, 섬김 등을 가리킨다. 이렇게 볼 때 교회학교 교사교육에서 다루어져야 할 교육내용은 크게 5가지 영역으로 나누어 볼 수 있다. 즉, 교육기초 영역, 교육내용 영역, 교육방법 영역, 학생이해 영역, 교사직(교사도) 영역이다. 각 영역에 해당되는 구체적인 내용들은 다음과 같다.

내용영역	관련 과목들의 예	관련 학문
교육기초 영역	교회교육론, 신앙교육론, 회심과 교회교육, 교육신학, 교육과정론, 교육심리, 기독교교육사, 새로운 교육목표나 교육정책연수	기독교교육학, 교육신학, 기독교교육 과정론, 교육심리, 기독교교육사
교육내용 영역	성서론, 조직신학적 주제들, 교리, 교회사, 신앙생활과 관련된 다양한 주제들	성서신학, 조직신학, 교회사, 기독교윤리

교육방법 영역	교회교육과 예배, 교회력과 절기, 다양한 성경지도법, 성경공부 인도법, 공과 다루기, 매체 다루기, 상담, 맨토링, 반 목회, 교육행정	예배학, 교수법, 매체론, 교육행정
학생이해 영역	발달이해, 문화이해, 생활이해-학교, 가정, 친구관계	발달이론, 청소년 문화론, 가족학
교사도/직 영역	교회학교 교사론, 교사의 성경적 모델, 청지기의 도, 하나님의 자녀됨-구원점검, 우선순위, 교사의 비전, 교사의 자기관리, 헌신, 섬김, 경건생활-예배, 기도, 회복, QT	영성훈련, 제자훈련, 경건생활, 중보기도, 영적전쟁

3 양성교육

1) 교사 양성교육이란?

교사 양성교육은 교사 예비교육(pre-service training) 또는 기초교육이라고도 한다. 양성교육은 교회에서의 교사로 경험이 없는 사람을 교회학교 교사로 양성하기 위한 교사교육 과정이다. 양성교육의 목표는 교회학교에 필요한 교사를 길러내는 것이다. 그러기에 교사 양성교육을 시작하기 전에 먼저 교회가 기대하고 요구하는 교사상을 분명히 할 필요가 있다. 그리고 교회의 이러한 생각이 양성교육의 내용 속에 충분히 반영되어야 한다. 따라서 양성교육은 체계적이고 철저한 원칙에 따라 이루어져야 한다. 눈앞의 아쉬움 때문에 준비되지 못한 교사를 임용하거나 오래 방치하는 것은 어리석은 일이다. 선 임용 후 교육의 경우라 하더라도 양성교육은 꼭 필요하다.

2) 양성교육에서 가르칠 내용

교사 양성교육에서 다루어질 내용은 교회학교 교사로 봉사하는 데 필요한 기본적인 소양을 기를 수 있는 내용이면 된다. 따라서 위에 소개된 내용들 가운데 교사양성 교육의 교육내용으로는 교회교육의 특성을 바르게 이해하고 교회학교

교사됨의 바른 의미를 깨닫도록 하는 내용으로 구성하는 것이 바람직하다고 하겠다. 교사양성 교육의 내용을 다시 정리해 보면 아래와 같다.

내용영역	관련 과목의 예
교육기초	교회교육이란 무엇인가? 왜 교회교육을 해야 하는가? 교회교육의 독특성
교육내용	교회교육에서 성경을 어떻게 다룰 것인가?
교육방법	다양한 성경지도법, 공과 다루기
학생이해	학교생활 이해
교사도(직)	청지기의 도, 교사의 성경적 모델, 교사의 자기 관리

3) 양성교육 운영의 실제

먼저 운영방법에 대하여 생각해 보자. 운영방법은 세 가지를 생각할 수 있다. 즉, 자체교육과 위탁교육 그리고 연합교육이다. 첫째, 자체교육은 개 교회가 자체적으로 교사양성 교육과정을 준비하여 운영하는 경우이다. 개 교회에 필요한 교사를 양성한다는 측면에서는 자체교육이 여러 가지 면에서 유익하다. 다만 이 경우 개 교회가 인적, 물적 자원을 독자적으로 감당해야 한다는 부담이 있다. 둘째, 위탁교육은 노회나 연합기관에서 운영하는 양성교육 프로그램에 위탁하여 교육하는 경우이다. 교단의 총회교육부에서 개발한 교사양성 교육과정이나 지역의 노회나 연합기관이 개발한 특성화된 교육과정으로 양성과정을 열고 개 교회의 위탁을 받아 운영하는 방안이다. 이 경우, 개 교회는 큰 부담 없이 체계적인 교사 양성을 할 수 있다는 이점이 있다. 다만 다른 교회에서 그것도 여러 교회에서 모인 교사들로 이루어진 양성반이기에 프로그램을 능숙하게 운영하지 않을 경우, 서먹한 분위기나 이질감 등을 해소하기가 쉽지 않을 뿐만 아니라 참석에 대한 동기부여가 전적으로 개인의 열심에만 의존할 수밖에 없다는 어려움이 있다. 셋째, 연합교육은 인근 지역에 있는 몇몇 교회가 연합하여 교사양성 교육과정을 개설하여 운영하는 경우이다. 이는 앞으로 적극적으로 활용할 수 있는 교사 양성방안이다. 자체교육과 위탁교육의 장점을 잘 살려 운영한다면 교사 양성교육의 효과를 극대화할 수 있는 방안이다. 다만 아직은 개 교회 중심주의에 익숙해 있기 때문에 교회간의 연합사업에 대한 소극적인 태도가 문제가 된다. 이 점만 잘 극복할 수 있다면 아주 좋은 운영방안이라고 할 수 있다. 교사교육에 대한 이러한 세 가지 운영방법은 양성교육 뿐만 아니라 계속교육에도 그대로 활용될 수 있다.

교육 기간은 교회의 여건에 따라 다를 수밖에 없다. 교회에 따라 단기 또는 장기 교육을 계획할 수 있다. 주 1회 교육으로 10주 정도의 기간이면 무난하다. 교육방법 면에서는 다양한 방법을 활용할 수 있다. 기본적으로는 강의, 참관수업, 실습, 과제물 등의 방법을 사용할 수 있다. 그 외에도 수련회, 사경회, 세미나, 연수, 이웃교회 탐방 등의 방법을 활용할 수 있다. 교회교육의 활성화를 위하여 교사교육에서부터 될 수 있는 대로 강의 위주의 획일화된 교육방법을 지양하고 다양한 교육방법을 통하여 교사를 양성하고자 하는 적극적인 노력이 절실하다.

끝으로 양성교육을 실시함에 있어서 고려해야 할 사항을 살펴보면 다음과 같다. 첫째, 양성교육 대상자에게 정중하게 초청장을 보낸다. 공개적인 광고만으로는 부족하다. 정중하고 배려 깊은 초청장을 보내므로 교육받을 사람으로 하여금 충분한 마음준비를 갖도록 유도할 필요가 있다. 또한 초청장을 보내는 것은 교회가 그 사람을 소중히 여기며 격려하고 배려하고 있음을 보여 주는 계기가 된다. 둘째, 교회가 교사들에게 요구하는 것을 처음부터 분명하게 제시하도록 한다. 분명한 제시는 교사로 지원하는 사람이 분명한 헌신을 다짐하는 계기가 될 수 있다. 셋째, 예비 교육의 개요에 대하여 구체적이고 정확하게 명시해야 한다. 교육 기간, 시간, 내용, 방법, 구체적인 일정, 최저 참석의무 시간 등을 분명히 밝히도록 한다. 두리뭉실하게 넘어가는 것은 은혜가 아니며 지혜도 아님을 기억할 필요가 있다. 넷째, 선 교육 후 임용의 경우라면 양성교육이 곧 바로 교사 임용을 의미하는 것이 아님을 분명히 할 필요가 있다. 다섯째, 수료식은 가급적 수료자들이 "내가 이제 교사가 되었구나" 하는 교사로서의 자의식을 갖는 계기가 되도록 구성하는 것이 필요하다.

4 계속교육

1) 교사 계속교육이란?

교사 계속교육(In-service training)은 교사 연장교육이라고도 한다. 교사 계속교육은 교회학교에서 교사로 봉사하고 있는 현직 교사들을 재훈련하기 위한 교사교육 과정이다. 계속교육의 목표는 교사의 성장에 있다. 교사도 자라야 한다. 자라지 않는 교사는 좋은 교사가 될 수 없다. 신앙적인 면에서 뿐만 아니라 교사의 자질이나 능력 면에서도 성장해야 한다. 그러기 위해 교사는 부단히 교육받고 훈련되어야 한다. 아무리 유능한 교사라 하더라도 교사는 계속적인 교육을 받아야 한다. 교사 계속교육은 교사들의 자기 개발과 재무장을 위해서 그리고 새로운 교육 이론과 방법을 익히기 위해서도 필요하다. 사회는 급속도로 변하고 있다. 우리가 양육하는 어린이나 학생들의 생활과 문화도 시시각각으로 변한다. 뿐만 아니라 사람은 연약하여 조금만 방심해도 나태해지고, 영적으로 무디어지기 마련이다. 따라서 지치거나 나태해진 교사의 열심을 회복하고 영성을 회복하는 일은 주기적으로 필요하다.

2) 계속교육에서 가르칠 내용

계속교육에서 다룰 교육내용은 광범위하다. 계속교육의 내용을 구성할 때에는 몇 가지 점을 고려하는 것이 바람직하다. 첫째, 교사교육의 다섯 가지 내용영역을 고려하면서 균형 있는 내용을 다루어야 한다. 교사들의 관심이 많다는 이유로 지나치게 교육방법이나 기술적인 내용에 치우치는 것은 위험하다. 균형 있는 내용구성이 필요하다. 특히 교사도와 관련된 내용이 충분히 다루어지는 것이 무엇보다 중요하다. 교사로 헌신하고 봉사하는 힘이 여기에서 나오기 때문이다. 아무리 뛰어난 교육방법을 배웠다 하더라도 열심을 내어 헌신하지 않는다면 소용이 없는 것이 된다. 둘째, 교회학교의 필요를 고려해야 한다. 지금 우리 교회학교에 무엇이 필요한지, 어떤 점들을 보완해야 하는지 등을 고려하여 이에 적합한 내용을 제공하는 것이 필요하다. 셋째, 교사의 영적 성장을 고려해야 한다. 이를 통해 교사 계속교육이 교사의 영적인 상태를 점검하여 건강하고 성숙한 신앙으로 자라가도록 하는데 도움이 되도록 해야 한다. 넷째, 사회의 변화를 고려해야 한다. 사회는 엄청난 속도로 변하고 있다. 그런 변화를 읽고 대처하는 것이 필요하다. 따라서 사회, 문화, 생활의 변화에 민감해야 한다. 이를 통해 새롭게 대두되는 영적인 도전들에 대해 효과적으로 대응할 수 있도록 교사를 교육하는 것이 중요하다.

3) 계속교육 운영의 실제

운영방법에 있어서는 앞서 양성교육에서 소개한 다양한 운영방법들이 그대로 활용될 수 있을 것이다. 교회의 여건에 맞추어 적절한 방법을 사용할 수 있다. 다만 한 가지 꼭 고려해야 할 점은 교사들 간의 개인차를 염두에 두어야 한다는 점이다. 따라서 계속교육은 교사의 경력이나 지위 등에 따라 다르게 제공되는 것이 바람직하다. 양성교육을 마치고 교사가 된지 1년 된 교사와 교사 경력 10년 된 교사를 같은 내용과 같은 방법으로 교육한다는 것은 무리가 따르는 일이다. 따라서 교사의 개인차를 고려하여 그에 상응하는 계속교육을 위한 계획을 세우는 것이 필요하다. 경험이 풍부한 교사의 경우, 총회차원의 연수나 탐방과 같은 프로그램을 활용하여 교육하는 것도 고려해 볼만하다. 교사의 직급(지위)의 차이에 따른 교육은 특별교육을 다룰 때 자세히 소개하고자 한다.

교육기간은 양성교육과는 달리 운영방법이나 교육방법에 따라 다를 수 있다. 따라서 어떤 일반적인 원칙을 이야기하기는 어려운 일이다. 그 다음으로 고려해야 할 점은 교육방법이다. 계속교육에 있어서 교육방법은 보다 중요하다. 대부분의 교회가 여전히 대그룹 형태의 강의 중심의 계속교육 방법을 사용하고 있다. 하지만 이러한 획일적인 교육방법으로 좋은 효과를 기대하기는 힘든 일이다. 계속교육의 방법은 먼저 계속교육의 목표가 무엇인가에 따라 그 방법을 달리하는 것이 필요하다. 만약 교사의 영적 재충전이 목표라면 사경회나 교사부흥회, 수련회를 이용할 수 있다. 새로운 교육방법을 익히는 것이 목표라고 한다면 세미나와 워크숍 중심으로 한 방법을 사용하는 것이 바람직하다. 학생의 생활이해가 목표라면 학생들 대상의 설문조사나 학생들이 자주 가는 곳을 탐방하는 방법을 사용할 수 있을 것이다. 아니면 학생들의 이야기를 들어 보는 패널 토의를 할 수도 있다. 이처럼 계속교육의 방법은 계속교육이 지향하는 목표에 맞는 적절한 방법을 구사하는 지혜가 필요하다. 어울리지 않는 방법은 맞지 않는 옷과 같아서 소기의 효과를 기대할 수 없다.

우리의 현실은 내용면에서나 방법면에서 양성교육이나 계속교육이 별로 차이가 없다. 이는 양성교육과 계속교육의 성격을 제대로 구분하지 못하거나, 그 개념이 명확하게 정리되지 못한 결과라 할 수 있을 것이다. 많은 예산과 인원을 들이고도 효과를 거두지 못하는 이유도 여기에 있다. 양성교육은 양성교육에 맞아야 하고 계속교육은 계속교육에 맞아야 한다. 이를 위해서는 교사교육에 대한 보다 체계적이고 전문적인 연구와 투자가 이루어져야 할 것이다.

5 특별교육

특별교육에는 직무교육과 은사교육을 들 수 있다. 교사 양성교육이나 계속교육에 비해 특별교육은 생소한 분야이다. 사실 그동안 우리는 직무교육이나 은사교육의 필요를 느끼면서도 이에 대한 관심을 갖지 못하였다. 교회학교가 원활하게 돌아가고 보다 성숙한 운영이 이루어지기 위해서는 직무교육이나 은사교육이 꼭 필요하다.

1) 직무교육

여기서 직무교육이란 교사들의 직무와 관련한 교육으로 일종의 직무연수를 가리킨다. 교회학교에는 행정과 관련된 여러 가지 직무가 있다. 교육위원장, 부장, 부감, 총무, 서기, 회계 등이다. 고학년의 어린이부나 중·고등부에는 어린이회나 중·고등부 임원회 등과 같은 자치회가 있는데 여기에도 여러 가지 직무들이 있다. 회장, 부회장, 총무, 서기, 회계, 각 부서장 등이다. 직무교육은 이들이 맡은 바 역할을 원활하게 수행하도록 하기 위한 교육이다. 따라서 직무교육이란 교회학교에서 여러 가지 행정적인 직무를 맡은이들이 맡은 바 직무를 원활하게 수행할 수 있도록 구비시키는 교육이라 할 수 있다. 이러한 직무교육은 교회학교의 체계 있는 운영을 위해 필수적인 교육이다. 충실한 직무교육은 충실한 교회교육의 밑거름이 된다.

직무교육에서 다루어야 할 내용에 대해 알아보자. 교육내용을 정하기 위해서는 먼저 직무교육의 대상이 되는 이들은 행정적인 청지기라는 점에서 공통점이 있으나, 한편으로는 그 직책에 따라 맡은 바 역할이 다를 수밖에 없다는 점을 생각해야 한다. 따라서 교육위원장이나 부장, 부감, 총무를 대상으로 한 교육과 서기나 회계를 대상으로 한 교육은 차이가 있을 수밖에 없다. 그러기에 직무교육은 그 대상에 따라 내용을 세분화하여 실시하는 것이 바람직하다. 따라서 교육내용은 공통내용과 직무와 관련된 내용으로 나누어 볼 수 있다. 공통내용으로는 모두가 행정적인 청지기라는 점에 초점을 맞춘 것으로 교육목표해설, 청지기론, 리더십이론, 기획론, 시간관리론 등을 들 수 있다. 직무와 관련된 내용으로는 회의 진행법, 서기업무의 실제 - 서기역할, 회의록 작성법, 자료관리법, 회계업무의 실제 - 회계의 역할, 회계장부 작성법 및 회계업무의 실제, 연수나 워크숍 등을 들 수 있다.

　운영에 있어서 직무교육은 신임 청지기들을 임명한 직후에 새롭게 임명된 청지기들을 대상으로 연 1회 연초에 실시하는 것이 좋다. 강사로는 전문적인 내용이나 특강을 위하여 외부에서 강사를 부를 수는 있겠으나, 본 교회 교역자가 중심이 되어 진행하는 것이 이상적이라 하겠다. 직무교육의 특성상 본 교회의 특성이 충분히 반영되어야 하기 때문이다. 먼저 전체를 대상으로 한 공통내용에 대한 강의를 실시한 후에, 직무와 관련된 내용을 대상에 따라 나누어 진행하는 것이 좋을 것이다. 이때 교육위원장이나 부장, 부감, 총무를 한 반으로 하고, 서기반과 회계반으로 나누어 진행할 수 있을 것이다. 이 경우, 특히 부장, 부감, 총무는 교회교육의 중간지도력을 형성하는 중요한 위치에 있는 이들이다. 이들의 교육적인 지도력을 육성하는 것은 곧 교회의 교육적인 평신도 지도력을 키우는 일이 된다는 점에서 중요한 교육이 된다. 사실 교육목회적인 차원에서 생각한다면 이러한 직무교육은 교육과 관련된 직분자들 뿐만 아니라 남녀 선교회나 전도회 같은 평신도 자치기관의 직분자들을 위해서도 이루어져야 한다. 평신도 지도력 개발의 중요한 부분이 될 것이기 때문이다.

　직무교육에서 한 가지 더 언급하고자 하는 것은 자치회 임원들과 부장들을 위한 교육이 부서별로 이루어져야 한다는 점이다. 자치회 임원들은 일 년 동안 어린이나 학생들을 대표하여 자치회를 이끌어가야 할 청지기들이며, 교회의 미래 일꾼들이다. 이들을 위한 임원수련회나 연수가 좀더 체계적으로 이루어져야 한다. 자치회의 임원 수련회는 크게 세 가지 관점에서 이루어질 필요가 있다. 첫째는 헌신를 위한 동기부여와 청지기 정신의 배양 그리고 팀워크 다지기이며, 둘째는 봉사를 위한 직무기술 익히기이고, 셋째는 영성훈련이다. 훈련기간은 1박 2일이나 2박 3일 정도가 무난하다.

2) 은사교육

교회학교에는 여러 종류의 은사 사역자들이 있다. 예를 들면 성가 지휘자, 반주자, 노래율동 지도자, 구연동화가, 찬양사역자, 워십댄스팀, 연출자, 연극 팀, 컴퓨터 프리젠테이션 담당자, 문서편집담당, 레크리에이션 담당 등이다. 이러한 은사 사역자들은 갈수록 늘어날 것이다. 은사 사역자들은 그들이 가진 재능이나 기술과 헌신적인 영성으로 봉사한다. 기술이 없이 은사 사역자가 될 수 없다. 하지만 기능을 가졌다고 사역자가 되는 것은 아니다. 은사 사역자가 되기 위해서는 그 은사가 거듭난 은사, 성령님의 기름 부으심을 받은 은사가 되어야 한다. 거듭나지 못한 은사는 사람을 높인다. 하지만 거듭난 은사는 하나님을 높이고 영화롭게 한다. 따라서 은사 사역자를 위한 교육은 크게 두 가지 방향으로 진행되어야 한다. 하나는 은사를 개발하고 연마하는 교육이다. 다른 하나는 은사를 가진 사람을 영적으로 무장시키는 교육이다. 따라서 은사개발 교육이란 은사사역 그룹에 속한 봉사자들의 은사를 더욱 개발시키고, 영성을 무장시키는 교육이다.

운영에 있어서 먼저 은사를 개발하는 교육은 개 교회에서 직접 진행할 수도 있고, 전문 단체나 기관에 위탁할 수도 있다. 하지만 교육내용의 특성상 개 교회가 맡아서 하기에는 어려운 점이 많다. 따라서 은사개발을 위한 교육은 외부의 전문 기관이나 단체에 위탁하거나 연수를 보내어 교육하는 것이 효과적이라 하겠다. 최근 여러 기관이나 단체들이 찬양사역자, 워쉽댄스 사역자, 연극 사역자, 매체 관리 사역자, 노래 율동 사역자 등 은사 사역자를 위한 체계적인 전문교육 프로그램들을 운영하고 있다. 은사개발 교육과는 달리 은사자들의 영성을 무장시키는 수련은 교회가 직접 기회를 만들어 진행하는 것이 바람직하다 하겠다. 이는 직무 교육와 함께 운영할 수도 있을 것이다.

교사교육은 이제 공과공부를 진행하는 교사들을 위한 교육이라는 제한적인 생각을 과감하게 바꾸어야 한다. 교사교육은 교회의 평신도 교육 지도력 개발이라는 보다 포괄적이고 적극적인 생각을 가져야 한다. 교회교육은 복합적인 활동이다. 여러 종류의 사역자들이 필요한 사역이요, 다채로운 직무와 은사들이 유기적으로 결합되어야 하는 사역이다. 따라서 교사교육은 양성교육과 계속교육이라는 기초 위에 직무교육과 은사교육이 병행되어야 한다. 그럼에도 불구하고 그동안 직무교육와 은사교육은 방치되어 왔다. 열심 있는 한두 명의 교사들이 알아서 배워오도록 내버려두었다. 이들을 체계적으로 교육하지도 못하였고, 관리하지도 못하였다. 양성교육과 계속교육의 체계적인 운영과 직무교육과 은사교육에 대한 관심과 투자가 이루어질 때, 교회교육을 더욱 성숙하게 하고, 풍성하게 하는 계기가 될 것이다.

6 교사교육을 위한 행정

교사교육이 원활하게 진행되고 열매를 거두기 위해서는 적절한 행정이 제공되어야 한다. 행정적인 뒷바라지가 제대로 이루어지게 될 때, 교사교육에 참여하는 교사들의 마음에 신뢰감과 안정감을 주게 된다. 반면에 행정적인 조치가 제대로 제공되지 않을 때 교사교육은 왠지 엉성하고 불안정한 느낌을 주게 된다.

교사교육을 위한 행정에서 가장 문제가 되는 것은 누가 교사교육의 운영을 맡을 것인가 하는 운영주체에 관한 것이다. 그동안 교사교육이 운영되는 형태를 보면 크게 두 가지로 그 유형을 나누어 볼 수 있다. 첫째는 교역자 중심형이다. 담당 교역자가 임의로 교사교육의 제반 내용을 결정하고 집행하는 형태이다. 교역자가 시간표 작성에서부터 강사 섭외에 이르기까지 주요내용을 결정하게 된다. 이렇게 될 경우, 교사들은 지나치게 수동적인 참석자의 입장에 서게 되고, 교사교육 당일의 진행도 매끄럽지 못할 수밖에 없다. 둘째는 교육위원회 중심형이다. 이는 교육위원회에서 교사교육에 관한 전반적인 업무를 관장하는 경우이다. 이러한 경우는 꽤 체계가 잡혀 있는 교회에서 발견되는 형태이다. 교육방향의 결정, 교사교육의 형태, 일정, 강사섭외, 홍보, 교재제작, 안내, 서무관리, 학사기록, 예산의 확보 및 관리, 장소준비, 간식준비 등 전반적인 업무를 교육위원회가 맡게 된다. 하지만 교육위원회가 중심이 되어 교사교육을 운영하는 경우라 하더라도 한두 사람의 교역자에 의하여 교사교육의 커리큘럼이 결정되고 강사가 선정되는 경우가 많은 것을 볼 수 있다. 명실상부한 교육위원회 중심의 운영이 되기 위해서는 교육위원회 안에 교사교육을 위한 전문 소위원회를 구성하여 교회적인 차원에서 발생되는 필요와 교사들로부터 수렴된 의견 등을 종합해 가는 등 준비 단계부터 교사들의 참여기회가 증대되어야 할 것이다. 이렇게 될 때, 강사연락, 홍보, 교재제작, 당일의 안내 및 서무관리들에 교사들을 적극적이고 조직적으로 참여시킬 수 있게 된다.

    교사교육 행정에 있어서 또 한 가지 관심을 가져야 하는 문제는 관련 보관과 학사기록의 보관이다. 금번 교사교육에서 어떤 내용을 다루었으며, 어떻게 진행되었는지 하는 등에 대한 기록을 관련 유인물과 함께 정확하게 남겨 두어야 한다. 이는 다음 교사교육을 준비하는 기초자료가 되기 때문이다. 다음으로는 학사기록의 보관이다. 누가 참석했으며, 누가 어떤 과목을 이수하였는지, 누가 수료하였는지 하는 등의 학사기록을 정확하게 남겨 두는 일은 행정관리의 중요한 부분이다. 끝으로 교사교육을 위한 행정에서 챙겨야 할 내용들을 정리해 보면 다음과 같다.

〈교사교육을 위한 행정 업무들〉

- 교회의 필요와 교사들의 의견을 수렴하여 교사교육 방향을 결정한다.
- 교육의 일정과 내용을 정한다.
- 강사를 정하고 외부 강사의 경우 섭외를 한다.
- 예산 확보 및 운영을 위한 계획을 세우고 집행한다.
- 홍보계획을 세워 홍보 활동을 벌인다.
- 교육에 필요한 자료 및 교재를 제작한다.
- 교육장소를 정하고 준비한다 : 강의 준비물 챙기기(마이크, 칠판 또는 OHP), 냉난방, 의자배열
- 당일에 접수와 안내, 식사, 간식 계획을 세우고 실행한다.
- 서무관리와 학사기록을 위한 계획을 세우고 담당자를 정하여 정리한다.
- 평가결과를 잘 정리하여 보관한다.

제 17 장

동기부여와 사기앙양

1 들어가는 말

사람의 행동에는 동기가 있다. 어떤 사람이 어떤 행동을 할 때는 그런 행동을 하게 되는 동기가 있기 마련이다. 따라서 우리는 그 사람이 어떤 동기체계를 갖고 있는지를 아는 것이 중요하다. 우리가 그 사람이 어떤 동기체계를 갖고 있는지를 잘 알아서 적절하게 동기를 부여하게 될 때, 그 사람은 더 열심히 헌신하게 된다. 아무리 힘들고 높은 헌신을 요구하는 일이라 하더라도 확실하게 동기부여가 되면 사람들은 움직인다. 고생을 무릎 쓰고 헌신하게 된다. 이면우 교수는 공학자이면서도 우리나라 사람들의 심성을 잘 파악하여 일명 신바람이론이라고 불리 우는 경영이론인 W이론을 주장하였다. 우리나라 사람은 신바람이 나야 일을 잘한다는 것이다 신바람이 나게 하면 아무리 힘들고 어려운 일도 척척 잘해낸다는 것이다. 신바람이 나도록 만드는 것, 이것이 바로 동기부여이다. 하지만 아무리 명분이 있고 보람이 있는 일이라 하더라도 동기부여가 안 되면 신바람이 나지 않고 신바람이 나지 않으면 될 일도 잘 안 된다.

교사들에게 동기를 부여하여 교사들이 흥이 나서 즐겁게 헌신하도록 도전하고 그럴만한 환경을 만들어 주는 것이 행정이다. 특히 교회교육을 위해 봉사하는 교사들은 모두가 적절한 동기부여가 꼭 필요한 자원봉사자들이다. 그럼에도 불구하고 교회교육행정에서 가장 취약한 부분 중의 하나가 바로 이 동기부여(motivation)이다. 그런데 동기를 부여하기는 커녕 오히려 자발적으로 해보려는 동기마저도 꺾어 버리는 경우를 어렵지 않게 보게 된다. 교회교육에 활력을 불어넣기 위하여 교사들이 기쁜 마음으로 헌신하고 봉사하고 싶은 마음을 갖도록 동기를 유발시키는 적절한 방법을 찾는 것은 지도자가 풀어야 할 몫이다.

교사들에게 적절한 동기부여가 주어질 때, 교사들은 열심을 내게 되고 교회학교는 건강하고 활기 있는 모습을 띄게 된다. 반면에 동기부여가 제대로 되지 않을 때, 교사는 쉽게 지치고 나태해지기 쉽고 교회학교는 힘을 잃게 된다. 그럼에도 불구하고 교회교육에서는 교사들에 대한 동기부여에 별 관심을 보이지 않았다. 여기에는 두 가지 배경적인 이유가 있다. 하나는 교사로서의 봉사는 당연히 해야 하는 사명이요, 책무라는 생각 때문이었다. 그러므로 별 다른 동기부여가 필요한 것이 아니라 스스로 알아서 해야 하는 것이요, 그렇지 못한 교사는 신앙적으로 문제가 있는 것처럼 여겨 왔다. 따라서 동기부여가 필요한 경우라 하더라도 이는 누가 해주는 것이 아니라 자기가 열심히 기도하면서 회개하고 열심을 회복해 가야 하는 문제로 간주하여 왔다. 또 하나는 교사의 직무는 하나님과의 관계에서 일어나는 영적인 일이기 때문에 동기부여와 같은 인간적인 어떤 노력도 세속적인 것처럼 간주하는 경향 때문이다.

2. 동기부여(motivation)의 원리

1) 동기와 동기부여

먼저 동기(motives)에 대하여 살펴보자. 일반적으로 행정조직이론에서 동기는 '사람으로 하여금 행동하게 하는 것'[101] 또는 '인간이 마음대로 선택할 수 있는 행위 가운데 인간이 어떤 것을 선택하도록 지배하는 심리과정'(V. H. Vroom)이라고 정의할 수 있다. 따라서 동기는 개인의 내부에 있는 욕구(needs), 욕망(wants), 추진력(drives) 혹은 충동(impulses) 등으로 정의되기도 한다. 이와 같은 동기를 자극하고 지속시켜서 성취하고자 하는 목표를 향해 움직이도록 하는 활동이 곧 동기부여이다. 동기부여는 '인간의 행동을 유발하고 그 행동을 유지시키면서 그들을 일정한 방향으로 유도하는 과정' 또는 '인간이 일을 열심히 하고, 자신의 일을 지속하고, 자신의 행동이 적절한 목표를 지향하도록 지시하는 것'이라고 할 수 있다.[102] 이러한 동기부여는 목표달성의 여부나 정도를 결정하는 중요한 요인이다.

2) 동기부여의 원리

---

101. 앞의 책, p. 34.
102. 윤정일 외, 앞의 책, pp. 91-92.

(1) 사람이 어떤 욕구체계를 갖고 있는지를 이해하라

사람들은 저마다 다양한 욕구를 갖고 있다. 그리고 욕구에는 자극(stimuli)에 의해서 충족될 수 있는 모든 감정도 포함된다. 이러한 욕구들은 행동의 동기가 된다. 사람의 행동의 동기는 그의 욕구가 충족되거나 아니면 억제되는 방법에 의해서 부여된다고 할 수 있다. 동기부여와 관련된 사람의 욕구체계에 관한 가장 주목할 만한 연구는 매슬로우(A. H. Maslow)의 욕구단계설이다. 매슬로우가 주창한 이러한 인간의 욕구단계이론은 우리가 사람의 욕구체계를 이해하는 데 아주 유익한 준거틀(framework)을 제공하고 있다. 매슬로우는 사람의 욕구을 5단계 모형으로 설명하고 있다. 매슬로우에 의하면 먼저 하위단계의 욕구가 어느 정도 충족되면 그 다음 단계의 욕구가 주요 요구가 되어 욕구체계의 전면에 등장하게 된다.

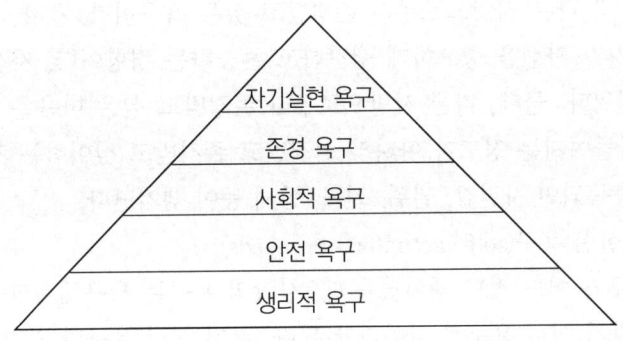

〈Maslow의 인간 욕구 단계〉

① 생리적 욕구(physiological needs)

사람의 욕구단계의 최하위 욕구이며 생명을 유지하는 데 가장 기초적인 의식주에 관한 욕구이다. 여기에는 성적 욕구까지도 포함된다. 이 욕구의 충족이나 좌절은 다른 것보다 쉽고 또한 신속하게 일어난다. 이 욕구가 충분하게 충족되면 다른 수준의 욕구가 부각되고 이것이 행동의 동기를 제공하게 된다.

② 안전 욕구(safety needs)

생리적인 욕구가 어느 정도 채워지고 나면 안전에 대한 욕구를 갖게 된다. 보호받고, 안정되게 살고 싶은 마음과 관련된 안전욕구는 육체적인 위험으로부터의 보호, 경제적 안정, 질서 있고 예측가능한 환경의 선호 등을 포함하고 있다.

이는 일종의 자기 보호의 욕구라 할 수 있다.

③ 사회적 욕구(social needs)

생리적인 욕구와 안전욕구가 어느 정도 채워지면 다음으로 사회적 욕구가 나타난다. 사회적 욕구에는 애정, 소속, 우정, 사랑, 교제 등이 포함된다. 이것은 사회적 존재인 인간이 사회적이고 사교적인 동료의식을 갖기 위한 욕구이다. 이 욕구를 채우기 위해 사람들은 친구를 사귀고, 어딘가에 소속되고 싶어하고 주위의 사람들로부터 받아들여지기를 원한다. 더 나아가 다른 사람들과 의미 있는 관계를 가지려고 노력하게 된다.

④ 존경 욕구(esteem needs)

사회적 욕구가 어느 정도 충족되고 나면 사람들은 다음으로 존경에 대한 욕구가 지배적인 욕구로 등장하게 된다. 존경 욕구는 두 가지 측면을 갖고 있다. 자아 존중감과 다른 사람으로부터 존경받고 싶은 욕구이다. 첫째, 자아 존중감은 스스로 자기 자신을 중요하게 생각하고 존중하는 경향이다. 자신에 대한 자긍심과 관련된다. 둘째, 다른 사람으로부터 존경받고 싶은 마음은 다른 사람들로부터 받아들여지는 정도가 아니라 인정받고 존경받고 싶어하는 경향이다. 존경 욕구가 충족되면 자신감, 권위, 권력, 통제 등이 생겨난다.

⑤ 자기 실현 욕구(self-actualization needs)

존경 욕구가 어느 정도 채워졌을 때, 사람의 욕구는 욕구체계의 최상의 단계에 속하는 자기 실현 욕구로 나아가게 된다. 자기 실현 욕구란 자기의 잠재능력을 최대화하고, 자기가 가진 잠재 가능성을 능력껏 발휘하고 싶어하는 욕구이다. 매슬로우는 이에 대해 "사람은 자기가 가진 능력을 최고도로 발휘할 수 있는 존재가 되어야 한다"고 하였다. 따라서 자기 실현 욕구는 다른 욕구와는 달리 사람마다 그 내용이 다르게 나타난다. 실현의 내용은 그 사람의 관심분야나 재능에 따라 다르다. 또한 자기 실현이 표현되는 방법은 생의 주기에 따라 변화한다.[103]

---

103. 폴 허어시·캐너드 H 브랜차드, 앞의 책, pp. 54-55.

	일반요인	욕구수준	조직요인
복잡한 욕구	성장 성취 진보	자아실현 욕구 (5)	도전적인 직무 조직내에서의 발전 일의 성취
	자기 존경 타인으로부터의 존경 인정	존경 욕구 (4)	직책 지위상승 승진
	애정 수용 친선	사회적 욕구 (3)	감독의 질 경쟁적인 작업집단 전문적인 친선
	안전 안심 안장	안전 욕구 (2)	안전한 근무조건 특별급여 직업안정
기본적 욕구	물 음식 은신처	생리적 욕구 (1)	냉·난방시설 기본급여 근무조건

하지만 이러한 욕구가 하나의 경직된 구조를 갖고 있거나 아래의 욕구가 충족되어야만 다음의 단계의 욕구가 중요한 욕구로 등장하는 것은 아니라 할 수 있다. 우선 아래단계의 욕구가 어느 정도 충족되면 그 다음 단계의 욕구가 주요 욕구로 등장하면서 최고수준의 욕구인 자기 실현 욕구에까지 도달하게 된다고 볼 수 있다. 이를 다음과 같은 그림으로 나타낼 수 있을 것이다.[104]

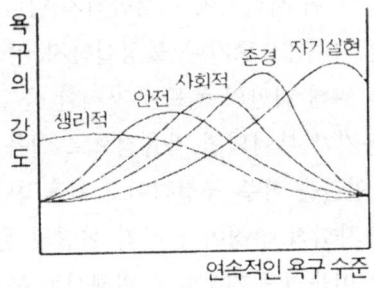

---

104. 정인홍 외, 앞의 책, p. 272.

(2) 조직에서의 사람의 유형을 이해하라

관리자가 조직에 속해 있는 사람들을 어떤 유형의 사람으로 생각하느냐에 따라서 조직을 운영하고 동기를 부여하는 방법은 달라지게 된다. 따라서 교회교육을 위해서 활동하는 사역자들에게 동기를 부여하기 위해서는 저들이 어떤 유형에 속해 있는지를 파악해야 한다.

맥그리그(D. McGregor)는 매슬로우(A. H. Maslow)의 욕구단계설을 기반으로 하여 조직에서의 인간의 유형을 X - Y 이론으로 설명하고 있다. 맥그리그는 우선 조직에서의 사람의 유형을 X이론의 유형과 Y이론의 유형으로 나누고 있다. 관리자가 구성원들을 어떤 유형으로 이해하느냐에 관리전략이나 동기부여 방법이 달라진다고 보고 있다. X이론에서 인간은 게을러서 일하기를 싫어하며, 책임지는 것을 좋아하지 않고, 명령에 따라 움직이기를 선호하고, 창의성이 없으며, 변동에 대해 저항하는 수동적인 인간으로 가정한다. 맥그리그는 'X이론은 인간의 최소공분모(the least common denominator)에 기초하고 있으며, 그것은 성인이 아니라 아동의 능력과 특징에 부합하는 것'이라고 주장한다. 따라서 관리자는 이들에게 당근과 채찍을 사용하게 된다. 감시하고 감독하며 통제하는 것이 필요하다고 보는 것이다. 이들의 동기부여를 위해서는 엄격하게 통제하고 감독하고 지시하는 방법이 어울리며, 물리적인 보상이 중요한 사기앙양의 방법이 된다. 하지만 이러한 동기부여의 방법은 욕구의 수준이 생리적인 욕구와 안전의 욕구 정도에 머물고 있는 사람에게는 맞을 수 있으나 높은 수준의 욕구 단계에 올라가 있는 사람들을 동기부여 시키기에는 적합하지 않다고 할 수 있다.

한편 Y이론에서의 인간은 게으르거나 불성실하지 않고, 스스로 책임을 질 줄을 알며, 공동의 목표를 위해 개인의 목표를 자제할 줄 알며, 창의적인 능력을 갖고 있으며, 적절하게 동기가 부여되면 자율적으로 일을 할 줄 안다고 가정한다. 이러한 Y이론에서는 인간을 아주 긍정적이고 자율적인 존재로 이해하고 있다. 욕구수준에 있어서도 사회적 존경이나 자기 실현의 욕구 단계에 있는 정도로 이해하고 있다. 따라서 이들의 동기부여를 위해서는 통제나 감시 감독보다는 격려하고 좋은 환경을 만들어 주는 등의 긍정적인 방법이 어울리며, 인정과 격려가 중요한 사기앙양의 방법이 된다. 특히 Y이론에서 강조되는 관리 방식은 통합(integration)의 원리이다. 여기서 통합이란, 개인의 목표와 조직의 목표를 통합시키는 것을 가리킨다. 그러므로 통합이 이루어지기 위해서는 조직(교회학교)의 필요와 개인(교사)의 필요가 함께 인정되며 더 나아가 이 두 필요가 공동의 목표로 통합되도록 하는 노력이 요구된다.

맥그리그는 X이론보다는 Y이론에 입각한 동기부여가 더 효과적인 동기부여임을 밝히고 있다. 하지만 X이론은 나쁘고 Y이론은 좋다는 식의 접근은 위험하다. 특히 교회교육의 입장에서 볼 때, 사람은 X이론에 속하기도 하고, Y이론에 속하기도 한다. 모든 사람은 죄인이다. 선을 이룰 수 있는 능력이 없다. 이런 점에서는 X이론에 가깝다. 하지만 모든 사람은 비록 타락으로 범죄하여 죄인이 되기는 하였으나 하나님의 형상을 지닌 존귀한 존재이다. 따라서 성령님 안에서 우리는 얼마든지 자율적이고 능동적이며 창의적인 사람이 될 수 있다. 이런 점에서는 Y이론에 근접한다. 따라서 관리자들은 이러한 양면을 잘 이해하고 조화롭게 관리정책을 수립하고 동기를 부여하는 솔로몬의 지혜가 필요하다.

(3) 기대이론(Expectancy Theory) - 사람들이 무엇을 기대하는 지를 파악하라

기대이론은 브룸(Victor H. Vroom)이 발전시켜 알려진 이론이다. 성과보상 기대이론 또는 가치이론으로 불리기도 한다. 기대이론은 다음 4가지 가정에 근거를 두고 있다. ① 사람은 그들의 욕구, 동기, 과거의 경험에 대한 기대를 가지고 조직에 들어오게 된다는 것이다. ② 개인의 행동은 의식적인 선택의 결과라는 점이다. 즉, 사람들은 자신의 기대치 계산에 의하여 제시된 행동을 자유롭게 선택한다는 것이다. ③ 사람들은 조직에 대하여 각각 다른 것을 원한다는 것이다. 즉, 조직에서 얻고자 하는 기대치나 기대의 내용이 사람들마다 다르다는 것이다. ④ 사람들은 자신을 위한 산출 즉, 보상을 극대화할 수 있도록 선택적인 대안들 가운데서 선택하게 된다. 기대이론을 그림으로 보면 다음과 같다.

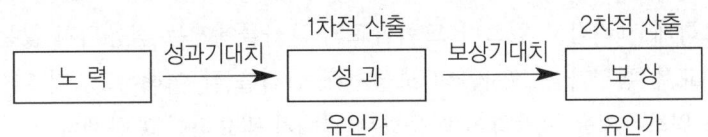

① 유인가

여기서 유인가란 어떤 산출이나 보상을 바라는 욕구의 정도를 가리킨다. 즉, 일을 성취하려는 욕구와 그 성취의 결과로 자신에게 주어질 보상에 대한 욕구의 강도가 바로 유인가이다. 1차적 산출을 위한 유인가는 자기에게 주어질 것이라고 생각하는 보상 기대치와 주어진 보상(2차적 산출)에 의하여 결정된다.

② 성과기대치

성과기대치란 일을 위한 노력이 어느 정도의 성과를 가져올 것이라는 성취에 대한 기대치이다. 노력을 했음에도 불구하고 자기가 기대한 만큼의 성과(1차적 산출)이 나타나지 않을 때, 의욕은 떨어지고 일에 대한 동기가 낮아진다.

③ 보상기대치

보상기대치란 일의 성과(1차적 산출)에 대한 보상에 대한 지각된 기대치이다. 즉, 내가 이 정도 일을 했으니 이 만큼의 보상이 나에게 주어질 것이라는 기대치이다. 만약 자기에게 주어진 보상이 기대치에 미치지 못할 때, 의욕은 상실되고 일에 대한 동기도 낮아지게 된다.

기대이론에 따르면, 사람은 노력에 대한 성과를 기대하고 노력의 결과로 거두게 된 성과에 대한 적절한 보상을 기대한다. 성과와 보상 사이에 적절한 균형이 이루어지지 않을 때, 동기유발은 어렵게 된다. 그리고 보상기대치가 높을수록 성과기대치도 높을 수밖에 없다. 성과에 대한 적절하고 공정한 보상은 일에 대한 열심을 자극하게 되고 더 높은 성과기대치를 갖게 만든다. 따라서 교사들이 어떤 보상을 원하는지를 정확하게 파악하여 수고에 대한 적절하고 공정한 보상을 제공해야 한다. 교사들이 원하는 보상이 물질적인 보수나 직업의 안정이나 승진 등과 같은 것은 아니다. 일반교육에서 교사들의 보상기대에는 이러한 요소들이 중요하게 자리잡고 있으나 교회학교의 교사들에게는 적용되지 않는다. 따라서 교회교육 행정가는 교사들의 보상기대 심리를 잘 이해하고, 더 나아가 어떤 보상을 원하는지를 파악하여 대응하는 지혜가 필요하다고 하겠다.

(4) 공정성 이론 - 공정하다고 느끼게 하라

공정성의 개념은 동기이론에서 중요한 개념이다. 공정성 개념으로 구체적이고 적절한 동기이론을 연구한 사람은 아담스(J. Stacy. Adams)이다. 아담스의 공정성 이론은 사회적 비교이론의 하나이다. 사회적 비교이론이란 한 개인이 타인에 비하여 얼마나 공정한 대우를 받고 있다고 느끼는가에 관심을 두고 있다. 사람들은 자신의 노력과 성과가 다른 사람의 노력과 성과와의 사이에서 정당하게 평가를 받고 공평하고 공정한 보상이 이루어지기를 기대한다.

$$\frac{성과}{투입}\langle 자신 \rangle \quad 대 \quad \frac{성과}{투입}\langle 타인 \rangle$$

여기서 투입은 일을 수행하기 위하여 기여하는 모든 것을 가리킨다. 사람들은 주어진 일을 수행하기 위하여 시간, 물질, 노력, 능력, 경험, 열심 등을 투입한다. 성과란 투입을 통하여 일을 수행한 결과로 받게 되는 보상을 가리킨다. 즉, 물질적 보상, 승진, 인정, 칭찬 등이 여기에 해당된다. 문제는 여기서 다른 사람이 받은 보상과 내가 받은 보상이 공정하게 이루어지기를 기대한다는 점이다. 아무리 나에게 많은 보상이 주어졌다 하더라도 다른 사람과 비교해 보았을 때, 공정하지 못하다는 생각을 하게 될 때는 문제가 발생하게 된다.

공정하지 않다고 생각했을 때, 사람들은 공정성을 획득하기 위하여 동기화된다. 이 경우에 사람들이 사용하는 행동은 대개 6가지이다.[105]

① 투입조정 : 시간을 적게 내거나 노력을 적게 하는 등 투입을 조정한다.
② 성과조정 : 정당한 보상을 요구하거나 적절한 다른 보상을 요구한다.
③ 인지적 왜곡 : 비교대상이 나보다 능력이 더 있다거나 열심히 했을 것이라는 등 투입을 더 많이 했을 것이라고 생각해 버리는 것이다.
④ 비교대상의 투입과 성과변경 : 비교대상이 되는 사람에게 투입을 감소시키도록 압력을 가하거나 조직을 떠나도록 압력을 넣는 경우이다.
⑤ 비교대상의 변경 : 아예 비교대상을 다른 사람으로 바꾸어 버리는 경우이다.
⑥ 조직이탈 : 다른 부서로 이동을 요구하거나 사직을 하는 경우이다.

---
105. 윤정일, 「교육행정학 원론」, p. 106.

사람은 사회적 존재이다. 그리고 사람은 누구나 자신과 다른 사람을 비교하기 마련이다. 이러한 점들을 간과할 때, 교사의 사기는 떨어지고, 열심히 봉사하고자 하는 동기를 꺾어 버리는 결과를 초래하기도 한다. 특히 하나님께서 인정해 주시고, 하나님이 갚아 주신다는 신앙적인 논리로 공정하지 못한 평가를 얼버무리는 것은 바람직하지 못하다. 예를 들어 열심히 성실하게 봉사하는 사람은 두고 공정하지 못한 이유나 구실로 인사가 이루어질 때, 이는 사기를 떨어뜨리고 시험에 들게 만드는 계기가 된다.

(5) 목표설정이론 - 구체적인 목표를 갖게 하라

목표설정이론은 록크(Edwin A.Locke)에 의하여 체계화된 이론이다. 록크에 의하면 대부분의 인간 행동은 유목적적이며, 행위의 목표와 의도에 의하여 통제되고 유지된다. 여기서 말하는 목표란 개인이 의식적으로 성취하려고 하는 것이며, 목표를 성취하려는 의도가 주된 동기력을 형성한다는 것을 전제로 하고 있다. 목표설정의 원리로는 다음과 같은 것을 들 수 있다.

① 어려운 목표가 쉬운 목표보다 높은 과업성취를 가져온다.
② 구체적인 목표가 막연한 목표보다 높은 성취를 이루게 한다.
③ 피드백은 목표설정에 필수적이다.
④ 목표가 성과에 영향을 미치도록 하기 위해서는 목표에 대한 헌신이 필요하다.
⑤ 인성이나 교육과 같은 요인에서 생기는 개인차는 일반적으로 목표설정 수행과 무관하다.

이러한 목표설정 이론은 목표관리(MBO), 계획예산제도(PPBS), 경영정보관리(MIS)와 체제분석, 전략적 기획 등과 같은 경영기법에 광범위하게 적용되고 있다. 명확하지 못하고 구체적이지 못한 교육목표의 관리가 동기화를 가로막고 있는 한국교회학교의 현실을 감안할 때, 이러한 목표설정이론에 대한 관심이 필요하다. 이를 위해서는 당회로부터 일선 교육 부서에 이르기까지 일관된 교육의 목표를 설정하고, 각 부서의 교육목표를 구체적으로 진술하며, 교사 개개인의 활동 목표가 구체적으로 설정되도록 해야 한다.

3 사기앙양의 원리

1) 사기앙양의 시대

동기부여와 함께 생각해야 할 문제가 바로 사기앙양이다. 행정 리더는 사기를 앙양시키는 사람이다. 감독이나 통제로 사람을 다루는 시대는 지났다. 지금까지 지도자들은 대개 '명령과 관리'라는 형태로 조직을 이끌어 왔다. 하지만 이제 규율과 충성심만으로 성장을 유지할 수 있었던 시대는 막을 내렸다.[106] 존 나이스비트는 새로운 형태의 리더십의 형태를 촉진자의 모습으로 설명하고 있다. "오늘날지의 리더가 할 수 있는 최선은 촉매와 같은 역할을 수행하는 것이다. 소위 '촉진자'(facilitator)가 되는 것이다. 촉진자란 팀의 코치나 오케스트라의 지휘자와 같은 역할을 수행하는 리더이다. 오늘날의 촉진자로서 리더가 해야 할 보다 중요한 일은 사람들이 활동하거나 자신의 능력을 신장시키려는 데 최적의 환경을 만들어 내는 것이다."[107] 그리고 이러한 지도자가 갖추어야 할 덕목으로 덕, 신뢰, 도량을 지적하면서 이 세 가지를 갖춘 리더십을 '하이터치 리더십'(high-touch leadership)이라 부르고 있다.[108] 존 나이스비트는 이처럼 새로운 시대에 어울리는 새로운 형태의 지도력은 사람들로 하여금 자신의 능력을 신장시킬 수 있도록 사람들을 격려하고 사기를 앙양시키는 것이라는 점을 강조하고 있다. 그러므로 행정을 잘하는 사람은 사기를 잘 앙양시키는 사람이라고 할 수 있다. 권위를 내세워 지시하고 감독하는 것이 행정하는 것처럼 생각하는 사고는 버려야 한다.

2) 사기 앙양을 위해 고려해야 할 사항

교사들의 사기를 무엇으로 어떻게 앙양시킬 것인가? 교회교육행정에서 사기

---

106. 존 나이스비트,「메가챌린지」(서울 : 국일증권연구소, 1999), p. 137.
107. 앞의 책, pp. 191-192.
108. 앞의 책, p. 196.

앙양의 요인은 무엇일까? 교사들의 책임감이나 충성심만을 들먹이면서 사기를 앙양시킬 수는 없다. 그렇다고 물질적인 보수의 인상이나 승진의 보장으로 사기를 진작시킬 수 있는 것도 아니다. 교사들의 사기를 앙양시키는 교회다운 방법, 성경적인 방법을 찾아야 한다. 이 문제를 생각하기 위해서는 먼저 염두에 두어야 할 점, 세 가지가 있다.

첫째, 교사들은 영적인 동기로 모인 사람들이라는 점이다.

교회는 영적인 신앙공동체이다. 교사들이 교회에 모인 것은 영적인 동기 때문이다. 교사들은 영적인 동기로 일한다. 영적인 비전에 따라 움직이고 영적인 비전을 추구하는 사람들이다. 저들에게 소속감, 인정감 등이 전혀 작용하지 않는 것은 아니지만 일차적인 동기는 영적이다. 이 점은 교사들의 사기를 진작시키는 방법을 찾는 데 있어서 중요한 점이다.

둘째, 교사들은 자원봉사자라는 점이다.

교사들은 어떤 물질적인 보수나 승진과 같은 것을 기대하고 모인 사람들이 아니다. 오히려 물질을 내면서 시간을 바치면서, 이름 없이 봉사하고 일하는 사람들이다. 이들이 자원봉사자로 나선 것은 무엇보다도 받은 바 은혜에 감사해서이다. 저들에게 성취감이나 율법주의적인 책임감, 자기 성장의 욕구가 전혀 없는 것은 아니다. 하지만 가장 중요한 동인은 자원하는 마음이다.

셋째, 그럼에도 불구하고 인간적인 연약함이 있다는 것이다.

교사들이 영적인 것을 추구하고, 자원하는 마음으로 나섰다고 해서 정서적이고 심리적인 도움이나 물리적인 지원이 전혀 필요 없는 사람이라는 것은 아니다. 교사들은 여전히 칭찬과 격려가 필요하고 사랑이 필요한 연약한 인간이다. 따뜻한 식사 한번에 힘을 얻기도 하고, 작은 선물에 격려를 받기도 한다.

3) 사기를 앙양시키는 방법

일반교육행정에서 교사들의 사기와 관련이 있는 요인으로는 보수, 승진, 근무부담, 복지후생, 신분보장, 인간관계를 들고 있다.[109] 이성희 목사는 교회 행정에서 사기앙양과 관련이 있는 구성요인으로 물질적 보수, 귀속감 또는 일체감,

안정감, 성공감, 인정감, 건강, 신뢰감, 일치감, 화목을 들고 있다.[110] 교회교육행정에서 교사들의 사기진작과 관련이 있는 요인으로는 어떤 것을 들 수 있을까? 이를 소극적인 요인과 적극적인 요인으로 나누어 정리해 볼 수 있다.

(1) 사기앙양의 소극적인 요인
① 물리적인 보상

소극적인 요인으로 대표적인 것은 물리적인 보상이다. 물리적인 보상은 교사들의 사기를 진작시키고 일에 대한 의욕을 높이는 데 도움이 된다. 수고하는 교사들에게 작은 선물을 준다거나 피로연을 제공하는 것이 여기에 해당된다. 한국교회가 교사들의 사기앙양을 위하여 많이 사용해 온 방법이기도 하다. 연말이나 여름 행사를 마친 후에 이러한 물리적인 보상을 주어 왔다. 하지만 이제는 이런 소극적인 방법에서 벗어나 보다 적극적인 사기앙양책을 개발해야 할 필요가 있다고 여겨진다.

② 후생복지, 물리적 환경

소극적인 요인의 다른 하나로 후생복지나 물리적인 환경을 들 수 있다. 교사들의 방을 만들어 준다거나, 교육시설을 확충해 준다거나, 해당 부서에 필요한 교육기자재를 제공해 주는 것 등이 여기에 해당된다. 콩나물 시루 같은 교육공간, 시대의 변화를 따라가지 못하는 교육기자재 등은 교사들의 열심을 떨어뜨리는 요인이 된다. 교회가 이런 일에 관심을 가져 주고 투자를 아끼지 않는 모습을 볼 때, 비록 작은 것이지만 교사들은 힘이 난다.

③ 칭찬과 격려

칭찬과 격려는 교사들의 사기를 높이는데 좋은 약이 된다. 사람들은 누구나 자기가 하고 있는 일에 대해 인정받고 싶어한다. 비록 사람들이 알아주기를 바라는 마음으로 봉사하는 것은 아니라 하더라도 주위에서 인정해 주고 칭찬해 주고 격려해 줄 때 힘이 난다. 자원봉사자에게 주위의 칭찬과 격려는 물리적 보상

109. 김윤태, 앞의 책, pp. 285 – 295.
110. 이성희, 앞의 책, pp. 363 – 366.

이상의 힘을 갖는다. 교회에서 이러한 칭찬과 격려는 교사들을 위한 온 교인의 뜨거운 중보기도로 표현할 수 있다. 작은 행사에도 온 성도들이 관심을 갖고 기도하고 성원을 아끼지 않을 때, 교사들의 사기는 올라가기 마련이다.

(2) 사기 앙양의 적극적인 요인
① 은혜경험
적극적인 요인의 첫째는 무엇보다도 은혜생활이다. 하나님의 일은 은혜의 힘으로 한다. 은혜받은 힘으로 봉사하고 은혜받은 힘으로 헌신한다. 그러므로 은혜가 없을 때, 일은 힘들어 지고 사기는 떨어진다. 하지만 은혜가 충만하면 아무리 힘들고 고된 일이라도 거뜬히 해 낸다. 교사의 사기를 진작시키는 가장 확실한 방법은 교사들로 하여금 충만한 은혜 가운데 머물도록 해주는 것이다. 율법적인 동기로 하는 일과 은혜의 동기로 하는 일은 다르다. 하나님이 원하시고 기뻐하시는 것은 은혜의 동기로 봉사하는 것이다. 그러므로 교사들이 은혜의 동기로 봉사할 수 있도록 해야 한다. 이것이 가장 확실한 사기앙양의 방법이다. 영적인 부흥이 일어나면 사기는 저절로 살아나게 되고, 열심은 일어나기 마련이다.
② 재미
재미(fun)는 또 하나의 사기 요인이다. 윌리암 글래서(William Glasser)는 사람을 움직이는 강력한 힘으로 다섯 가지를 들고 있다. 생존 및 생식의 욕구, 소속-사랑, 나눔 그리고 협력의 욕구, 자유에 대한 욕구, 재미에 대한 욕구이다.[111] 사람은 재미를 추구하는 존재이다. 같은 일을 해도 재미있어서 하는 것과 의무감으로 하는 것은 엄청난 차이가 난다. 재미있게 봉사하고 흥겹게 일하도록 해줄 때 교사들의 사기는 배가된다.
③ 자율적 분위기
타율은 사기를 떨어트린다. 누군가의 지시에 의해 움직이는 동작은 둔할 수밖에 없다. 하지만 자율적으로 하는 일이라면 즐거울 수밖에 없고, 사기도 올라

---

111. 윌리암 글래서, 「당신의 삶은 누가 통제하는가」(서울 : 한국심리상담연구소, 1992), pp. 18-29.

갈 수밖에 없다. 자율적으로 할 수 있느냐, 타율에 따라야 되느냐에 따라서 사기는 달라질 수밖에 없다. 자원하는 마음으로 자율적으로 봉사할 수 있도록 도와주는 것이 사기 앙양의 방법이다. 그러므로 통제를 최소화하고 의사결정과정에 교사들의 참여를 극대화시키며, 가급적이면 자율적으로 결정하고 실행할 수 있도록 해야 한다.

④ 화목과 화합

부서의 분위기가 화목하고 마음이 하나가 될 때, 교사들은 사기가 올라가고 더욱 열심을 내게 된다. 반면에 교회나 부서의 분위기가 하나되지 못하고 한 마음을 이루지 못할 때, 힘이 빠지고 쉽게 지치게 된다. 화목하고 하나되는 분위기를 만들어 가는 것이 곧 교사들의 사기를 진작시키는 길이다. 이를 위해서는 교사 서로간에 깊은 관심과 사랑이 표현되도록 해야 한다. 함께 기뻐하고 함께 슬퍼하는 분위기를 만들어 가야 한다. 교사가 당한 작은 일에도 내 일처럼 돕고 격려해야 한다.

⑤ 성취감과 자기 성장

성취감과 자기 성장은 또 하나의 적극적인 사기요인이다. 성취감을 느낄 때 힘이 나고, 자신의 성장의 기회가 된다는 확신이 들 때, 열심을 내게 된다. 교사로 봉사하는 것이 성취감이나 자기 성장을 위한 것은 아닐지라도 교육의 현장에서 성취감을 느낄 때 사기는 올라가게 된다. 성취감이나 자기 성장은 행정가가 직접적으로 줄 수 있는 것은 아니다. 하지만 교사로 봉사하면서 성취감을 느끼고, 교사로 봉사하는 것이 자기 영적 성장의 기회가 되도록 배려하는 것은 행정가가 할 수 있다.

4 나가는 말

교사는 자원봉사자이다. 따라서 교회학교는 자원봉사자 집단이다. 자원봉사자들을 움직이게 만드는 데 가장 중요한 것은 동기를 부여하고 사기를 진작시키는 것이다. 자원봉사자들은 물질적 보상이나 사회적 인정을 위해 움직이는 사람이 아니다. 스스로의 동기에 의하여 움직인다. 따라서 교회학교는 교사가 자원봉사자라는 기본적인 인식을 분명하게 가질 필요가 있다. 책임과 의무를 강조하는 것만으로 자원봉사자들을 움직이기에는 부족하다. 스스로 움직이고 싶은 마음이 들도록 만들어 주어야 한다. 교회학교 관리자들이 이 점을 충분히 이해하게 될 때, 교회학교 교사들이 지금보다 더 즐겁고 헌신적으로 봉사하는 모습을 볼 수 있게 될 것이다.

제 18 장

재무관리론

많은 교회의 경우, 사업계획을 수립하는 일에는 신경을 쓰면서도 의외로 예산을 편성하는 일은 가볍게 생각하는 경향이 있다. 별 생각 없이 숫자 맞추기 정도로 쉽게 생각한다. 이는 참 위험한 일이다. 하나님의 돈을 계획 없이 쓰는 것은 청지기의 자세가 아니다. 그리고 교육을 위한 계획과 조화를 이루지 못한 교육예산은 의미가 없다. 예산이 효율적으로 사용되지 못할 뿐더러 낭비적인 요소가 많아지기 때문이다. 본 고에서는 효과적인 예산편성과 집행의 과정에 관하여 살펴보고자 한다.

1 교회교육행정의 정의

예산이란 돈을 사용하는 계획이다. 어떻게 수입을 확보하고 어디에 어떻게 사용할 것인지에 대한 계획을 예산이라 한다. 따라서 예산은 사업과 밀접하게 관련이 있다. 교육예산이란 일정기간의 수입과 지출을 금액으로 표시한 교육사업계획서라 할 수 있다.[112] 우리는 교육예산을 보고 새해 교육은 어떤 교육사업들이 어느 정도의 규모로 펼쳐지는지, 어느 부분에 중점을 두고 있는지를 파악할 수 있다. 이처럼 예산서는 교육재정에 관한 계획서로서 대개 1회계년도를 단위로 작성된다. 잘 짜여진 교육예산이란 훌륭한 교육계획을 기반으로 하여 균형잡힌 수입계획과 지출계획이 세워지게 된다. 예산계획의 뒷받침이 없는 교육계획은 사상누각에 불과하다. 또한 교육계획이 없는 예산계획은 근거 없는 숫자놀이에 지나지 않는다. 따라서 교육계획과 수입계획과 지출계획은 서로 상호 규정적이며 조화적인 관계를 유지하고 있어야 한다.[113] 이처럼 교육예산은 교육계획과 불가분의 관계를 갖고 있다. 한편 예산계획은 수입계획과 지출계획으로 이루어진다. 수입이 보장되지 못하는 지출계획은 무의미하다.

---

112. 이형행, 앞의 책, p. 297 ; 윤정일 외, 앞의 책, p. 498.
113. 김종철, 앞의 책, p. 380.

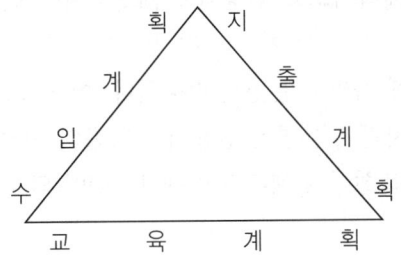

2 교육예산의 성격

교육예산은 '금액으로 표시한 교육사업계획서'로서 몇 가지 성격을 갖고 있다.[114]

첫째, 교육예산은 교육계획의 기초가 된다. 아무리 이상적인 계획이라 하더라도 예산이 뒷받침되지 못하면 빛을 볼 수 없다. 교육계획이 실효를 거두기 위해서는 교육예산의 형편을 충분히 고려하여 작성해야 한다. 하지만 계획이 예산에 종속되는 것은 바람직하지 못하다. 예산의 형편을 고려하지 않은 계획은 맹목적이요, 예산에 종속된 계획은 기계적이다. 계획에는 비전을 담아야 한다. 교회교육에서 예산의 형편보다 더 중요한 것은 교육적인 비전이다.

둘째, 교육예산은 교육활동에 대해 봉사적 내지는 지원적인 성격을 지닌다. 교육예산이 교육계획을 뒷받침하고 있지만 예산 그 자체가 목적이 될 수는 없다. 교육예산은 교육계획이 바람직하게 수행되어 교육목적이 달성될 수 있도록 지원해 주는 수단으로써 봉사적인 역할을 수행하게 된다. 예산이 교육계획을 지나치게 통제하게 될 때, 교육은 힘을 잃게 된다.

---

114. 김재범,『교육재정론』(서울 : 교육출판사, 1990), pp. 101-103.

셋째, 교육예산은 계획적으로 편성되고 집행되어야 한다. 수입과 지출에 대한 분명하고 근거 있는 예산의 편성이 이루어져야 한다. 집행과정에 있어서도 계획에 따라서 운영되어야 한다. 어느 정도 신축성 있는 예산집행이 필요하지만 무분별한 전용이나 항목의 변경은 삼가해야 한다. 예산 집행의 신축성이 무계획적인 예산집행이 되지 않도록 해야 한다.

3 예산과 계획

교육이 실효를 거두기 위해서는 치밀한 사업계획과 충실한 예산편성이 필수적이다. 계획성 없는 교육을 하면서 바람직한 효과를 기대하는 것은 어리석은 일이다. 교육의 목표나 방향이 보다 구체화된 것이 교육계획이다. 그리고 이를 경제적으로 뒷받침하는 것이 예산이다. 이처럼 사업계획과 예산은 별개의 것이 아니다. 상호 규정적이며 상호보완적인 관계를 갖고 있다. 사업계획 없이 예산을 편성할 수 없다. 다른 한편으로는 예산 없는 사업계획은 유명무실하다. 이처럼 사업계획과 예산은 서로 긴밀하고 유기적으로 관련되어 있다. 사업계획을 수립하는 일과 예산을 편성하는 일은 똑같이 힘들고 많은 수고가 뒤따르는 일이다. 예산과 계획은 유기적인 관계를 갖고 있어야 한다. 따라서 사업계획과 예산 편성은 계획 담당자와 예산 담당자가 정보와 자료를 상호 교류하면서 세워 가야 한다. 계획과 예산이 유기적인 통합을 이루어야 하는 이유로는 몇 가지를 들 수 있다. 1) 예산의 뒷받침이 없는 계획은 실효성이 없는 공상에 불과하다. 2) 계획과의 유기적인 연관이 없는 예산은 비합리적이며 자원의 낭비를 초래하기 쉽다. 3) 장기적인 계획과 단기적인 예산을 유기적으로 연결시킴으로써 자원을 효과적으로 배분할 수 있고 행정의 효율성을 높일 수 있다.

계획과 예산의 유기적인 통합성을 높이기 위해서는 염두에 두어야 할 점이 있다. 1) 계획담당자와 예산담당자를 위한 교육을 공동으로 실시하는 것이다. 2) 계획중심의 예산제도를 도입하는 것이다. 품목별 예산제도를 지양하고 계획 중심의 예산제로 바꾸어 가야 한다. 3) 계획담당자와 예산담당자를 번갈아 가면서 맡도록 하는 것이다. 이것이 어렵다면 각 담당자들이 함께 모여 계획과 예산을 짜는 것도 좋은 방법이다. 교회학교의 경우에는 계획이나 예산의 규모가 그리 크지 않기 때문에 얼마든지 가능한 방법이다.

4. 예산의 분류

예산을 세울 때, 항목을 어떻게 정할 것인가? 이는 분류방법에 따라서 기능별 분류, 조직별(또는 기관별) 분류, 기능별 분류, 품목별 분류, 사업별 분류 등으로 나눌 수 있다.

1) 기능별 분류

기능별 분류는 주요기능에 따라 예산을 분류하는 방식이다. 교회학교에서 보편적으로 널리 사용되고 있는 분류방법이다. 예를 들면, 예배활동비, 전도활동비, 교육비, 일반관리비 등으로 예산이 분류되는 경우이다. 이러한 기능별 분류는 교육활동이 어떤 방향에 역점을 두고 있는지를 이해하는 데 용이한 분류방법이다.

2) 조직별 분류

조직별 분류는 예산을 편성하고 집행하는 주체(기관)에 따라 예산을 분류하는 방법이다. 따라서 이를 기관별 또는 부서별 분류라고도 한다. 예를 들면 예배부, 전도부, 교육부, 문서관리부, 봉사부 등으로 예산이 분류되는 경우이다. 이 경우 교회학교나 각부서 내에 어떤 활동부서를 두느냐에 따라서 그 활동 부서별로 예산이 편성되게 된다.

3) 품목별 분류

품목별 분류는 지출의 대상에 의한 분류방식이다. 일반예산의 분류방식으로 가장 널리 사용되고 있는 방식이다. 예를 들면, 상품비, 공과교재비, 시상비, 간식비, 비품비, 사무용품비, 강사비 등으로 예산이 분류되는 경우이다. 이 방법은 지출에 대한 항목이 명확하게 제시되므로 지출예산에 대한 엄격한 통제가 용이한 특성을 갖고 있기도 하다. 교회예산에서 세목(細目)은 대개가 이러한 품목별 분류를 사용하고 있는 것을 볼 수 있다.

4) 사업별 분류

사업별 분류는 사업계획별로 예산을 분류하는 방식이다. 예를 들면 교사교육비, 수련회비, 단기선교비, 임원수련회비, 생일축하비, 각종 행사비 등으로 분류되는 경우이다. 사업별 분류는 단위사업에 대한 예산의 규모를 쉽게 파악할 수 있다는 장점이 있다.

5 교육예산의 과정

예산은 일반적으로 편성 – 심의 – 집행 – 결산 – 회계감사 등의 과정을 거치게 된다. 교회의 교육예산도 예외가 아니다. 예산의 각 과정이 어느 정도 체계 있고 깊이 있게 다루어지느냐의 차이는 있겠으나 대부분 일련의 예산과정을 거치게 된다. 그럼 각 과정에 관하여 살펴보자.

1) 예산안의 편성

예산편성이란 교회나 교육부서가 다음해에 수행할 교육계획 – 정책이나 사업 – 금액으로 표시한 계획을 작성하는 과정이다. 예산편성 작업을 하는데는 교회차원에서 제안된 예산 편성지침과 각 부서에서 세운 예산편성지침이 기초가 된다. 이를 위해 교육위원회는 각 부서에 신년예산 편성에 관련된 편성지침을 늦어도 11월말까지는 각 부서에 전달해야 한다(회계년도를 1월을 기준으로 할 경우). 편성지침에는 교육계획의 방향, 재정운용의 기본방향, 지원예산의 규모, 예산편성 요령 등이 포함되어 있다. 만일 교육위원회가 제시한 별도의 예산편성지침이 없을 경우에는 각 부서에서 만이라도 다음해의 교육예산을 편성하는 데 기초로 삼아야 할 편성지침을 만들어야 한다. 그리고 예산편성위원들은 이 지침을 기초로 하여 예산안을 만들게 된다. 이렇게 만들어진 예산안은 어디까지나 '안'(案)이지 확정된 예산은 아니다.

2) 예산의 심의

이는 예산편성위원들이 모여 작성한 예산안을 받아 심의하고 의결하는 과정이다. 예산심의는 대개 교사 총회에서 이루어진다. 예산편성위원의 설명을 듣고 토의를 통하여 수정과 조정을 거쳐 의결하게 된다. 심의과정에서 충분한 토의를 통하여 수정하고 조정하는 일은 충실한 예산을 세우는데 꼭 필요한 과정이다.

3) 예산의 집행

의결된 예산에 따라 수입을 조달하고 비용을 지출하는 모든 재정활동을 가리킨다. 예산집행의 과정이나 결재과정은 교회에 따라 많은 차이가 있다. 그리고 모든 교육부서의 예산이 교회회계에 통합되어 총괄회계로 이루어지느냐, 아니면 교육부서 자체적으로 회계가 이루어지느냐에 따라서 결재의 과정은 달라질 수밖에 없다. 각 부서가 자율적으로 예산을 집행하도록 되어 있는 경우에는 예산을 지출해야 할 일이 발생하면 회계가 기안을 하고 부장의 결재로 지출이 이루어진다. 하지만 교회회계와 관련된 결재과정은 부장이 결재를 한 후에 교회의 교육위원장과 재정위원장의 결재를 거쳐 집행되는 것이 일반적이다.

4) 예산의 결산과 회계감사

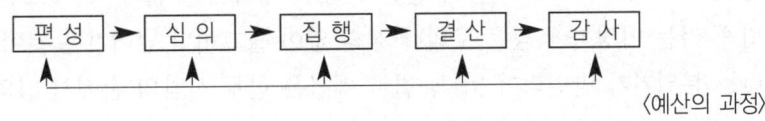

〈예산의 과정〉

결산이란 회계년도 내의 수입과 지출을 정확한 계수로 표시하는 것이다. 결산은 회계년도 동안에 이루어진 예산집행의 실적이다. 따라서 예산과 대체적으로는 일치하지만 완전하게 일치할 수는 없다. 예상수입에서의 차질, 예상외의 수입의 발생, 추가 지출의 발생 등이 있기 때문이다. 결산이 되고 나면 결산에 대한 확인과 예산이 바르게 집행되고 사용되었는지에 대한 심의가 이루어지게 된다. 이 과정을 회계감사라 한다. 회계감사는 회계의 책임을 밝히는 일련의 통제수단이라 할 수 있다.

6 전통적인 예산편성의 방법

예산은 크게 수입예산과 지출예산으로 구분된다. 교회학교의 경우, 수입예산은 대개 제한된 수입원을 통하여 확보되고 있다. 따라서 예산편성에 문제가 되는 것은 주로 지출예산과 관련된 문제라 할 수 있다. 교회회계는 일반적으로 수입예산에 맞추어 지출예산을 짜기보다는 먼저 지출예산을 세운 후에, 지출예산에 맞추어 수입예산을 세운다. 그렇다고 현실성이 없는 지출예산을 세워 놓고는 무리하게 수입예산을 세우는 식이 되어서는 안 될 것이다.

그러면 예산편성의 과정에 대하여 알아보자. 예산편성의 책임자는 누구인가? 사업계획과 예산을 어떻게 연결시킬 것인가? 항목을 어떻게 분류할 것인가? 각 항목별 예산편성(배정)의 기준은 어떻게 정할 것인가? 어떤 과정을 거치며 편성할 것인가? 편성된 예산을 어떻게 심의 할 것인가? 등등 예산의 편성과 관련하여 다양한 문제를 생각할 수 있다.

현재 교회학교에서 이루어지고 있는 예산편성의 방법과 과정 그리고 예산 분류의 종류 등은 교회에 따라 천차만별이다. 또한 즉흥적이고 무원칙적인 모습을 갖고 있다. 특히 '돈'에 관한 문제에 대하여는 왠지 '은혜스럽게', '덕스럽게'라는 미명하에 깊은 토의나 심의 없이 슬그머니 넘어가는 것이 좋은 것이라는 분위기가 만연되어 있다. 결국 예산은 한두 사람의 손에서 임의로 편성되고, 별 여과 없이 심의과정을 거쳐, 무리 없이 집행되면 된다는 안일한 사고에 젖어 있다고 하겠다. 이러한 사고는 예산의 비효율적인 운용과 낭비를 초래할 수밖에 없다.

교회학교에서는 대개 '점증적 예산편성의 방법'이 사용되고 있다. 즉, 전년도의 예산액에 인플레이션에 의한 증가분과 새로운 사업계획을 위한 예산액을 추가하여 신년도 예산을 편성하게 된다. 따라서 '전년도의 예산액+인플레이션에 의한 증가분+새로운 사업을 위한 추가분=신년도 예산 총액'이라는 등식이 성립하게 된다. 이를 그림으로 보면 다음과 같다.[115]

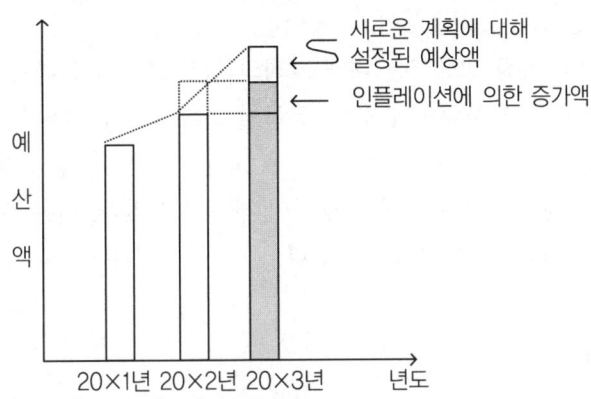

이러한 방법은 예산상의 비효율성과 비탄력성을 그대로 내포하고 있기 때문에 효율적인 예산의 관리를 어렵게 한다. 또한 전년도에 집행된 예산(전년도에 시행된 사업계획)에 대하여 평가하고 이를 신년도 예산에 반영하는 과정이 빠지게 된다. 결국 예산이 얼마나 효율적으로 사용되었는지를 파악할 수 없게 된다. 헌금으로 운용되는 교회학교 예산이 효과적으로 쓰여졌는지에 대한 정확한 검토가 제대로 이루어지지 않는다는 점은 전통적인 예산편성 방법이 지닌 중요한 결점이라고 하겠다.

예산편성의 과정은 지극히 초보적이고 임의적인 단계에 머물러 있다. 담당 교역자나 부장이 점증적인 방법에 따라 임의로(또는 회계교사의 협조를 받아) '신년도 예산편성안'을 작성하게 된다. 예산편성 위원회를 구성하여 운영하는 경우는 극히 찾아보기 드문 형편이다. 또한 예산편성지침 내지는 간단한 예산편성의 방향에 대한 지침을 만들어 사용하는 경우도 찾아보기 어렵다. 신년도의 교육목적(목표)을 예산에 어떻게 반영할 것인가에 대한 연구도 별로 이루어지지 않고 있다. 편성안에 대한 심의 과정도 심의과정으로서의 기능을 제대로 다하지 못하

---

115. 한국기독교신도연맹 편, 「교회 재정의 이론과 실제」(서울 : 전망사, 1985), p. 172.

고 있다. 또한 중·고등부의 경우 예산편성이나 심의 과정에 학생대표의 참여문제를 신중하게 검토하여야 할 것이라고 여겨진다. 지금까지 교회학교의 현실이 이러한 세부적인 문제에까지 마음을 쓸 겨를이 없었다고 한다면 이제부터라도 체계적인 노력을 기울여야 할 것이다.

예산의 분류 면에서는 대개 교회의 경우 조직별 분류와 품목별 분류를 사용하고 있다.[116] 교회학교의 경우, 품목별 분류(상품비, 비품비, 공과교재비……)와 기능별 분류(전도비, 교육비, 예배비……) 그리고 사업계획별 분류(수련회비, 부흥회비, 문학의 밤 등 각종 행사비)를 병행하여 사용하고 있다. 이는 교회학교의 특성을 감안할 때 바람직한 형태로 여겨진다.

7 예산편성을 위한 효과적인 제도들

교회학교의 전통적인 예산편성이 지니고 있는 문제점을 보완하고 바람직한 예산편성의 방법을 모색해 가는 데 있어서, 재무행정학에서 다루고 있는 PPBS와 ZBB라는 예산제도를 통하여 유익한 도움을 받을 수 있다. 먼저 두 가지 제도에 대하여 간략히 살펴본 후 교회학교 예산편성에 적용할 수 있는 원리들을 정리해 보고자 한다.

1) 계획예산제도(PPBS ; Planning - Programming - Budgeting System)

계획예산제도란, '장기적 계획수립과 단기적 예산편성을 사업계획 작성을 통하여 유기적으로 연결시킴으로써 조직체에 있어서의 자원분배에 관한 의사결정을 합리적으로 하기 위한 제도'[117]이다. 이 제도를 통한 예산편성은 대개 세 가지 단계(과정)를 거치면서 이루어지게 된다. 이를 교회학교에 맞추어 정리해 보

---

116. 손병호, 앞의 책, p. 395
117. 신두범, 「행정학 원론」, p. 494.

면 다음과 같다. 첫째, 목적(목표)설정의 단계 : 교회학교의 장기목적과 단기목표를 설정하는 단계를 가리킨다. 둘째, 사업계획 작성과 선택의 단계 : 목적과 목표를 달성하기 위한 구체적인 대안(수단과 방법)을-통상 5년간에 걸친 사업계획을-거기에 소요되는 비용과 함께 검토하여 최선의 대안을 선택하게 되는 단계이다. 셋째, 예산편성의 단계 : 목표설정과 사업계획 작성의 단계를 통하여 채택된 사업계획의 다음 년도 실시분 사업(프로그램)에 필요한 예산을 편성하는 단계이다. 이 과정을 도표로 보면 다음과 같다.

목표설정 ──▶ 사업계획 작성과 선택 ──▶ 예산의 편성

계획예산제도는 교회학교의 장·단기 목표를 달성하기 위한 여러 가지 방안 중에서 최선의 방안을 선택하고, 그 방안을 실시하기 위해 소요되는 전기간에 걸친 과정을 처음부터 끝까지 작성한 후, 그 기간에 필요한 재정을 효과적으로 배분하므로 한정된 재정으로 목표를 달성하고자 하는 일련의 과정이다.[118] 무척 효과적인 제도이긴 하나 활용에 어려움이 많은 것도 사실이다. 하지만 교회학교의 수준에 맞게 응용한다면 효율적이고 합리적인 예산편성과 관리에 많은 도움을 받을 수 있을 것이다.

2) 영-기준예산제도(ZBB : Zero-Base Budgeting)

영-기준예산제도란, '전년도의 예산에 구애되지 않고 영(Zero)에서 출발하여 업무계획을 수립하고 채택된 프로그램에 관해서만 예산을 편성하는 방식'을 가리킨다.[119] 영-기준예산제도를 통한 예산편성은 다음 4단계를 거치면서 이루어지게 된다. 첫째, 의사결정단위의 설정 : 교회학교의 차원에서 의사결정 단위란, 사업 프로그램(단위 프로그램)들과 예산상의 지출항목들을 가리킨다고 볼 수 있다. 중요한 점은 그 각 단위마다 관리책임자가 있어야 한다는 점이다. 둘째, 각 의사결정단위에 관한 분석과 의사결정묶음 만들기 : 앞에서 설정된 모든 단

---

118. 손병호, 「교회행정학 원론」, p. 415.
119. 유훈, 「행정학원론」(서울 : 법문사, 1961), p. 632.

위 프로그램이나 항목들을 제로 상태에서 놓고 그 프로그램(항목)의 효과성이나 드는 비용 등을 재검토하여 우선순위 번호를 붙인다. 그리고 모든 단위 프로그램들을 '교육에 관한 묶음', '선교에 관한 묶음', '봉사에 관한 묶음' 등으로 묶음(package)을 만든다. 그리고 각 묶음들 안에서 중요하고 시급한 것부터 1, 2, 3등으로 우선순위를 붙이는 것이다.[120] 셋째, 우선순위의 결정 : 만들어진 각 프로그램들의 묶음을 보면서 신년사업과 예산의 전체 우선순위를 결정하게 된다. 이 과정에서 기존의 프로그램이 없어질 수도 있고, 새로운 프로그램이 채택될 수도 있다. 넷째, 세부적인 실행예산의 편성 : 우선순위에 따라 채택된 단위 프로그램과 항목들에 필요한 실행예산을 편성하는 단계이다. 이 단계를 통하여 신년도 사업계획서와 예산편성안이 만들어지게 된다. 이 영-기준예산제도가 더욱 효과적으로 운용되기 위해서는 계획예산제도의 장점인 장기계획의 수립과 연결시켜 활용하는 것이 필요하다.[121]

이 영-기준예산제도의 특징은 모든 예산항목의 비용을 영(Zero) 기준에 두고 처음부터 새로 계산한다는 점이다. 따라서 전년도의 예산과 결산을 신년도 예산편성의 주요한 기준으로 삼고 있는 전통적인 예산제도의 단점을 극복할 수 있게 된다.[122] 영-기준에 의한 예산의 재검토를 통하여 지나치게 많이 책정된 예산이나 불합리하고 비현실적으로 편성된 예산 등에 대한 조정이 가능하게 된다. 또한 해마다 해왔기 때문에 으레 해야 하는 것이 아니라 해마다 실시중인 각 단위사업들에 대한 검토와 예산의 조정이 가능해지게 된다.

3) 두 제도를 통하여 배울 점과 기대 효과

계획예산제도(PPBS)와 영-기준예산제도(ZBB)는 비록 좋은 제도이긴 하지만 교회학교와 같은 작은 규모의 조직에서 사용하기에는 지나치게 전문적이며 난해한 측면이 있다. 교회 행정적인 차원에서는 서구교회처럼 이러한 제도를 도

---

120. 이 과정은 힘들고 복잡한 과정이다. 작은 규모의 조직인 교회학교의 경우 이를 간소화하여 활용할 수 있을 것이다.
121. 황하현, 「재정학강의」,(서울 : 박영사, 1982), p. 115.
122. 한국기독교신도연맹 편, 앞의 책, p. 175.

입하여 사용할 수도 있을 것이다.[123] 비록 두 제도의 원리들을 교회학교 차원에서 그대로 적용하기는 어렵다하더라도 그 기본적인 특성(정신)을 활용할 수는 있을 것이다. 그 정도로도 현재의 비합리적이고 무원칙적인 예산편성의 관행을 크게 개선시킬 수 있으리라 여겨진다.

두 제도를 통해 배울 수 있는 점들은 다음과 같다.

첫째, 장기적인 사업계획과 예산운용계획을 요구하고 있다는 점이다.

둘째, 사업계획과 예산편성이 일원화되어 유기적으로 이루어져야 함을 강조한다는 점이다.

셋째, 단위 프로그램이나 각 예산항목에 대한 예산을 영(Zero)에 놓고 예산편성 때마다 예산배정의 유무와 예산규모의 적합성 등에 대한 구체적인 평가를 실시한다는 점이다.

이를 통해 교회학교가 얻을 수 있는 효과는 다음과 같다.

첫째, 교회학교 교육을 위한 장·단기의 계획을 수립하게 된다는 점이다.

둘째, 목표와 사업계획이 분명한 연계성을 가지면서, 그것이 곧바로 예산으로 연결될 수 있다. 이를 통하여 목표 지향적인 예산편성을 할 수 있게 된다.

셋째, 사업계획과 예산편성이 상호 유기적인 관계를 가질 수 있다. 결국 사업계획과 예산편성의 이원화와 사업과 예산간의 괴리현상을 극복할 수 있게 된다.

넷째, 예산의 효율적인 사용과 절약이 이루어지게 된다.

다섯째, 신년 사업계획과 예산편성이 교회학교의 장기적인 계획하에서 이루어지게 된다.

8 효과적인 예산편성을 위한 제안

---

123. 손병호, 앞의 책, p. 143.

1) 예산편성의 방법면에서

전통적인 점증적인 예산편성 방법을 지양하고 영-기준예산제도의 장점을 도입하여 보다 합리적이고 합목적적인 예산편성이 이루어지도록 했으면 한다. 모든 예산을 영(zero)으로 두고 기존 프로그램, 신규 프로그램 그리고 나머지 예산항목들에 대하여 새로운 평가를 하여 재정의 낭비를 막을 뿐 아니라 효과적인 배분이 가능해지기 때문이다. 번거로운 만큼 그 이상의 효과를 기대할 수 있을 것이다.

2) 예산편성의 과정면에서

먼저 장기적인 계획이 수립되어 있다는 전제하에서 설명하고자 한다. 만일 장기적인 계획이 없이 해마다 임의로(또는 담당 교역자나 부장의 재량에 따라) 계획과 예산이 이루어져 왔다면 이번 기회에 교회학교의 목적(목표)설정과 함께 장·단기 계획이 마련되었으면 한다. 그리고는 그 계획이 담당 교역자나 부장 또는 총무가 바뀐다 하더라고 폐기되지 않고 유지되도록 하는 제도적인 장치도 마련되었으면 한다. 교회학교의 목적 설정에 따라 마련된 장·단기계획을 기초로 하여 아래와 같은 과정을 거치면서 예산편성이 이루어지면 좋겠다. 이는 PPBS와 ZBB의 특징을 살려 교회학교의 규모에 맞게 재구성해 본 것이다.

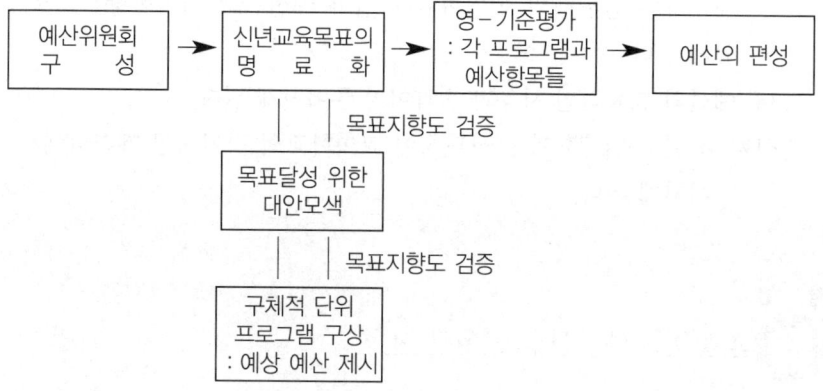

3) 예산의 분류면에서

예산의 편성 시에 과목체계는 대개 장-관-항-목 등으로 분류한다. 교회학교의 경우 '항'과 '목'으로도 충분하다. '항'란에는 예배비, 교육비, 선교비, 사업활동비, 비품비, 예비비 등이 포함되며, '목'란에는 각 항의 하위과목들을 배열하게 된다. 항목에 배열할 과목들은 품목별, 기능별, 사업계획별 분류를 혼합하여 활용할 수 있다. 교회학교에서 활용할 수 있는 간단한 예산서 양식을 제시하였다. 아울러 예산집행의 책임의 소재를 분명히 하기 위하여 '주무부서 및 책임자' 란을 포함시켰다.

항	목	산출근거	금액	주무부서 및 책임자	비 고

9. 효과적으로 예산을 편성하는 실제적인 원리

교회의 교육예산은 항상 부족하다. 아무리 큰 교회라 하더라도 사정은 크게 다르지 않을 것이다. 큰 교회는 큰 교회대로 어려움이 따를 것이기 때문이다. 따라서 부족한 예산을 무리가 따르지 않게 모금하고 충당하는 방법에 대해서도 교회학교는 관심을 가져야 한다. 아울러 적은 예산을 크게 사용하는 지혜가 필요하다. 항상 부족한 교육재정을 감안하여 효과적으로 예산을 세우는 데 도움이 되는 원리 몇 가지를 제안하고자 한다.

1) 교육의 목표를 명확히 하라

교육계획을 세우고 예산을 짜는 일은 교육적인 비전을 세우고 구체화하는 과정이다. 비전에 담겨 있지 않은 교육계획서나 예산은 힘이 없다. 비전은 목표를 통해 표현된다. 교육목표가 분명하지 않는 교육예산은 효율적인 예산이 될 수가 없다. 앞서도 살펴본 바와 같이 교육예산은 교육계획과 밀접하게 관련되어 있다. 장·단기 교육목표가 분명한 교육계획은 생산적이고 효율적인 예산편성의 필수적인 요소이다(PPBS : Planning Programming Budgeting System). 따라서 신년 예산을 짜기 전에 신년교육목표를 명확히 하고, 목표가 분명한 교육계획이 수립되어야 한다. 이를 통해 목표 지향적인 예산을 세울 수 있다.

2) 예산편성지침을 만들어라

지침이 없는 예산은 방만하고 산만할 수밖에 없다. 교육계획의 방향, 재정운용의 기본방향, 지원예산의 규모, 예산편성요령 등이 담긴 예산편성지침을 만들어 예산편성 팀이 기초로 삼을 수 있도록 하라. 아무런 지침도 없이 전년도 예산서를 펼쳐놓고 물가상승률 감안하고, 교회의 재정형편 고려하여 일률적으로 몇 %씩 인상하거나 인하하는 식의 주먹구구식의 예산편성은 이제 바꿔야 한다. 이를 위해서는 예산편성지침이 필요하다. 예산편성지침이라는 것이 너무 거창하게 여겨진다면 예산편성의 기본방향이라도 정하라.

3) 예산편성 팀을 활용하라

교육부서의 예산안은 대개 한두 사람의 손에서 만들어지는 경우가 많다. 교육부서의 교역자가 만들거나, 아니면 회계나 총무교사가 만들거나, 또는 이중 두 사람이 의논하여 만들거나 하는 식이다. 아무리 작은 규모의 부서라 하더라도 한두 사람이 자신들의 경험과 직관에 근거하여 예산안을 만드는 것은 무리이다. 이러고도 충실한 예산안을 기대한다는 것은 어불성설이다. 해당 부서의 사정을 잘 알고, 신년도의 교육방향과 목표를 명확하게 숙지한 사람들로 예산편성 팀을 구성하는 것이 효과적이다. 부서의 규모에 따라 다르겠으나 대개 3~4명 정도면 충분하다. 담당 교역자가 팀장이 될 수도 있고, 전혀 참여하지 않을 수도 있다. 어떤 경우라 하더라도 담임목사와 담당 교역자의 교육적인 비전과 계획이 충분히 반영되도록 해야 한다.

4) 모든 항목의 예산을 0점 기준(zero base)에서 시작하라

기존의 항목이던 신규항목이던 일단 0에서 시작하라(ZBB : Zero Base Bugdeting). 꼭 필요한 예산 항목이라 하더라도 0점 기준에서부터 시작하라. 작년에 얼마의 예산이 배정되었는가 하는 것이 기준이 아니다. 작년의 예산액과 관계없이 0점을 기준으로 예산을 짜는 것이다. 기준을 0으로 놓고 재검토하는 것이다. 기존의 사업을 계속할 것인지 중단할 것인지, 신규사업을 채택할 것인지 말 것인지를 다시 따져 보라. 이를 통해 항목을 살릴 것인지 아니면 삭제할 것인지를 검토한다. 이러므로 아무리 좋은 교육 프로그램이라고 하더라도 우선순위에 따라 채택여부가 결정된다. 지금까지 흔히 예산편성이나 심의의 기준이 되었던 것은 전년도 예산과 결산이었다. 전년도에 얼마를 썼는가? 전년도의 결산이 얼마였는가? 여기에 따라서 예산이 증감되었다. 이런 방법으로는 예산의 거품(Bubble)을 걷어내기 어렵다. 그리고 탄력적인 예산운영이 힘들다. 하지만 기존의 사업이든 신규사업이든 심지어 수년간 당연시 되어오던 항목까지도 기준을 0으로 하여 재검토하는 작업을 하게 될 때, 거품을 찾아낼 수 있고, 예산의 탄력성을 회복할 수 있다. 뿐만 아니라 예산편성과 심의의 과정을 통하여 교육계획과 예산 전반에 대한 새로운 접근를 시도할 수 있다.

5) 산출근거를 분명하게 밝히라

예산은 투명해야 한다. 편성에서부터 집행, 결산에 이르기까지 한 점 의혹이 있어서도 안 된다. 더욱이 물질은 사단의 유혹이 유난히 극심한 부분이다. 교회 안에서 크든 작든 재정사고가 일어나는 것은 덕이 안 되는 일이다. 예산은 투명하게 공개되어야 한다. 예산공개의 원칙이 잘 지켜질 때, 효과적인 예산운용 뿐만 아니라 재정상의 문제를 피할 수 있다. 예산의 편성과 집행은 한두 사람의 특정인이 알아서 할 일이 아니다. 그래서도 안 된다. 예산은 투명하게 공개되고 공정하게 집행되어야 한다. 따라서 예산을 편성할 때부터 수입과 지출이 투명해야 한다. 이를 위해 예산의 내역과 산출근거가 구체적이고 분명해야 한다. 어림잡아 대략 얼마가 들것이라는 식의 추측에 근거한 계산을 지양해야 한다. 비록 쉬운 일은 아니지만 충분한 시장조사를 거쳐야 한다.

6) 증액과 삭감을 과감하게 하라

총 예산 규모에서 일정액을 줄인다고 했을 때 몇 가지 방법을 생각할 수 있다. 우선은 모든 항목에 대하여 몇 %씩 일률적으로 줄이는 방법이다. 다음은 선별적으로 몇 개의 항목을 골라서 줄이는 방법이다. 또 한 가지 방법은 선별적으로 하되 줄여야 할 것은 과감하게 줄이고 늘여야 할 것은 과감하게 늘이는 방법이다. 이를 통해 예산이 지향하는 목표를 더욱 명료화할 수 있다. 예를 들어, 새해에는 전도와 양육에 있어서 특히 양육에 초점을 둔 교육계획을 수립했다고 한다면 양육에 필요한 예산은 과감하게 늘이고 전도에 관한 예산은 과감하게 줄이는 것이다.

7) 수혜자를 참여시키라

교육부서의 예산은 교사와 학생들을 위하여 쓰여지는 예산이다. 예산의 수혜자는 교사와 학생이다. 예산이 짜여질 때부터 집행과정에 이르기까지 수혜자인 교사와 학생의 의견이 충분히 반영되도록 하는 것이 필요하다. 중·고등부의 경우라면 학생임원들을 참여시키는 것도 좋은 일이다. 이를 통해 학생들의 의견이 직접적으로 반영될 수 있을 뿐 아니라 헌금이 어디에 어떻게 쓰여지는지를 배우게 된다.

제 19 장

성경학교와 수련회를 위한 행정

1 들어가는 말

교회는 성경학교나 수련회를 위하여 많은 자원을 투입한다. 인적 물적 자원 뿐만 아니라 시간적으로도 많은 시간을 들인다. 주일마다 예배와 성경공부 그리고 특별활동으로 이루어지는 교회교육은 주 평균 70~80분 정도의 시간을 사용하고 있다. 특별활동이 있는 경우는 여기에 추가적인 시간이 배정되기도 한다. 이렇게 볼 때 교회는 신앙교육을 위해 한 주에 100분 내외의 시간을 활용하고 있다고 볼 수 있다. 교회들마다 시간이 부족하다고 아우성이다. 여기에 장소도 협소하고 분위기도 산만해서 집중력 있는 신앙교육이 이루어지지 못하고 있다. 성경학교나 수련회는 이렇게 빠듯하게 이루어지는 교회교육에 숨통을 트이는 기회가 된다. 그래서 많은 교회들은 성경학교나 수련회를 위하여 기꺼이 많은 예산을 들인다. 교사들도 예외가 아니다. 황금 같은 휴가를 내어놓기도 하고, 피곤한 가운데도 즐거운 마음으로 헌신한다.

2 행정의 실제

우리의 수고가 실효를 거두기 위해서는 치밀한 준비와 운영의 지혜가 필요하다. 많은 교회의 경우 지나온 관행에 따라 계획하고 운영하고 있는 것을 볼 수 있다. 이 경우, "그동안 어떻게 해왔느냐?" 하는 것이 기준이 되고 근거가 된다. 해마다 반복되는 교육활동이기에 지난해의 자료와 경험들이 소중한 자원이 되는 것이 사실이다. 하지만 반복되는 일이라고 해서 답습해도 되는 것은 아니다. 새로운 기대감과 긴장이 필요하다. 날마다 새롭게 하시는 하나님을 바라보며 새롭게 하시는 주님의 은혜를 사모해야 한다. 교사들에게는 해마다 반복되는 일이지만 학생들에게는 항상 뭔가 새로운 것이 기대되는 시간이다. 본 고에서는 성공적인 성경학교와 수련회를 위한 행정에 대해 알아보고자 한다.

1) 여름행사를 위한 교회적인 협의하기 - 교육부서 협의회

성경학교나 수련회는 교회적인 행사이다. 부서 차원의 일이 아니다. 교회적 관심과 지원과 응원이 당연히 있어야 한다. 우선 행정적인 조치로 각 부서의 책임자들이 모여 여름교육활동에 대한 교회차원의 조정과 협의가 필요하다. 기존의 부서장 회의 등을 활용하거나 한시적인 교육부서 협의회를 소집할 수 있다. 회의 구성원으로는 담임목사, 교육담당목사(교육사), 부서 교역자와 부장, 총무 등을 기본으로 하고, 관련 부서(남선교회, 여전도회, 청년회)등의 책임자가 배석하는 것이 좋겠다. 이 회의에서 다룰 내용으로는 여름교육행사에 대한 교육목회 차원의 방향제시, 장소 사용과 기간 등에 대한 부서간의 조정과 협력, 교회차원의 지원계획 등을 들 수 있다. 이러한 교회차원의 협의는 늦어도 5월 초순경에는 이루어져야 할 것이다.

2) 기획단 구성하기 - 프로젝트팀

교회차원의 조정과 협의가 이루어지고 나면 각 부서 차원의 준비가 본격적으로 진행된다. 무엇보다 먼저 해야 할 일은 기획단을 구성하는 일이다. 대개의 경우, 기존의 부서의 행정조직이 그대로 기획단이 되는 경우가 많다. 이는 교육의 일관성을 확보할 수 있다거나, 쉽게 그리고 안정적으로 준비 팀을 구성할 수 있다는 장점이 있다. 보다 효과적인 방법은 별도의 기획단을 구성하여 계획을 세우고 준비하도록 하는 것이다. 기획단은 프로젝트팀(project team)이나 과제수행 그룹(task force group)이 되어 계획과 준비에 관한 전반적인 사항을 책임지도록 하는 것이 바람직하다. 구성원으로는 교사들 가운데 성경학교나 수련회를 기획할 능력이 있고 책임감이 있고 시간적인 여유가 있는 사람들을 찾아 5~6명 정도로 구성한다. 이때 중·고등부 수련회일 경우에는 기획단에 학생대표를 참여시키는 것이 좋다. 수련회의 주인공은 학생들이며 학생들을 위한 수련회라는 점을 고려할 때 기획하고 준비하는 단계에서부터 함께 참여하는 것이 바람직하다. 이 경우 기획단의 수는 1~2명 늘어날 수도 있다. 기획단의 역할은 계획을 세우고 준비하는 일이다. 준비일정 마련하기, 주제 및 목표설정, 지난해의 활동자료와 평가자료 검토, 학생들의 의견수렴, 프로그램 작성과 역할분담, 수련회(성경학교) 조직구성, 준비일정 마련하기, 지도력 훈련, 홍보계획 수립과 홍보활

동, 기도회 계획과 운영 등을 들 수 있다.

3) 준비일정 마련하기

기획단이 구성되면 먼저 준비일정을 마련해야 한다. 그리고 지난해의 자료를 찾아 검토하고, 학생들의 의견을 수렴해야 한다. 준비 일정을 짜는 일은 효율적인 성경학교나 수련회를 만드는 기본 설계도가 된다. 준비 일정은 치밀하게 짜여져야 하며, 확실한 점검이 뒤따라야 함은 물론이다. 감(感)이나 경험에 의존한 준비는 실수를 초래하는 지름길이다. 준비일정표는 준비과정에 대해 일목요연하게 파악할 수 있도록 플로우 차트(flow chart)로 만드는 것이 바람직하다. 그리고 이를 토대로 장소, 일시, 기간 등을 정한다. 목표와 프로그램이 정해지고 난 후에 이에 맞는 장소나 기간을 정하는 것이 더 바람직하긴 하지만 여러 가지 운영여건을 고려할 때, 먼저 장소, 일시, 기간 등을 정하는 것이 효과적이다.

4) 목표설정하기

목표는 이번 성경학교나 수련회가 지향하고 나아가야 할 방향이다. 많은 교회들의 경우, 총회교육부에서 제시한 주제를 따르게 된다. 이 경우는 별도로 주제를 설정할 필요는 없고 다만 주어진 주제 하에서 우리 교회, 우리 부서에 맞는 구체적인 목표를 세우는 일만 하면 된다. 최근에는 개 교회가 임의로 목표를 설정하는 경우가 늘어나고 있다. 이 경우, 개 교회의 특수상황과 교회 내적인 요구와 필요를 충분히 반영할 수 있다. 목표를 설정하기 위해서는 교회차원의 교육목회적 방침, 교단에 제시한 교육주제, 해당 학생들의 요구와 필요 등을 종합적으로 검토하여야 한다. 주제나 목표가 공허한 구호로 끝나지 않기 위해서는 구체적이고 실현 가능한 목표가 되어야 한다. 그리고 이러한 목표가 성경학교나 수련회에 참여하는 모든 사람의 마음속에 기대감으로 자리잡아야 한다. 이를 위해서는 목표관리에 보다 세심한 노력과 투자가 이루어져야 할 것이다.

5) 프로그램 만들기

목표가 정해졌으면 이제 구체적인 프로그램을 만들어야 한다. 프로그램을 만드는 일은 기획단 활동의 꽃과도 같은 일이다. 잘 짜여진 프로그램은 잘 차려진

식탁과 같다. 그러므로 기획단은 충분한 시간을 갖고 깊이 기도하는 가운데 각종 자료들을 충분히 검토해 가야 한다. 과거의 자료들, 학생들의 의견, 장소적 여건, 주제의 성격, 재정적인 여건, 교육목회적인 의도 등이 충분히 고려되고 반영되어야 한다. 한두 사람에 의하여 임의로 짜여지거나, 과거의 시간표를 펼쳐 놓고 더하기 빼기식으로 짜거나, 여러 교회의 자료들을 펼쳐놓고 여기 저기서 모아 모자이크식으로 짜는 것은 바람직하지 못할 뿐 아니라 교육적이지도 못하다. 깊은 기도와 최선을 다하는 심사숙고를 거쳐야 한다. 최근에 와서 공식적이지만 형식에 매이지 않는 영(null) 교육과정 형태의 성경학교나 수련회에 관한 관심이 조금씩 생겨나고 있다. 비록 틀에 박힌 시간표를 갖지 않고 공식적이기는 하지만 비형식적인 프로그램을 구상한다고 할지라도 더욱 많은 기도와 치밀한 구성과 보이지 않는 준비가 필요하다는 것은 두말할 나위가 없다. 열린 교육을 하기 위해서는 더 많은 준비와 노력이 투입되어야 하는 것과 같다.

프로그램이 만들어지면 프로그램 준비현황에 관한 점검표(check list)를 만들어야 한다. 준비현황 점검표에는 각 단위 프로그램(unit program) 이름과 프로그램 내용, 담당자 및 책임자, 준비일정, 준비물 등이 자세하게 기록되어 있어야 한다. 그리고 수시로 준비현황을 점검하고 독려해야 한다.

6) 조직 편성하기

이제는 조직을 만들어야 한다. 먼저 할 일은 어떤 조직이 필요한지를 정하는 일이다. 꼭 필요한 조직을 만들어야지 사람을 대우하기 위한 조직은 의미가 없다. 조직에는 성경공부와 관련된 조직, 프로그램 운영과 관련된 조직, 전체 진행과 관련된 조직을 들 수 있다. 성경공부 조직으로는 반(또는 조)이 있고, 프로그램 운영조직으로는 부를 들 수 있고, 전체진행 조직으로는 집행부 또는 운영부를 들 수 있다. 프로그램 운영을 위한 부로는 경배와 찬양부, 양육부, 서무부, 홍보부, 재정부 등을 들 수 있다. 조직이 편성되었으면 그 다음은 사람을 적재적소에 배치하고, 각 사람에게 역할을 분명하게 규정해야 한다. 이때 책임과 권한의 한계를 명확히 하는 것이 필요하다. 그리고 각 사람들이 자신이 맡은 역할에 대해 정확하게 이해하고 준비할 수 있도록 설명하고 도와주어야 한다. 이를 위해서는 가급적 각 사람의 역할을 기록한 직무기술서(job description)를 작성하여 명확하게 하는 것이 바람직하다. 명확하지 않은 역할분담 그리고 당사자가 충분하게 이해하지 못한 역할은 혼란과 책임회피의 원인이 된다.

7) 지도력 훈련하기 - 교사모집과 훈련

성공적인 성경학교나 수련회를 위하여 유능한 지도자를 모집하고 훈련하는 것은 필수적인 일이다. 다양한 분야의 지도자가 필요하다. 성경공부, 찬양, 노래와 율동, 레크리에이션, 상담, 소그룹 활동, 보조교사 등 다양하다. 모집을 위해서는 우선 부서 자체의 가용교사를 파악한 다음, 교회차원의 충원작업이 필요하다. 교역자의 추천, 부서 교사의 추천이나 광고를 통한 공개모집 등의 방법을 사용할 수 있다. 특히 보조교사의 경우는 해당 부서와의 계속적인 관계유지를 통하여 연말 연초 교사 충원 시에 반영할 수 있다. 교사훈련은 일반적으로는 총회가 제시한 주제를 따를 경우, 해당 노회의 강습회에 참석하여 강습을 받은 지도자를 중심으로 전체교사에게 전달강습을 하게 된다. 무엇보다 지도자들이 금번 성경학교나 수련회의 목표를 분명히 이해하고, 프로그램을 파악할 수 있도록 해야 한다. 그리고 맡은 역할을 효과적으로 수행할 수 있도록 하는 교육이 충실하게 이루어져야 한다. 교사훈련은 필요한 교육적인 내용이해나 기술의 습득에 그치지 말고, 영적 재충전이 되도록 해야 한다. 또한 중·고등부 수련회의 경우에는 학생지도력을 훈련하는 일도 놓쳐서는 안 될 일이다. 대개는 교사교육에만 신경을 쓰는 경향이 있는데 이는 중요한 부분은 놓치고 있는 것이다. 임원이나 조장, 찬양사역 팀 등을 대상으로 하는 강습이나 교육이 꼭 필요하다.

8) 기도와 홍보하기

기도는 성경학교와 수련회의 사활이 걸린 문제이다. 기도가 살아 있으면 성공한다. 기도의 긴장을 늦추지 않는 것이 중요하다. 기도를 위해서는 구체적인 기도목록을 작성하는 것이 필요하다. 행사와 관련된 모든 일이 바로 기도의 제목이 된다. 기도목록을 만들어 교사와 학생들에게 나누어 주어 기도하게 할 뿐만 아니라 모일 때마다 기도목록을 내어놓고 기도해야 한다. 할 수만 있다면 연속기도를 계획하여 기도하는 것이 좋다.

기도와 함께 홍보 역시 중요한 일이다. 이 시대는 홍보의 시대라 할 만큼 매사에 홍보의 중요성이 강조되고 있다. 홍보를 맡은 팀에서는 치밀하고 구체적인 홍보계획을 세워야 한다. 사진이나, 비디오, 홍보지, 포스터, 주보광고, 가정통신문 등을 통하여 적극적인 홍보를 펼쳐야 한다. 중요한 것은 성경학교나 수련회에 대한 분위기를 조성하고 여론을 형성하는 일이다.

9) 운영(실행)하기

우선 기획 팀과 운영 팀의 관계를 분명히 할 필요가 있다. 기획 팀은 계획하고 준비만 하고 운영은 조직편성하기를 통하여 마련된 조직이 맡을 수도 있다. 하지만 바람직한 것은 기획 팀이 운영까지 맡아서 하도록 하는 것이다. 이를 위해서는 처음에 기획단을 구성할 때, 이 점을 충분히 고려하여 기획단을 구성해야 한다. 운영에 있어서 염두에 주어야 할 점은 일관성이 있으면서도 융통성 있는 시간운영, 안전관리, 돌발상황에 대한 대비 등이다. 그리고 매일 그날의 활동을 마치기 전에 반드시 중간점검과 기도의 시간을 갖도록 한다.

10) 평가와 마무리하기

진솔한 평가 없이 진정한 발전을 기대하기는 어렵다. 평가는 비판과 다르다. 기껏 받은 은혜를 가벼운 혀로 쏟아버리는 어리석음도 아니다. 무엇보다 평가는 받은 은혜를 감사함과 아울러 개선해야 할 점들을 진지하게 나누는 기회가 되어야 한다. 평가는 개선과 발전을 위한 기초이다. 따라서 계획에서 실행에 이르기까지 진솔한 평가가 필요하다. 아울러 교회적인 차원의 보고와 발표의 기회도 갖는 것이 좋다. 전시회나 발표회 등을 통하여 받은 바 은혜를 교회 온 가족들과 나누는 것은 유익한 일이다.

3 준비부터 평가까지의 일반적인 과정

지금까지 성경학교나 수련회를 위한 행정의 과정을 열 단계로 나누어 살펴보았다. 그럼 준비부터 평가까지의 전과정을 좀더 자세하게 나열해 보자. "교회차원의 협의-부서별 기획단 구성-〈기간, 일시, 장소 선정〉-주제와 목표설정-프로그램 만들기-조직편성하기-〈강사섭외〉-교사의 선발과 강습 및 전달교육-맡은 역할에 따른 실제준비활동-중보기도하기-홍보활동-가정통신문 보내기-교재와 핸드북 제작-각종 준비현황 및 준비물 점검-참가자 확인과 독려-학생조 편성하기-선발대 보내기-전야제-성경학교(또는 수련회)-평가 및 보고회나 발표회" 소개된 내용들 중 〈 〉로 표시된 부분은 경우에 따라 조정되어야 하는 부분이다.

4. 나오는 말

성공적인 성경학교와 수련회를 위한 행정에 관하여 살펴보았다. 행정은 봉사요 섬기는 활동이다. 성경학교나 수련회가 잘 되도록 보이지 않게 지원하고 섬기는 것이 행정이다. 지시하고 명령하는 것이 아니다. 이러한 행정의 기본정신이 살아 있어야 유익한 행정이 된다. 그렇지 못할 때 행정은 오히려 무익하거나 더 나아가 해로운 골칫거리가 될 수 있음을 명심해야 한다.

제 20 장

교회교육 환경 관리론

1 들어가는 말

그동안 한국교회의 교육은 열심 하나만으로 달려왔다. 그러다가 약 30년 전부터 이런 저런 교육이론이 소개되고 개발되기 시작하면서 그동안 새로운 교재를 개발하는데 힘을 쏟아왔다. 그래서 교사-학생-교재를 중심으로 교회교육을 이끌어 왔다고 해도 과언이 아닐 것이다. 보다 양질의 교육환경을 갖춘다거나 하는 데까지 마음을 쓸 겨를이 없었다. 하지만 이제는 교회교육도 교육환경에 신경을 써야 할 때다. 환경이 교육에 미치는 영향이 지대함을 익히 알고 있다. 아무리 잘 준비된 교사가 있고, 성실한 학생이 있고, 훌륭한 교재를 갖고 있다고 하더라도 그것만으로 교육의 결과가 이루어지는 것은 아니다. 어떤 교육환경을 갖고 있느냐, 어떤 교육환경에서 교육이 이루어지느냐 하는 것에 따라서 교육의 결과는 달라질 수밖에 없다. 다행히 우리는 교육환경에 관심을 가질 만큼 성장했다. 교회들마다 앞다투어 교육용 기자재를 구입하고, 교육시설의 확충을 위해 노심초사하고 있다. 어떤 교회들은 자라는 세대들에게 양질의 교육환경을 제공하기 위해 많은 예산도 아까워하지 않고 내어놓는다. 그만큼 교회교육에 대한 인식과 주변여건이 변화되고 있다.

2 교육환경이란?

교육환경은 그 환경이 교육에 어떤 영향을 미치느냐에 따라서 크게 세 가지로 나누어진다. 첫째는 교육적인 환경을 들 수 있다. 이는 교육에 긍정적이고 바람직한 영향을 미치는 교육적인 환경을 일컫는다. 둘째는 비교육적인 환경이다. 이는 교육에 부정적인 영향을 미치는 비교육적인 환경을 가리킨다. 소위 유해환경이라고 하는 것들이 이에 속한다. 세 번째로는 중립적인 환경을 들 수 있다.

이는 교육에 긍정적이지도 않고 부정적이지도 않는 중립적인 환경을 가리킨다.

대개 교육환경이라고 할 때는 교육에 긍정적인 영향을 미치는 교육적인 환경을 가리킨다. 정원식은 교육환경을 '개인에게 교육적으로 긍정적인 영향을 미치는 외적 조건 및 자극의 개적(個的) 또는 총합적인 구조와 작용'[124]이라고 정의하고 있다. 교회교육에 있어서의 교육환경이란 '학생의 신앙형성에 영향을 미치는 교육적인 제반 조건들'이라고 할 수 있을 것이다. 이렇게 본다면 교회의 분위기, 시설, 장식, 교사 등 다양한 내용들이 교육환경을 구성하는 요소들이 된다.

3. 교육환경의 요소

일반적으로 교육환경은 지위환경, 구조환경, 과정환경으로 나누기도 하고 이를 둘로 나누어 물리적인 환경과 심리적인 환경으로 나누기도 한다. 물리적 환경이란 시설, 방의 크기, 의자의 모양, 방의 밝기, 환기상태, 방음상태, 온도 등을 가리킨다. 심리적 환경이란 분위기와 풍토, 교사의 리더십의 형태, 학생의 심리적 상태 등을 가리킨다.

교회의 교육환경을 구성하고 있는 것으로 어떤 것들을 들 수 있을까? 광범위하게 생각해 본다면 교회교육 환경은 사회환경 그리고 가정환경과도 밀접하게 연결되어 있다. 교회교육은 사회적인 상황 그리고 가정적인 환경에 큰 영향을 받고 있는 것이 사실이다. 하지만 본 글에서는 교회 내적인 교육환경을 중심으로 다루고자 한다. 이렇게 볼 때 교회의 교육환경을 이루고 있는 것으로는 다음의 몇 가지를 들 수 있다.

1) 교회공동체의 신앙경험의 내용

교회교육에서 '교회'는 가장 기본적인 '교육환경'이다. 교회는 신앙형성의

---

124. 정원식, 「교육환경론」(서울 : 교육출판사, 1990), p. 89.

요람과도 같기 때문이다. 유대인의 신앙교육에서는 '가정'이 신앙교육의 요람이 된다. 하지만 한국교회의 상황에서는 교회가 신앙형성의 요람 역할을 하고 있는 것이 부인할 수 없는 상황이다. 그 교회의 담임목사가 어떤 신앙의 경험을 갖고 있느냐, 교회공동체가 어떤 신앙의 전통 위에 서 있으며 어떤 신앙의 경험을 갖고 있느냐 하는 것 등은 그 공동체 안에서 자라고 양육 받고 있는 사람(학생)의 신앙 형성에 결정적인 영향을 미치게 된다. 아울러 교회공동체가 어떤 분위기를 갖고 있느냐 하는 점도 중요하다. 분규가 끊이지 않는 분위기의 교회공동체에서 자란 사람과 성숙한 신앙의 분위기가 흘러 넘치는 교회공동체에서 자란 사람은 그 신앙의 내용에 있어서 많은 차이를 보일 수밖에 없을 것이다. 은사주의적인 신앙경험을 내용으로 갖고 있는 교회공동체에서 자란 사람, 율법주의적인 신앙경험과 분위기를 갖고 있는 교회에서 자란 사람, 사회복음주의적인 신앙내용과 분위기를 갖고 있는 교회에서 자란 사람은 다를 수밖에 없다. 그리고 그들은 각각 자기가 자라고 양육 받은 교회공동체의 신앙경험과 분위기의 영향을 받을 수밖에 없다. 이처럼 교회공동체의 신앙경험의 내용과 분위기는 교회교육의 중요한 교육환경으로 작용하게 된다. 교회는 가장 기본적이고 기초적인 '교육환경'이 된다.

2) 교회와 부서의 분위기

예배의 분위기나 분반 활동 및 기타 교육활동의 분위기는 그 교회공동체가 갖고 있는 신앙경험이나 분위기와 밀접하게 연결되어 있다. 교회에서 자라는 학생들은 자신이 속해 있는 부서의 예배 분위기나 교육 분위기에 큰 영향을 받게 된다. 이런 점에서 예배 분위기나 부서의 교육 분위기는 교육환경에 있어서 중요한 심리적 환경으로 작용하게 된다. 따라서 예배의 분위기가 은사집회의 분위기인가 아니면 차분한 강해설교의 분위기인가, 분반활동의 분위기가 일방적인 강의식 분위기인가 아니면 대화적인 분위기인가, 부서의 분위기가 권위적인가 아니면 민주적인가 또는 방관적인가 참여적인가 하는 이러한 분위기는 그 공동체에 속한 학생의 신앙형성의 중요한 환경적인 변수로 작용하게 된다.

3) 시설과 장식

예배실이나 기타 활동 장소의 모양이나 조명, 소음, 온도, 환기, 음향, 의자의 배열모양, 강대상의 위치나 높이 등도 중요한 환경요인이 된다. 뿐만 아니라 실내 벽의 색상, 실내장식 등도 교육에 영향을 미치는 물리적인 환경으로 작용하게 된다. 원형의 탁자를 사용하느냐 사각형의 탁자를 사용하느냐 하는 사소한 것 같은 문제조차도 교육에 영향을 미치는 환경요인이 된다.

4) 교육 기자재 구비 및 사용 정도

사회는 멀티미디어 시대를 향해 달려가고 있다. 매체 시대의 도래는 단순한 매체종류나 매체 수의 산술적인 증가만이 아니다. 새로운 매체의 등장은 새로운 사고방식이나 새로운 생활양식과 직결된다. 교회도 새롭게 등장하는 뉴 미디어들에 대하여 보다 적극적으로 대응해야 할 때이다. 우리가 어떤 기자재(매체)를 구비하여 사용하느냐 하는 것은 교육에 있어서 중요한 물리적인 환경으로 작용한다. 동일한 내용을 설명하더라도 환등기를 사용하느냐, 비디오를 사용하느냐에 따라서 교육적인 효과가 달라질 수밖에 없다. 그것은 매체가 교육환경으로 작용을 하였기 때문이다. 종교개혁이 성공할 수 있었던 사회문화적인 요인 가운데는 종교개혁가들이 그 당시 등장하기 시작한 문자인쇄 매체를 효과적으로 사용하였기 때문이라는 것은 잘 알려진 사실이다. 앞으로 교회교육이 새롭게 등장하는 매체들을 어떻게 받아들이고 이를 교육적으로 어떻게 잘 활용해 내느냐에 따라서 교회교육의 미래가 달라질 수 있다.

5) 교사의 지도행태

교사는 학생에게 주어지는 환경적인 요인 중에서 가장 중요한 요인이 될 수 있다.[125] 교사에 의하여 학습지도의 방법이 결정될 뿐 아니라 반의 분위기 등이 좌우되기 때문이다. 교사가 어떤 세계관을 갖고 있느냐, 어떤 리더십의 형태를 갖고 있느냐, 교사가 어떤 언어를 사용하느냐, 어떤 신앙적 자질을 갖고 있느냐, 어떤 삶의 양식을 갖고 있느냐 하는 것 등은 학생들에게 직접적인 영향을 미치

---

125. 정원식 외, 「현대교육심리학」(서울 : 교육출판사, 1998), p. 166.

는 교육환경들이다. 교사가 성차별적인 언어를 사용하게 될 경우, 학생들은 그런 영향을 받으며 자라게 된다. 교사가 인종차별적인 언어를 구사할 경우, 학생들은 은연중에 인종차별적인 사고방식을 갖게 된다. 이는 교사를 통하여 학생들에게 주어지는 교육환경의 단적인 예라 할 것이다.

4 교회학교 교육환경의 개선방향

1) 예배환경의 개선

예배환경을 생각할 때 무엇보다 먼저 생각해야 할 점은 어떻게 하면 바람직한 예배환경을 조성할 수 있을 것인가 하는 점이다. 앞으로 예배환경이 보다 영적이면서도, 참여적이고, 역동적이고, 신축성 있는 방향으로 개선되고 개발되는 것이 필요하다. 형식적이고, 권위적이고, 너무 정적이고, 틀에 박힌 듯한 예배환경은 달라져야 한다. 이런 방향으로 예배환경을 개선하기 위하여 관심을 가져야 할 부분은 한 둘이 아니다.

우선 생각해 볼 수 있는 것은 예배실과 관련된 문제들이다. 예배실의 위치, 크기, 구조, 의자의 종류, 의자의 배열, 성가대 좌석의 위치 등은 그 자체로도 의미하는 바가 크다. 그리고 경건하고 안정된 예배환경을 조성하기 위해서는 조명이나 실내온도, 습도, 환기상태, 음향, 소음 등이 충분히 고려되어야 한다. 의자의 배열에 따라 예배실의 분위기가 사뭇 달라질 수 있다. 또한 조명의 상태만 하더라도 예배 분위기에 보이지 않는 영향을 미치기 마련이다. 우리 교회 예배실의 예배환경은 어떠한지 돌아보고 경건하게 하나님께 집중하여 예배드릴 수 있는 환경을 가꾸는 것이 필요하다. 또한 여기 저기 크고 작은 자료나 물건들이 어지럽게 흩어져 있다면 깔끔하게 정리하는 것도 예배환경 개선의 중요한 부분이 된다.

다음으로 예배환경의 개선과 관련하여 생각해야 할 것은 예배 프로그램 부분이다. 여러 가지 다양한 예배 프로그램을 활용하는 것이 꼭 바람직한 것은 아니다. 여기 저기서 좋다는 예배 프로그램들을 가져다가 무분별하게 펼쳐놓는 것은 오히려 위험한 일이다. 다만 예배 프로그램이 예배환경의 중요한 요소가 된다는 점을 고려하여 신중하게 프로그램을 개발하고 활용하는 지혜가 필요하다. 어떤 매체를 어떻게 사용할 것인가, 어떤 악기를 사용하느냐, 학생들이 예배 순서에 참여하느냐 하지 않느냐, 헌금을 어떤 방식으로 하느냐, 학생 사회자가 강대상 위로 올라가느냐 올라가지 않느냐 하는 등 이런 문제들이 예배 프로그램과 관련하여 검토되어야 할 점들이다. 우리 학생들에게 어떤 예배환경을 제공하고 어떤 예배의 경험을 갖도록 할 것인가 하는 것을 생각하면서 예배환경을 개선해 가는 노력이 절실하다.

2) 교육공간과 시설의 개선

교육공간과 시설 환경의 개선을 위해서는 성전건축의 계획단계부터 교육적인 배려가 충분히 반영되도록 하는 것이 바람직하다. "미국 교회들은 모든 시설이 예배보다는 교육을 강조해서 구성되어 있다."[126] 반면 우리 교회들의 건물은 대부분이 예배 중심의 건물 구조를 갖고 있다. 이것 자체가 잘못된 것은 아니지만 그러다 보니 교육적인 배려나 고려가 너무 부족해지는 문제를 갖게 된다.

근본적인 해결책은 교육관을 마련하여 체계적인 교육시설과 공간을 확보하는 방법이다. 하지만 건축을 통한 교육공간의 확보와 시설환경의 개선에는 막대한 예산과 정성이 투자되어야 한다. 그러므로 이미 있는 공간을 보다 효율적으로 사용하는 지혜가 필요하다.

이를 위한 몇 가지 제안을 소개하고자 한다.

첫째, 교육공간의 효율적인 사용을 위한 조사 연구를 통하여 재배치를 생각할 수 있다. 필요하다면 두 개의 작은 공간을 합치거나 아니면 큰 공간을 둘로 나눌 수도 있다.

둘째, 분리대의 사용을 생각할 수 있다. 이 경우 방음에 신경을 써야 한다.

셋째, 합반이 아닌 공동수업 방식을 활용할 수 있다.

넷째, 교회 근처에 주일만 대여해서 사용할 수 있는 공간을 알아볼 수도 있

---

126. 이연길, 「이야기식 성경공부방법」(서울 : 한국장로교출판사, 1995), p. 133.

다. 예를 들어 교회 근처의 유치원을 대여해서 주일 교육공간으로 활용할 수 있다.

다섯째, 교회 근처의 집을 구입하여 교육공간으로 사용하는 방법을 생각할 수 있다. 이는 새로운 교육관 건축이 어려울 경우에 사용할 수 있는 방법이다. 이미 지어진 건물이기 때문에 건축비의 부담을 줄이면서 내부를 잘 개조하면 효과적으로 사용할 수 있다.

3) 교육 기자재의 구비와 활용

한국교회는 아직은 다양한 교육매체(기자재)의 활용에 익숙하지 않다. 새로운 매체에 대한 태도도 다양하다. 과거 텔레비전이 등장했을 때, '바보상자'라고 비판하면서 부정적인 반응을 보였던 적이 있다. 그러나 이제 텔레비전은 교육방송, 위성과외가 등장할 정도로 교육의 중심에 들어와 있다. 매체의 교육적인 기능은 아무리 강조해도 지나치지 않을 것이다. 새로운 매체의 사용이 미래 교회교육을 해결하는 만능키는 아니다. 하지만 우리가 교회교육의 미래를 염려한다면 새로운 교육 기자재에 관하여 적극적인 관심을 가져야 한다.

칠판, 화극, 융판에서부터 비디오, 환등기, OHP, 컴퓨터와 관련된 통신, CD롬, 컴퓨터 프리젠테이션 등에 이르기까지 다양한 교육매체들의 개발과 활용이 시급하다. 그리고 다양한 매체에 활용할 수 있는 여러 가지 소프트웨어의 개발에도 박차를 가해야 한다. 아무리 좋은 하드웨어를 갖고 있다 하더라도 활용할 수 있는 소프트웨어가 없다면 무용지물일 수밖에 없다. 다양한 내용의 화극자료, 융판자료, 비디오 자료, 슬라이드, OHP 필름, 컴퓨터 프로그램, CD롬 타이틀의 개발이 이루어져야 한다. 내용 면에 있어서도 예배와 설교를 위한 소프트웨어, 성경공부를 위한 자료, 영성 훈련을 위한 자료, 가정교육을 위한 자료, 특별활동을 위한 자료 등 다양한 주제 영역의 소프트웨어들이 개발되어야 한다.

개 교회의 입장에서 생각할 수 있는 교육 기자재 환경의 개선을 위한 방법을 소개하고자 한다.

첫째, 매체 사용의 필요성과 중요성에 관한 교사교육을 실시한다.

둘째, 이미 개발된 매체들과 다양한 소프트웨어들을 구입한다.

셋째, 교사들을 대상으로 여러 종류의 매체들을 사용하는 방법에 대한 교육을 실시한다.

넷째, 교회에 적합하고 필요한 소프트웨어들을 개발한다(매체개발 팀의 활용).

다섯째, 교육자료실을 설치하여 매체와 자료들을 관리하고 운영한다.

여섯째, 장기적으로 시청각 매체실을 마련한다.

이러한 교육 기자재 환경의 개선을 위해서는 이에 관심이 있는 교사나 전문적인 지식을 갖고 있는 평신도들을 발굴하여 '교육매체 팀'을 만들어 연구개발하고, 관리 운영하도록 하는 것이 더욱 효과적인 방법이 될 수 있다.

4) 예배실 및 교육부서실의 장식과 환경 꾸미기

어느 교회든지 교육부서의 예배실을 가면 정성 드려 만들어 놓은 환경 꾸미기 또는 장식을 볼 수 있다. 이는 가장 가까이에서 느낄 수 있는 교육환경이다. 일반적으로 환경 꾸미기를 할 때는 교육적인 가치와 기능적인 가치를 고려해야 한다. 여기서는 기독교교육적인 측면에서 환경 꾸미기를 할 때 고려해야 할 사항들을 간략하게 살펴보고자 한다.

첫째, 복음적이어야 한다. 환경 구성에 사용되는 그림이나 자료들은 담고 있는 내용이 복음적이어야 한다. 간혹 성경적인 가르침과는 전혀 무관하거나 다른 내용의 자료들을 사용하여 환경 꾸미기를 해놓은 교회들을 볼 수 있다. 그 그림의 내용이 성경적인 가치관에 부합되는 것인지, 기독교적인 세계관을 반영하고 있는지를 살펴보아야 한다.

둘째, 교육적이어야 한다. 한 장의 그림을 붙이더라도 그것이 어떤 교육적인 의미가 있고 효과가 있는지를 생각해야 한다. 기독교교육적인 면에서 볼 때, 교육부서실의 벽에 붙어 있는 그림 한 장은 그냥 그림으로 머무는 것이 아니라 하나님을 느끼고 만나는 매개가 되어야 한다.

셋째, 발달 단계적이어야 한다. 사람은 발달 단계에 따라 관심 있는 그림이나 모양이나 색상이 다르다. 음악을 들려준다고 하더라도 누구에게 제공되는지 그 대상의 발달단계를 충분히 고려해야 한다. 성인을 위한 방에 붙일 수 있는 그림이 다르고, 청소년들을 위한 방에 붙일 수 있는 그림이 다르다. 유치부 어린이들의 방의 장식과 아동부 어린이들의 방의 장식이 같을 수 없다.

넷째, 미적이어야 한다. 장식은 아름다워야 한다. 보았을 때 눈을 끌고 마음을 끌 수 있어야 한다. 그러기 위해서는 아름다워야 한다. 화분 하나를 놓더라도 어디에 놓는 것이 더 어울리는지를 생각하는 지혜가 필요하다. 같은 복음적인 내용이라 하더라도 이왕이면 더 아름답고, 더 매력적으로 표현되도록 힘써야 한다.

환경꾸미기와 관련하여 상징의 사용을 권하고 싶다. 루이스 세릴은 상징의 필요성에 대하여 다음과 같이 밝히고 있다. "사람들 사이에서 인간의 곤경에 대하여, 계시에 대하여 또는 인간의 하나님과의 만남에 대해서 의사 소통을 함에는 상징이 필요하다.…… 상징은 인간이 어느 곳에서나 서로 의사 소통을 할 수 있게 하는 수단이다."[127]

기독교에는 수많은 상징들이 있다. 이러한 상징들은 기독교가 가진 소중한 유산들이다. 상징의 사용이 자칫 우상숭배로 빠질 수 있다는 위험 때문에 종교개혁가들에 의하여 금지되기도 했었다. 종교개혁가들의 염려처럼 상징이 우상이 되는 것은 피해야 한다. 상징의 우상화를 경계하면서 복음의 표현이나 신앙고백의 표현 등으로 사용될 수 있다. 우리는 상징을 통하여 하나님과 만나고 대화하는 통로를 발견할 수 있다. 상징 그 자체가 계시가 될 수는 없다. 하지만 상징을 통하여 하나님의 계시로 나아갈 수 있다. 상징은 많은 말을 품고 있다. 많은 영적 체험들을 품고 있다. 상징의 사용은 기독교교육을 더 풍성하게 해주는 계기가 될 수 있다.

5 교육환경을 위한 실제적인 제안

1) 지역공동체를 생각하는 교육환경을 만들어 주자

---

127. 루이스 세릴, 「만남의 기독교교육」(서울 : 대한기독교출판사, 1995), p. 157.

교회는 지역의 하위체계이다. 따라서 교회는 지역사회로부터 보이지 않게 영향을 받게 된다. 특히 주일학교는 더욱 그렇다. 교회교육환경은 지역문화환경과 결코 무관하지 않다. 그러기에 주일학교 학생들이 많은 시간을 접하는 지역문화환경이 어떠한지에 대한 관심은 지극히 당연한 물음이다. 더 나아가 교회(주일학교)가 지역문화환경을 선도할 수 있어야 한다. 주도적으로 이끌어 가지는 못한다 하더라도 지역문화 형성에 일정한 영향을 미칠 수 있어야 한다. 미래사회에서는 지역 안에 있으면서도 지역과 동떨어진 교회의 모습으로는 교회가 선교적 사명을 수행해 갈 수 없을 것이다. 21세기 교회교육환경에서는 지역공동체가 교회교육 환경으로 작용하고 있다는 사실을 충분히 고려해야 할 것이다.

2) 지역의 학교공동체를 생각하는 교육환경을 만들어 주자

학생들은 학교에서 거의 절대적인 시간을 보내고 있다. 청소년들의 경우는 더욱 그렇다. 학교의 문화가 교회에 그대로 영향을 미치는 것이 우리의 현실이다. 학교환경은 교회교육에 직간접적으로 영향을 미치게 된다. 시험 때가 되면 당장 주일학교 학생들의 출석률이 뚝 떨어진다. 입시철이 되면 교회도 온통 입시 분위기가 된다. 학교에서 유행하는 놀이는 교회에서도 유행한다. 중·고등학교의 경우, 제6차 교육과정부터 실시된 봉사생활에 대한 강조는 교회교육에도 크고 작은 영향을 미쳤다. 제7차 교육과정에 따르면 보충수업과 자율학습이 전면 폐지된다. 학교교육에서의 이러한 변화는 교회교육에도 많은 변화를 가져올 것으로 예상된다. 학교공동체는 교회교육에 영향을 미치는 중요한 요소임에 틀림이 없다. 우리는 이 점을 깊이 인식해야 할 것이다.

3) 가정과 함께하는 교육환경을 만들어 주자

가정은 더없이 중요한 교육환경이다. 유대교에서는 가정이 자녀들의 신앙교육의 중심에 자리잡고 있다. 유대교에서는 우리와 같은 형태의 주일학교를 운영하지 않는다. 그러면서도 부모세대의 신앙을 자녀들에게 가장 효과적으로 전수하고 있다. 저들에게는 가정이 있기 때문이다. 가정에서 이루어지는 다양한 절기행사에는 자녀들에게 신앙을 전수하려는 교육적인 의도가 곳곳에 스며 있다. 아버지와 어머니는 각자의 위치에서 최선의 노력을 아끼지 않는다. 가정과 함께 부모는 자녀들의 신앙교육에 주도적인 영향을 미치는 교육적인 환경이다. 부모의 참여가 자녀들의 신앙교육에 중요한 이유를 두 가지로 지적할 수 있다. "부모의 지원과 참여가 없다면 어린이에게 사역하는 것이 불가능하지는 않더라도 어려울 수 있다. 성경적인 관점뿐 아니라 실질적인 관점에서 보아도 부모의 참여는 중요하다."[128] 성경은 우리에게 자녀들의 신앙교육에 부모들이 책임 있는 위치에서 교육해야 할 책임이 있음을 분명히 하고 있다. "오늘날 내가 네게 명하는 이 말씀을 너는 마음에 새기고 네 자녀에게 부지런히 가르치며 집에 앉았을 때에든지 길에 행할 때에든지 누웠을 때에든지 일어날 때에든지 이 말씀을 강론할 것이며"(신 6 : 6-7, 잠 22 : 6) 바울은 에베소의 성도들에게 편지하면서 "또 아비들아 너희 자녀를 노엽게 하지 말고 오직 주의 교양과 훈계로 양육하라"(엡 6 : 4)고 당부하고 있다. 실제로 부모들은 자녀들에게 있어서 제1차적인 동일시의 모델이다. 그러므로 자녀들은 부모들이 하는 것을 봄으로 배운다.

새로운 세기에는 가정의 가치나 가정의 역할이 더욱 강조될 것이다. 이제 교회교육에서도 가정과 부모는 교육의 방관자의 자리에서 일어나 주도적인 교육에 뛰어들어야 한다. 교회적인 차원에서는 가정과 부모가 교회교육에서 결코 간과할 수 없는 교육환경임을 분명히 인식해야 한다. 최근 한국교회 안에 부모교육에 대한 관심이 점점 늘어나고 있는 것은 다행한 일이다. 이것이 단지 새로운 프로그램의 차원이 아니라 자녀들에게 보다 양질의 신앙교육 환경을 만들어 주는 적극적이고 지속적인 노력이 되어야 할 것이다. 교회는 학생들에게 가정-부모와 함께하는 교육환경을 제공하기 위하여 최선의 노력을 경주해야 할 것이다.

4) 온 교회 자체가 좋은 교육환경이 되어 주어야 한다

교회 역시 신앙교육의 요람이다. 사실 한국교회에서는 신앙교육이 교회에 전적으로 의존해 있는 형편이다. 그만큼 교회의 역할이 강조되어 왔다. 교회는 계시의 통로이며, 초월적 만남의 장이며, 신앙의 사회화의 장이며, 문화화의 장이요, 구속의 공동체이다. 한마디로 교회는 신앙공동체이다. 학생들은 교회에서

---

128. 졸린 로엘키파르테인 편, 「아이들이 몰려오는 주일학교 만들기」(서울 : 디모데, 1999), pp. 57-58.

신앙을 경험하며 신앙적인 삶을 체험한다. 교회가 뭐라고 가르치지 않아도 학생들은 교회에 다니고 교회에 있다는 것만으로도 영향을 받는다. 교회가 곧 교육환경이기 때문이다. 교회가 갖고 있는 신앙적인 분위기와 정신, 교회가 강조하는 신앙생활의 덕목은 곧바로 교육환경으로 작용한다. 이는 더할 나위 없는 잠재적 교육과정이 된다.

    70, 80년대 한국교회는 훌륭한 교육환경이 되어 왔다. 비록 잦은 교회의 분열이나 분규 같은 좋지 못한 모습을 보이긴 했지만 대체적으로 한국교회는 훌륭한 교육환경이 되어 왔다는 데에는 별 이견이 없을 것이다. 필자 역시 체계적인 교육보다는 교회의 분위기 속에서 신앙을 키워 왔다. 유년주일학교를 졸업한 후, 중·고등부를 거치면서 공과공부라고는 모르고 자랐다. 중·고등부 예배가 분리된 것도 유년주일학교를 졸업하고 몇 년 뒤부터였다. 중·고등부에서도 예배와 성가대 연습으로 이어지는 교육활동이 주된 교육과정이었다. 분반공부는 없었다. 하지만 교회 자체가 우리에게는 훌륭한 선생님이었고 교과서였다. 어른들이 기도하는 것을 보고 기도를 배웠고, 어른들이 은혜받기 위해 열심을 내는 것을 보고 따라하면서 믿음이 자랐다. 간세대 교육(intergenerational education)이 따로 없었다. 굳이 간세대 교육을 강조할 필요가 없었다. 교회 자체가 간세대적이었기 때문이다. 지금 교회는 어떤가? 교회와 주일학교가 너무 확연히 분리되어 있다는 인상을 지울 수가 없다. 교회 – 어른, 주일학교 – 어린이와 학생이라는 기본 구조를 갖고 있다. 어른들은 아이들을 대할 기회가 없고, 아이들은 어른들의 모습을 볼 기회가 없다. 예배도 활동도 모두 분리되어 있다. 일부러 간세대 프로그램을 만들어야 겨우 함께 만날 수 있는 형편이다. 이제 우리는 교회가 영향력 있는 교육환경이라는 사실을 새롭게 깨달아야 한다. 그래서 컴퓨터나 빔 프로젝트를 사주기 전에 교회 전체가 교육환경이 되어 주어야 한다.

5) 기능적인 시설환경을 꾸며 주자

    우리 교회들의 건물은 대부분 예배 중심의 구조를 갖고 있다. 모든 건축 역량을 예배실 하나를 꾸미는데 총 동원하는 인상이다. 사실 건축비의 대부분이 예배실을 만드는 데 집중되고 있는 것이 사실이다. 예배실을 잘 꾸미려고 하는 것이 잘못된 것은 아닐 것이다. 하지만 그러다 보니 교육적인 배려가 너무 위축되는 것이 문제이다. 미국의 교회들은 대부분 모든 시설이 예배보다는 교육을 강조해서 구성되어 있다. 교회는 다양한 기능을 갖고 있다. 예배 뿐만 아니라 교육, 선교, 봉사, 친교 등 여러 가지 기능을 갖고 있다. 그만큼 교회 건물은 다양한 기능을 소화할 수 있도록 기능적으로 설계되어야 한다. 주일학교의 활동 역시 다양한 요소들을 포함하고 있다. 그동안 우리는 예배와 분반공부라는 지극히 단순화된 교육구조를 갖고 있었다. 미래교회에는 다원적인 교육활동이 일어날 것이다. 예배, 분반활동, 다채로운 특별활동 그리고 미래사회에는 다양한 주간 문화활동들이나 주말활동들이 예상된다. 따라서 이제 우리도 예배, 소그룹활동, 문화활동, 체육활동 등을 소화해 낼 수 있는 기능적인 시설환경을 갖추는데 관심을 기울여야 한다. 얼마 전, 몇몇 교회들이 교회를 건축하면서 청소년들을 위하여 소극장이나 체육시설을 넣거나 북 카페나 인터넷 카페와 같은 문화공간을 만들어 주어 화제가 된 것은 좋은 예라 할 수 있다.

공간을 확보하는 것만큼 주어진 공간을 기능적인 공간으로 꾸미는 것도 중요하다. 멀티미디어 기능을 갖춘 예배실과 세미나실, 소그룹 또는 중그룹으로 나누어져 사용할 수 있는 크고 작은 공간들, 이동이 간편한 책상과 의자, 다양한 모양을 만들어 가며 사용할 수 있는 책상, 밝고 환한 조명, 깨끗한 공기를 유지할 수 있는 환기시설 등이 필요하다. 멀티미디어의 사용은 이제 피할 수 없는 흐름이다. 멀티미디어가 만능은 아니다. 교회교육의 미래를 결정하는 전부는 더욱 아니다. 필자는 오히려 한국교회가 멀티미디어가 마치 교회교육을 해결해 주는 해결사라도 되는 것처럼 여기고 있는 것은 아닌가 하는 우려를 하는 사람이다. 하지만 멀티미디어의 활용은 빠르면 빠를수록 좋다. 미래세대는 매체세대이다. 이미 자라는 오디오 세대에서 비디오 세대로 넘어 선지 오래이다. 이제는 비디오 정도로는 만족하지 못한다. 직접 참여하기를 원한다. 자기를 표현하고 나타내는 것에 익숙해 있기 때문이다. 이러한 변화는 정말 교회가 따라가기에는 숨이 가쁜 지경이다. 기능적 시설환경을 갖추는 것은 우리 앞에 주어진 외면할 수 없는 주요 과제이다.

이러한 이야기들이 많은 교회들에게 아직 요원한 이야기가 될 수 있다. 한국교회 대부분의 교회가 출석교인 300명을 넘지 못하는 교회라는 점을 감안 할 때, 이런 제안은 자칫 몇몇 소수의 대 교회들만을 위한 말 잔치로 비추어질 수도 있을 것이다. 하지만 작은 규모의 교회라 하더라도 예배실 중심의 건물 구조에서 기능적이고 실용적인 건물활용으로의 인식의 전환은 필요하다. 교회 구석구석을 돌아보면 교육을 위해 과감하게 내어주셨으면 하는 공간들이 꽤 많이 있다. 그것이 교회의 미래를 위한 보람 있는 투자라는 것은 설명이 필요 없을 것이다. 우리에게는 그런 작은 용기가 필요하다.

6) 다양한 교육자료를 갖추어 주자

공과책 하나로 공과공부를 하는 시대는 지났다. 과거에는 성경책 하나만으로도 충분했다. 아니 성경책조차 갖지 못했던 시절에는 성경책을 갖는 것이 소원이었다. 필자가 주일학교에서 자랄 때에는 환등기에 비췬 움직이지도 않는 정지 화면을 보고도 탄성을 질렀다. 그것이 칼라 화면 일 때는 더 말할 나위가 없다. 지금은 어떤가? 비디오에 컴퓨터 프리젠테이션까지 등장했다. 거기다 디지털 카메라로 찍은 그림이 곧 바로 빔 프로젝트에 올려지고 있다. 이처럼 매체가 다양해지는 만큼 자료도 다양해지고 있다. 화극에서 슬라이드로, 슬라이드에서 OHP 자료로, 또 다시 VTR 자료로 그리고 이제는 CD롬 자료로 발전되고 있다.

장신대 기독교교육연구원에 있는 '교육자료실'에는 다양한 교육자료들이 전시되고 대여되고 있다. 한 달에 대여 건수가 800건이 넘는 실정이다. 찾는 자료도 그림자료에서 모형자료와 인형에 이르기까지 다양한 자료들을 찾고 있다. 연구원을 섬기면서 갖는 생각은 교회들이 자체적으로 필요한 교육자료를 구비하여 교육자료실을 갖도록 할 수 없을까하는 생각이다. 쉬운 일은 아니겠지만 교회들이 조금만 관심을 갖고 투자한다면 불가능한 일도 아니라고 여겨진다. 교회가 교육자료실을 갖추어 교역자나 교사들이 필요한 자료를 자유롭게 사용할 수 있는 시스템을 갖춘다면 우리 교육의 현장은 엄청난 변화를 가져올 것이다. 사실 교회만큼 풍부한 인적 자원과 물적 자원을 갖고 있는 단체도 찾아보기 쉽지 않은 것이 사실이다. 마음만 가지면 할 수 있다고 생각된다.

6. 교회교육 환경론 정립의 필요성

최근 커뮤니케이션 이론(communication theory)의 발달은 환경의 중요성을 깨우치는 계기가 되었다. 커뮤니케이션의 기본과정을 도식으로 나타내면 다음과 같다.

```
┌─────────────────────────────────────────────────────┐
│                    환        경                      │
│                    잡   음                           │
│   발신자  -  발신 메시지  -  매체  -  수신자  -  수신 메시지  │
│      └─────────────── 피드백 ──────────┘            │
└─────────────────────────────────────────────────────┘
```

커뮤니케이션의 과정을 살펴보면 발신자와 수신자 사이에 메시지를 주고받는 과정에서 매체와 잡음이 메시지의 내용에까지 의미 있는 영향을 미치는 것을 알 수 있다. 교육의 과정에서 발신자는 교사요, 수신자는 학생이다. 그리고 교육 내용(교재)은 메시지를 전달하고자 하는 메시지이다. 교사는 매체를 이용하여 학생들에게 메시지를 전달한다. 이 과정에서 잡음이 작용한다. 여기서 매체와 잡음은 중요한 환경적 요인이 된다. 뿐만 아니라 교사의 태도, 교사와 학생의 관계, 학생의 심리적인 상태 등이 심리적이고 무형적인 환경 요인으로 작용하게 된다. 교사가 아무리 내용을 정확하게 전달하려고 하더라도 환경적인 요인에 의하여 그 내용이 변형되거나 축소되거나 확대되어 전달될 수 있다.

또한 최근에 와서 교육과정에 대한 이론이 발달해 오면서 잠재적 교육과정(hidden curriculum)에 대한 관심이 높아 가고 있는 것도 결과적으로는 교육환경에 대한 관심을 부추기는 계기가 되고 있다. 표면적이고 공식적인 교육과정에 못지 않게 잠재적이고 비공식적인 교육과정이 학생들에게 크고 작은 영향을 미치고 있다는 점이 밝혀지게 된 것이다. 특히 잠재적 교육과정은 '의도하지 않은 학습경험'을 가져오는 주된 요인이 되기도 한다. 여기서 말하는 잠재적 교육과정에는 환경적 요인이 대거 포함되게 된다. 또한 최근 크게 부각되고 있는 열린교육이나 대안학교 교육에서는 무엇보다도 교육환경의 중요성이 강조되고 있다. 이를 통해 교육에 대한 경향이 갈수록 교육환경을 중요시해 가는 추세임을 알 수 있다.

성경지식 저장에 치우친 학교식(schooling system)에 대한 비판이 제기되면서 이에 대한 대안으로 신앙공동체 교육론이 등장하게 되었다. 신앙공동체 이론에 따르면, 신앙이란 주어진 교재(공과책)를 잘 배우는 것을 통하여 형성된다기보다는 신앙공동체 안에서 겪게 되는 다양한 경험을 통하여 형성되고 발달한다. 따라서 교회는 공부하는 곳이 아니라 신앙공동체의 삶을 경험하고 나누는 곳이다. 신앙공동체 교육론에서는 교회는 '계시의 통로'(제임스 스마트), '초월적인 만남의 장'(루이스 쉐릴), '신앙의 사회화의 장'(C. 넬슨), '신앙의 문화화의 장'(존 웨스트호프), '구속의 공동체'(랜돌프 밀러) 등으로 설명된다. 여기서 교회공동체는 신앙경험의 환경으로 이해할 수 있다. 자연히 환경적 요인이 신앙교육의 중요한 요인으로 부각되게 된다.

기독교교육학에서도 교육환경론에 대한 연구가 본격적으로 이루어져야 한다. 교육환경에 대한 보다 구조적이고 종합적인 접근과 이해가 필요하다.

7 나오는 말

"19세기 교실에서 20세기의 교사가 21세기의 학생을 가르친다." 이 말은 일반학교의 낙후된 교육환경을 빗댄 말이다. 교회의 교육환경은 어떤가? 지금까지는 환경에 신경을 쓸 겨를이 없었다고 하자. 이제는 교육환경을 생각해야 할 때다. 아직은 늦지 않았다. 지금부터라도 우리의 자녀들이 우리가 자랄 때보다는 더 좋은 교육환경에서 더 나은 교회교육을 받도록 해야 한다. 환경은 교육에 있어서 있어도 되고 없어도 되는 정도의 것이 아니다. 사람은 환경의 지배를 받는다는 말이 있을 만큼 환경에 따라 많은 영향을 받게 된다. 우리는 환경의 제약을 넘어서까지 역사하시는 하나님을 믿는다. 하지만 우리의 무관심으로 환경을 갖추지 않고 그 책임을 하나님께 떠넘기는 것은 온당하지 못하다. 우리가 최선을 다해 좋은 환경을 만들어 주려고 노력함에도 불구하고 힘이 미치지 못할 때, 하나님은 우리의 부족함을 넘치도록 채워 주실 것이다.

어떤 목사님의 말씀이 기억난다. "건물이 하는 말이 있어야 한다"는 말이다. 60년대 교육환경이나 70년대 교육환경이나 80년대 교육환경이나 21세기를 눈

앞에 두고 있는 지금의 교육환경이나 크게 달라진 것이 없는 것이 교회교육의 현실이다. 많은 교회의 교육시설 면에서는 많은 개선이 이루어진 것이 사실이다. 하지만 절대다수의 교회가 성인예배 뿐 아니라 교육부서의 예배와 성경학습, 특별활동이 한 건물, 한 공간에서 이루어지고 있는 실정이다. 교회교육 환경의 낙후성을 여실히 드러내 주는 모습이라 하겠다. 시설뿐 아니라 공간활용이나 교육기자재 등 물리적인 교육환경이 안고 있는 문제는 심각한 지경이다. 이제 교육환경에 관심을 가질 때이다. 교육환경을 개선을 위하여 연구하고 투자해야 할 때이다. 양질의 교회교육 환경을 만들기 위하여 나서야 할 때이다. 교회의 교육환경 개선을 위한 항목은 예산 편성의 우선순위에 두고 반영해야 한다.

제 21 장

교회교육 컨설팅

1 컨설팅의 시대

"오늘의 시대는 컨설팅(consulting)의 시대이다. 성장하는 기업이나 단체일수록 급변하는 미래환경에 대처하기 위해 혹은 현재의 난관을 극복하기 위해 컨설팅을 받고 있다. 그러나 컨설팅이란 용어가 아직 일반인에게는 생소한 편이다. 특히 교회 컨설팅(church consulting) 혹은 교회진단(church diagnosis)이란 단어는 생소할 뿐만 아니라 오해를 불러일으킬 여지도 없지 않다."[129]

컨설팅은 이제 알게 모르게 우리 생활 깊숙이 들어와 있다. 특히 경제 위기를 맞으면서 국제적인 경영과 금융 컨설팅 회사들의 이름이 빈번하게 알려지고 구조조정이니, M&A니, 아웃소싱이니 하는 전문적인 경영개념들이 소개되면서 진단과 컨설팅에 대한 관심이 날로 증폭되고 있다. 거기다가 새 천년을 눈앞에 두고 있는 시점에서 미래를 어떻게 준비해야 할 것인지에 대한 관심이 사회전체에 걸쳐 보편적인 관심으로 대두되고 있다. 현대사회에서 우리가 부딪히는 문제는 복합적이고 가변적인 양상을 특징으로 하고 있다. 따라서 과거 농경 시대의 생활처럼 단순하고 정적이지가 않다. 무척이나 동적이면서 상호 복합적이다. 뿐만 아니라 현대사회는 강력한 경쟁력을 요구하는 시대이다. 가속적인 변화에 대처해 나가면서 경쟁력을 갖기 위해서는 안이한 자세로는 불가능하다. 변화를 요구한다. 그러면서도 중심을 잃지 않는 의연함도 갖추어야 한다. 이러한 사회분위기는 문제를 규명하고 대안을 찾아내는 컨설팅을 요청하게 된다.

교회도 예외가 아니다. 각 교단들이 많은 예산을 들여 가면서 전문 컨설팅 회사에 컨설팅을 의뢰해 가면서 구조조정을 서두르고 있다. 선교단체들도 보다 효율적인 운영을 위해 진단과 컨설팅에 관심을 갖고 있다. 개 교회들도 마찬가지이다. 이에 대해 명성훈 박사는 이렇게 지적하고 있다.

---

129. 명성훈, 「당신의 교회를 진단하라」(서울 : 교회성장연구소, 1996), p. 15.

"교회에 컨설팅이 필요하다는 개념은 한국에서는 극히 최근의 일이지만 미국과 같이 컨설팅이 생활화되고 있는 나라에서는 교단이나 교회 혹은 선교단체가 정기적으로 컨설팅을 받고 있다. 미국에는 교회만 약 40만 개에 이르고 더 많은 기독교단체 혹은 선교단체가 있는데 이들을 도와주는 전문 컨설턴트만 수백 명에 이른다. 물론 기업들을 도와주는 컨설턴트는 50만 명 이상이나 된다. 4만 개의 교회를 가지고 있는 한국교계에서도 보다 전문적인 자문을 구하여 교회를 건전하게 성장시키는 추세가 전망되고 있다."[130]

최근 NCD 이론이 한국교회에 소개되면서 목회 컨설팅에 대한 관심이 높아지고 있다. 자연적 교회성장(NCD : Natural Church Development) 이론은 독일의 크리스티안 슈바르츠가 개발한 교회성장이론이며 교회 컨설팅이론이다.[131] 그는 6대주, 32개국의 1,000여 개의 교회를 대상으로 그가 개발한 독특한 설문지를 사용하여 교회성장을 진단하고 컨설팅하는 기법을 개발하였다. 교회의 질적 특성을 크게 8가지로 구분하고 각 특성에 대항되는 문항을 10개씩 설정하여 모두 80문항으로 된 설문지를 만들었다. 이를 통해 최대치 요소와 최소치 요소를 찾아내어 교회가 더욱 건강한 교회가 되도록 컨설팅해 가는 방법을 취하고 있다. 이러한 NCD이론이 한국교회에 소개되면서 교회 컨설팅에 대한 관심이 폭넓게 확산되고 있다.

2 컨설팅과 관련된 용어 정리

1) 측정(measurement)

측정은 학생들의 각종 특성들 즉, 학력, 적성, 지능, 태도, 흥미 등의 정도를 수량화하는 과정이다. 측정에서는 학생의 특성을 객관적으로 수량화하는데 역점을 둔다. 측정은 검사를 포함하는 개념이다.[132]

---

130. 앞의 책, p. 20.
131. 크리스티안 슈바르츠,「자연적 교회성장」, 서울 : 도서출판 NCD, 1999.

2) 조사(research)

"조사란 어떤 결정을 내리기 위해서 필요한 정보수집과 같은 것"[133]

3) 진단(diagnosis)

"진단이란 교회의 목회에 관하여 결정을 내리기 위하여 필요한 정보를 찾고 사용하는 과정이다."[134]

4) 평가(evaluating)

평가는 수집된 정보나 자료를 이용하여 가치판단을 하거나 의사결정을 하는 과정이다. 따라서 평가는 측정도구를 사용하여 수집한 정보나 자료에 기초해서 이루어진다. 이러한 평가는 정보나 자료를 해석하거나 가치판단을 하는 것이 평가의 핵심이 된다.[135]

5) 교육평가

타일러는 "평가의 과정이란 본질적으로 교육과정 및 수업의 프로그램에 의하여 교육목표가 실지로 어느 정도나 실현되었는지를 밝히는 과정"[136] 이라고 하였다.

김대현과 김석우는 교육평가를 '학습자의 행동변화 및 학습과정에 관한 제반 정보를 수집하고 이용함으로써 교육적 의사결정을 내리는 데 도움을 주거나 더 나아가 의사결정을 내리는 과정'[137]으로 설명하고 있다. 그리고 이 같은 의사결정의 제 과정은 교육적인 가치를 판단하는 일이라고 보고 있다. 아이스너는 교육평가의 기능으로 다섯 가지를 들고 있다. ① 진단(to diagnose) ② 교육과정

---

132. 이형행, 「교육학개론」(서울 : 양서원, 1999), p. 321.
133. 엥겔, 박영규 역, 「목회환경조사론」(서울 : 대한기독교출판사, 1983), p. 11.
134. 미국 감리교 교육부, 오인탁 역, 「기독교교육 연구원 교육 총서 : 교육목회지침서」(서울 : 장로회신학대학 출판부, 1980), p. 108.
135. 이형행, 「교육학개론」 p. 321.
136. 고영철·유광찬, 「교육과정과 평가」(서울 : 삼선, 1995), p. 176에서 재인용.
137. 김대현·김석우, 「교육과정 및 교육평가」(서울 : 학지사, 1998), pp. 229-230.

의 수정(to revise curricula) ③ 비교(to compare) ④ 교육적인 필요에 대한 예측 (to anticipate educational needs) ⑤ 목표가 달성되었는지의 평가(to determine of objectives have been achieved)

6) 컨설팅/경영 컨설팅

일반 컨설팅의 정의를 살펴본 후에, 교회 컨설팅 그리고 교회교육 컨설팅의 정의에 대해 알아보자. 국제노동기구(ILO)에서는 컨설팅을 '조직의 목적을 달성하는데 있어서 경영, 업무상의 문제점을 해결하고, 새로운 기회를 발견, 포착하고, 학습을 촉진하며, 변화를 실현하는 관리자와 조직을 지원하는 독립적인 전문 서비스'[138] 라고 정의하고 있다. 한편 김갑진은 경영 컨설팅을 '어느 집단이 가지고 있는 경영상의 문제점, 특히 경영관리기술에 대하여 실증적으로 집단의 경영환경을 조사하고 분석하여 그 집단이 견실하게 발전하도록 촉진하는데 필요한 충고와 대안을 제시하는 경영개선의 기법"[139]으로 정의하고 있다.

7) 교회 컨설팅

교회성장학적인 관점에서 체계적인 교회 컨설팅을 소개한 명성훈 박사는 교회 컨설팅을 다음과 같이 정의하고 있다.

"건강한 몸도 있지만 병든 몸도 있듯이 교회도 건강한 교회가 있고 병든 교회가 있다. 건강한 교회는 더욱 건강하게 하고 병든 교회는 그 질병을 철저히 진단하여 치료하는 행위를 '교회 컨설팅' 혹은 '교회 진단학'이라고 한다.…… 교회가 건강하다면 건강의 표적이 있고, 병이 들었다면 질병의 표적이 있다. 이러한 표적을 연구 조사하여 그리스도의 몸을 주님의 뜻대로 성장시키고 성숙시키는 노력을 '교회병리학'(church pathology)이라고 한다."[140]

---

138. 조민호 · 설증웅, 「컨설팅 프로세스」(서울 : 새로운 제안, 2000), p. 15에서 재인용.
139. 김종업, 「신경영 컨설팅」(서울 : 갑진출판사, 1995), p. 19.
140. 명성훈, 앞의 책, pp. 15-16.

3 교회교육 컨설팅(consulting)의 정의

컨설팅과 관련이 있는 용어들에 대한 이러한 정의들을 살펴보면서 교회교육의 체질의 개선과 개혁을 위한 교육 컨설팅(또는 교육진단)에 관한 정의를 생각해 볼 수 있을 것이다. 교회교육 컨설팅이란 건강하고 역동적인 교회교육을 이루기 위하여 교회교육에 관련된 제반사항을 조사하고 분석하여 교회교육의 질병을 치유하고 체질을 개선하고 구조를 개혁하기 위한 일련의 대안을 모색하는 과정이라고 할 수 있다. 우리는 이러한 활동을 통하여 우리 교회학교가 어떤 문제를 안고 있는지, 어떤 질병에 걸려 있는지, 어떤 구조적인 결함을 갖고 있는지를 알아 볼 수 있다. 교육 컨설팅에 대한 이러한 정의는 아직 정리되지 않은 용어이다. 아직은 실험적이다. 또한 교육 컨설팅이라는 용어 자체도 교육평가, 교육진단 등 아직은 잠정적이다. 본 서에서도 교육 컨설팅과 교육진단이라는 용어를 병행해서 사용하고자 한다.

4 교회교육 컨설팅의 목표

"나는 21세기 교회의 핵심 이슈는 교회의 성장이 아닌 교회의 건강이라고 믿는다. 성장에만 초점을 맞추는 것은 문제의 핵심을 놓치는 것이다. 교인들이 건강하다면 그들은 하나님이 의도하신 대로 자라난다. 건강한 교회는 성장하기 위해 잔재주를 부릴 필요가 없다. 그것은 자연스럽게 성장한다."[141]

우리의 관심은 건강한 교육구조에 있다. 교육진단은 교회가 '건강한' 교육체

---

141. 릭 워렌, 김현회 · 박경범 역, 「새들백교회 이야기」(서울 : 디모데, 1996), pp. 25 – 26.

제(구조)를 갖도록 돕는 활동이다. 여기서 '건강한' 이란, '성장하는' 이라는 의미보다는 다른 두 가지 의미를 내포하고 있다. 하나는 '목표가 살아 있는', '목표가 분명한' 이라는 의미와 관계된다. 다른 하나는 '역동적인' 이라는 의미와 연결된다. 교육의 목표는 변화를 통한 내적 성숙에 있다. 교회교육은 신앙형성의 과정이라 할 수 있다. 이러한 신앙형성의 과정은 바로 변화의 과정이다. 변화되고 있느냐 그렇지 못하냐, 변화되고 있다면 바람직한 변화인가 그렇지 못한가 하는 문제에 대한 진단은 교육평가의 영역이다. 교육진단(컨설팅)은 교회교육의 구조(체제)가 변화를 일으키기에 충분할 정도로 건강한 역동성을 지니고 있느냐를 묻는 것이다. 역동적이고 생동적인 교육은 변화를 이루어낼 수 있지만 무기력하고 타성에 젖어 있는 교육은 변화를 이루어낼 수 없다. 그러기에 우리의 교회교육이 교육구조에 대한 건강진단을 통하여 보다 건강하고 역동적인 교육구조를 갖게 되기를 소망하는 것이다. 교육행정의 관점에 있어서도 "교육평가는 어떠한 사실을 증명하기보다는 체제를 개선하는 것이 궁극적 목적이다."[142] 즉, 교육적인 체질을 개선하여 보다 효과적이고 활력 있는 교육체제 또는 교육구조를 만들어 가려는 것이다.

우리가 교회교육에 관한 진단에 관심을 갖는 것은 건강한 교회학교, 역동적인 교회학교를 만들기 위해서이다. 지금의 우리 교회학교들이 무척 지쳐 있고, 무기력증세를 보이고 있기 때문에 진단이 시급한 실정이다. 새 천년에도 지난 세기와 같이 활기찬 교회교육을 위해 우리에게는 진단이 필요하다. 우리의 교회학교가 건강한 교회학교가 된다면 자연스럽게 성장할 것이다. 뿐만 아니라 우리의 자녀들이 역동적인 교회학교를 통하여 필요한 영적 도전과 자극을 충분하게 받으며 자라게 될 것이다.

5. 교회교육 컨설팅의 절차

---

142. 김윤태, 앞의 책, p. 366.

컨설팅의 절차는 일정한 공식이 있는 것이 아니다. "컨설팅 수행절차를 마치 수학공식처럼 어느 한 가지 모델로 정형화하기는 어렵다. 왜냐하면 컨설팅을 수행하는 조직의 특성이나 의뢰인의 성격, 주변 상황 등이 모두 다른 만큼 컨설팅 수행절차 역시 그에 맞게 적용되어야 하기 때문이다."[143] 여기에 참고가 될 만한 여러 가지 모델들을 소개한다.

1) 르윈 · 샤인 모델(1961)
'해빙 – 이동 – 재동결'

2) 콜프 · 프록만 모델(1970)
조사 – 착수 – 진단 – 계획 – 행동 – 평가 – 종료

3) 한국능률협회 컨설팅 모델(1997)
프로젝트팀 구축 및 작업계획→현상분석→가설설정 및 검증→해결방안 강구 및 구조화→실행계획→실행

4) 국제노동기구(ILO)의 밀란(Milan) 모델(1996)
착수 – 진단 – 실행계획 수립 – 구현 – 종료
① 착수
　의뢰인과의 첫 대면, 예비 문제진단, 컨설팅 수행계획 수립, 의뢰인에게 컨설팅 수행계획 제안, 컨설팅 계약 체결
② 진단
　목적분석, 문제분석, 사실발견, 사실분석과 종합, 의뢰인에게 피드백
③ 실행계획 수립
　해결대안 개발, 대안의 평가, 의뢰인에게 해결대안 제시, 실행계획 수립
④ 구현

---

143. 조민호 · 설증웅, 「컨설팅 프로세스」(서울 : 새로운 제안, 2000), p. 45.

실행지원, 해결대안의 조성, 교육훈련 실시
⑤ 종료
평가실시, 최종보고서 작성, 경영층 승인 획득, 후속작업 계획, 철수

그럼 교회교육 컨설팅은 어떤 과정을 거치게 되는 걸까? 개 교회에서 손쉽게 사용할 수 있는 컨설팅의 일반적인 절차는 다음과 같다. ① 진단 문제를 설정하고 ② 진단영역을 정하고 ③ 조사방법을 선택하고 ④ 조사방법에 따른 조사지나 질문지를 만들고(조사도구) ⑤ 조사를 실시하고 분석한 후 ⑥ 대안을 모색하고 ⑦ 보고서를 작성하는 것이다.

6 교회교육 컨설팅의 영역

교회교육 컨설팅에서 사용할 수 있는 진단의 영역들은 우선 크게 외부진단과 내부진단으로 나누어 다음과 같이 정리해 볼 수 있다.

1) 외부진단
교회는 지역의 하위체계이다. 지역과 무관한 교회는 없다. 심지어 도심 한 가운데 있는 교회라 하더라도 마찬가지이다. 더욱이 미래사회는 교회가 지역과 더욱 밀접한 관계를 맺어가지 않고는 성장할 수 없게 될 것이다. 지금까지 우리는 외부환경에 대해 소홀히 여기는 경향이 있었다. 이제는 달라져야 한다. 소위 동네에서 인심을 잃은 교회는 희망이 없다는 것이다. 따라서 교회학교(주일학교)가 성장하고 활성적으로 변하기 위해서는 지역사회에 대한 정확한 이해가 필요하다. 교회를 둘러싸고 있는 외부환경에 대한 진단에 고려해야 할 사항으로는 다음과 같은 것들을 들 수 있다.
☞ 주변지역의 특성, 주변지역의 인구분포, 교회 주변 학생들의 성향, 지역의 종교현황 및 종교인구 분포현황, 우리 교회(학교)에 대한 지역주민의 이미지, 지역주민의 욕구, 지역의 놀이 문화 현황

2) 내부진단

내부진단은 교회학교를 둘러싸고 있는 교회와 교회학교에 대한 진단이다. 내부진단에 해당되는 진단의 영역은 크게 8개의 영역으로 나눌 수 있다. 즉, 내부환경진단, 예배진단, 분반활동(소그룹활동)진단, 양육구조진단, 교육환경진단, 사역자 지도력진단, 프로그램 진단, 행정진단이다. 그럼 각 진단영역에 관하여 살펴보고자 한다.

① 내부환경진단

교회는 복잡한 구성요소들이 있다. 각각의 요소들은 교회학교 운영에 있어서 고려해야 하는 중요한 요소들이다. 교회교육의 구성요소들을 파악하고 점검하는 것은 진단을 위하여 필수적인 작업이다. 교회교육은 학교교육과는 다르다. 비록 교회교육이 교회학교 또는 주일학교라는 식으로 학교식 교육을 차용하고 있기는 하지만 이러한 학교식 교육으로는 신앙교육을 담아낼 수 없다는 것이 기독교교육 학자들의 공통된 지적이다. 교회교육이 학교식 교육과 구별되는 중요한 점들 중에 하나로 공동체성을 들 수 있다. 교회는 유아유치부 어린아이들로부터 노년에 이르기까지 모든 연령층의 사람들을 포함하고 있다. 또한 교회교육은 지식전달 교육이 아니다. 교회교육은 신앙전수가 목적이다. 우리가 경험적으로 알고 있듯이 신앙이란 그가 속해 있는 신앙공동체의 분위기에 많은 영향을 받게 된다. 그만큼 교회의 환경이 중요하게 작용하게 된다. 또한 교회교육에서 담임목회자와 당회의 영향력은 결정적이라고 해도 과언이 아니다. 그러기에 담임목회자와 당회의 의지는 내부환경 요인으로 꼭 고려되어야 할 중요한 요인이 된다. 이러한 점들을 감안할 때 내부진단을 위하여 꼭 살펴보아야 할 내부환경 요소들로는 다음과 같은 것을 들 수 있다.

☞ 교회의 신앙적인 분위기와 영적 기상도, 교인의 지역분포, 교인들의 성향, 신앙교육에 대한 교회(교인)의 관심도, 교인가정의 자녀 현황, 출석하는 학생들의 성향과 욕구, 담임목회자와 당회의 교육에 대한 열정, 질병에 대한 종합진단 등이 이에 해당된다.

② 예배진단

예배의 회복이 교회교육의 회복의 결정적인 관건이 된다는 점은 그동안 몇몇 교회교육을 살펴보면서 얻은 교훈이다. 예배가 살아나면 교육이 살아난다. 예배가 무기력증에 빠져 있으면 교육도 무기력해진다. 예배가 감동적이면 그만큼 역동적인 신앙교육이 가능해진다. 그러기에 예배의 회복 없이 교회교육의 회복을 기대하기는 어려운 일이다. 교회교육의 부흥을 기대한다면 먼저 침체되어 있는 예배분위기를 살려야 한다. 예배회복이 차지하는 비중은 고학년이나 높은 연령으로 갈수록 그 비중도 높아진다. 특히 중·고등부 이상에서는 예배회복이 결정적인 역할을 한다고 해도 과언이 아니다.

예배진단에는 설교진단이 포함되어야 한다. 한국교회에서는 설교에 대한 평가가 엄격히 통제되고 금기시 되어 왔다. 최근 들어 커뮤니케이션 이론의 발달로 인하여 설교에 대한 적극적인 논의가 이루어지고 있는 것은 실로 다행이다. 예배에서 설교가 차지하는 비중을 보더라도 설교에 대한 진단 없는 예배진단은 의미를 갖기 어려운 일이라 할 수 있다. 예배의 회복을 위해서는 설교에 대한 반응에 대한 진단이 꼭 이루어져야 한다. 설교에 대해 맞다 틀리다 할 수는 없을 것이다. 하지만 설교에 대한 청중들의 반응에 대하여는 적극적이고 개방적으로 진단되어야 한다. 예배회복을 위해서 고려해야 할 점이 있다. 첫째, 복음중심의 예배가 되어야 한다는 점이다. 윤리적인 면이나 율법적인 면이 강조된 예배는 사람의 마음을 위축시킨다. 둘째, 축제적인 예배가 되어야 한다. 예배는 영혼의 축제이다. 은혜 받은 자와 은혜를 사모하는 자의 영적 잔치가 예배이다. 축제성을 살리기 위해서는 템포와 리듬이 중요하다. 예배를 기획하면서 템포를 고려해야 한다. 자라는 세대들은 템포와 리듬의 세대이다. 셋째, 다감각적인 예배가 되어야 한다. 사람은 감각적인 존재이다. 하나님은 사람들에게 외부의 세계와 관계를 맺고 사물을 인식하도록 5가지의 감각을 주셨다. 보고(시각) 듣고(청각) 냄새를 맡고(후각) 맛을 보고(미각) 만져 보는(촉각) 것이 그것이다. 그동안 우리는 주로 청각중심의 예배를 드려왔다. 이제 오감을 활용하여 하나님께 나아가고 하나님의 은혜를 경험하는 예배가 되어야 한다. 이런 점들을 고려하여 예배진단에서 다루어져야 할 사항들을 살펴보면 다음과 같다.

☞ 예배의 복음성, 예배의 축제성, 예배의 다감각성, 예배의 준비도, 예배 참여도, 예배 집중도, 예배의 영향력, 설교의 전달도, 설교의 영향력, 예배시간에 대한 만족도, 예배환경, 예배 프로그램

③ 분반활동(소그룹활동)진단

거의 모든 교회학교는 반을 만들어 운영하고 있다. 교회학교가 반을 만든 이유는 무엇일까? 학생관리를 효과적으로 하기 위해서일까? 전도를 효과적으로 하기 위해서일까? 성경공부의 효과를 높이기 위해서일까? 학생들 상호간에 교제가 잘 되도록 하기 위해서일까? 반은 관리조직도, 학습그룹도, 전도특공대도, 친교그룹도 아니다. 반은 역동적인 소그룹의 경험이 일어나도록 하기 위하여 만든 것이다. 그럼에도 불구하고 대부분의 반은 성경공부만을 위한 학습조직으로 이해되고 있다. 아니면 학생들을 잘 관리하기 위한 조직 정도로 생각한다. 분반활동은 소그룹 활동이다. 소그룹은 나눔과 돌봄이 이루어지는 총체적인 양육 그룹이다. 그 안에서는 예배의 경험과 성경공부의 경험 뿐만 아니라 영적 돌봄과 인격적인 사귐 그리고 활성적인 외적 사역이 다양하게 이루어지고 경험되어야 한다. 지금 대부분의 교회학교에서는 반이 활성적인 소그룹의 역할을 다하지 못하고 있다. 관리조직과 학습조직의 기능조차도 제대로 수행하지 못하고 있는 실정이다. 특히 성경공부와 관련해서는 교재의 적합성, 분반성경공부 환경에 대한 점검 등이 필요하다. 또한 분반활동과 관련하여 점검해 보아야 할 점으로는 반의 크기는 어떻게 할 것인가, 반의 구성은 학년별로 할 것인가 아니면 학년을 혼합하여 통합반으로 할 것인가 하는 문제가 있다. 소그룹 분반활동과 관련한 진단내용으로는 다음과 같은 것을 들 수 있다.

☞ 분반활동의 내용, 반의 크기, 반의 구성형태, 교재의 적합성, 분반활동 환경(장소, 시간……)

④ 양육구조진단

교회학교에는 여러 부서와 조직이 있다. 이러한 부서와 조직들은 모두가 학생들을 잘 양육하기 위해 필요한 부서와 조직들이다. 그렇다면 유아·유치부로부터 청년대학부를 거쳐 노년부에 이르기까지 일관되고 연계성 있는 양육 시스템을 갖추는 것이 필요하다. 우선 교회들마다 부서간의 연계성이 확보되지 않아 양육에 많은 어려움과 손실을 보고 있다. 대개 아동부에서 중등부로, 중등부에서 고등부로, 고등부에서 청년대학부로 이동할 때마다 약 30% 정도의 인원이 떨어져 나가고 있는 형편이다. 이러한 문제는 부서간의 연계성 확보와 연결 프로그램의 개발 등으로 상당부분 해소될 수 있다. 일관된 양육구조의 결여는 학생들의 신앙을 체계 있게 양육하는 데 어려움을 초래하게 된다. 양육구조진단에서 다루어야 할 내용으로는 다음과 같은 것이 있다.
☞ 양육구조의 일관성과 연계성, 부서간의 유기적인 협력정도, 부서 이기주의
  정도

⑤ 교육환경진단

　교회교육에 있어서 교육공간과 시설 그리고 교육기자재의 구비는 활성적인 교육을 위해 충분조건은 아닐지라도 어느 정도는 갖추어져야 할 필요조건에 해당된다. 교육환경은 예배, 분반활동, 프로그램 운영 등에 직·간접적으로 영향을 미치게 된다. 필자가 조사한 바에 의하면, 지면 관계로 구체적인 통계를 밝힐 수는 없으나 대부분의 교회가 낙후되어 있는 것으로 나타나고 있다(교육교회, 1998년 1월호 참조). 가장 많이 갖고 있는 매체로는 OHP인 것으로 나타났다(약 75%의 교회). 하지만 교회에 1대의 OHP를 갖고 있는 교회가 전체의 68.4%인 것으로 나타나 각 부서별로 효과적으로 사용하기에는 부족한 형편이다. 또한 비디오, 컴퓨터, 환등기, 빔 프로젝트 등의 기자재를 갖고 있다 하더라도 활용도 역시 낮은 수준을 벗어나지 못하고 있다. 효과적으로 활용하고 있는 교회가 31% 정도인 것으로 나타났다. 이러한 교육환경과 관련된 진단내용으로는 다음과 같은 것이 있다.

☞ 교육공간 용적율, 시설의 효율적 사용여부, 시설 활용도, 교육 기자재의 구
  비정도, 기자재의 활용율

⑥ 사역자 지도력진단

　지도자는 교육의 결과를 좌우하는 결정적인 요인이다. 그러기에 교육진단에 있어서 사역자의 지도력 진단은 그 중요성을 아무리 강조해도 지나치지 않다. 여기서 사역자 지도력을 크게 교역자의 지도력과 교사의 지도력으로 나누어 볼 수 있다. 교역자의 지도력이 교육에 미치는 영향은 실로 크다. 그리고 교사의 지도력 또한 교육지도력의 중요한 요소이다. 지도력진단에 있어 살펴보아야 할 영역으로는 영성, 전문성, 인격성을 들 수 있다. 여기서 영성과 관련된 사항으로는 신앙의 기본기에 대한 점검, 내면세계와 경건 생활 점검, 헌신도 점검, 은사개발 등이 포함된다. 전문성과 관련된 사항으로는 기독교교육의 본질과 사명에 대한 이해, 기본적인 신학과 성경, 교재에 대한 이해(이상은 내용상의 전문성)와 교육방법들, 학생이해 등에 대한 전문성(이상은 방법상의 전문성) 등이 이에 포함된다. 인

격성으로는 성실성, 정직성, 희생정신 등을 들 수 있다.

그동안 한국교회는 교사교육에 있어서 주로 전문성 교육에 치중해 왔다. 신학이론, 교육이론, 심리학, 학생이해, 교수학습법, 프로그램, 관계훈련, 레크레이션, 노래율동 등 이들은 모두 전문성을 살리는데 유용한 내용들이다. 필자의 경험으로는 이제 교사의 영성회복에 더 많은 비중을 두는 교사 지도력 개발이 되어야 할 것으로 여겨진다. 교회들을 다니면서 느끼는 것은 교사들이 많이 지쳐 있다는 점이다. 너무 힘들어 하고 있는 모습이 역력하다. 교사교육은 이들이 새로운 힘을 갖도록 하고, 영적으로 재무장하도록 하는 데 힘을 쏟아야 한다. 또 한 가지는 전문성에 관련된 내용이다. 많은 교사들이 일반교육과 기독교교육의 본질적인 차이에 대하여 많은 혼란을 겪고 있다. 교회가 학교식 교육을 차용하여 온 결과 얻게 된 부작용이라 할 수 있다. 그런데 그 정도를 넘어서고 있다는 데 문제가 있다. 지식전달 그리고 이해 중심의 일반교육과 신앙전수 그리고 의미 경험 중심의 교회교육은 다를 수밖에 없다. 기독교교육의 이러한 본질적인 특성을 이해하지 못하는 데에서 교회교육이 무력해지는 원인을 찾을 수 있다. 이러한 점들을 고려하여 사역자 지도력 진단에서 다룰 내용으로는 다음과 같은 것을 들 수 있다.

☞ 영적 지도력, 전문성 구비정도, 인격성의 정도, 교사교육 커리큘럼, 교사교육 만족도

⑦ 프로그램 진단

프로그램 진단에서는 예배 프로그램과 성경공부 프로그램을 포함한 모든 프로그램을 대상으로 한다. 교회교육 현장에서는 예배와 성경공부 외에 다양한 프로그램들이 운영되고 있다. 대개 이들은 특별활동 프로그램이라는 범주에 들어간다. 여기에는 기도, 선교와 전도, 봉사, 경건훈련, 친교, 부서간의 졸업과 입학을 이어 주는 프로그램 등 여러 가지 프로그램들이 포함된다. 이러한 프로그램 진단에서 고려되어야 할 사항은 프로그램의 적절성, 효과성 등이다. 그리고 아무리 훌륭한 프로그램이라 하더라도 참여를 끌어내지 못한다면 효과를 거둘 수 없다. 따라서 프로그램은 홍보가 중요하다. 최근 교회학교에서 행해지는 프로그램들은 이벤트화하는 경향이 있다. 지나친 이벤트화는 경계해야 하겠으나 어느 정도의 이벤트화는 필요하다고 여겨진다.

프로그램 부분에서 특히 강조되어야 하는 것은 절기 프로그램이다. 유대인은 자녀들의 신앙교육을 위하여 절기를 아주 잘 그리고 적극적으로 활용하고 있다. 교회는 신앙교육에 활용할 수 있는 다양한 절기들이 있다. 교회력의 절기를 중심으로 교회의 기념절기, 국가절기, 개인의 생애주기에 따른 절기 등 모두가 신앙교육을 위하여 요긴한 절기들이다. 이러한 절기를 놓치지 않고 잘 활용하는 것만으로도 신앙교육에 상당한 효과를 거둘 수 있다. 장신대 기독교교육연구원에서 조사한 바에 따르면 한국교회의 교육현장에는 다양한 절기교육이 아직은 제대로 정착되지 못하고 있는 것으로 드러나고 있다. 현재 많이 이루어지고 있는 절기 교육으로는 성탄절(91.8%), 대강(대림)절(35%), 부활절(89%), 사순절(51.1%) 교회창립기념주일(32.1%) 등으로 나타났다. 절기교육을 위하여 행해지고 있는 활동으로는 특별예배(65%)가 가장 많고 그 다음으로는 기타행사(48.2%), 절기성경공부(18.2%), 특강 및 세미나(9.5%) 정도로 나타났다. 아직은 절기활동이 단조롭게 이루어지고 있음을 알 수 있다(교육교회, 97년 12월호 참조). 절기교육 프로그램은 주기적이고 체계 있는 교육 프로그램의 개발을 위하여 더욱 개발되어야 할 분야라 하겠다. 프로그램 진단에서 다루어야 할 내용들을 정리해 보면 다음과 같다.

☞ 프로그램의 적절성, 효과성, 절기 프로그램의 활용도, 절기 프로그램의 다양성, 프로그램의 계획과 실행과정에서의 학생의 참여도

⑧ 행정진단

행정은 봉사이다. 행정이 봉사의 자리를 지키지 않고 군림의 자리로 올라갈 때 행정은 하나님의 일에 걸림돌이 된다. 교회교육행정은 아직도 미개척분야이다. 그래서 그런지 행정에 대하여 정확한 개념이 정리되지 못하고 있다. 혹자는 문서관리, 회의 진행, 재정출납 등과 같은 지엽적인 관리활동을 행정이라고 보기도 한다. 행정은 이 보다 더 폭넓은 활동이다. 우리 교회의 교육에 필요한 정책을 개발하고, 장기-중기-단기 프로그램을 개발하는 활동이 행정이다. 그리고 조직의 관리, 인사의 관리로부터 시설관리, 재정관리, 문서관리, 갈등관리 등이 모두가 행정의 영역에 속한다. 대부분의 교회에서는 아직 교육행정이 자리잡지 못하고 있다. 그러다 보니 정책개발도, 프로그램 기획도, 관리활동도 모두 미숙한 점이 많다. 특히 분명하고 효율적인 역학분담이 이루어지지 않는 소모적인

갈등이 많이 일어나고 있기도 하다. 부서 교역자-부장, 부장-총무, 부서 교역자-총무 등 상호 긴밀한 협력관계, 동역관계에 있어야 할 관계들 사이에 일어나는 갈등은 교회교육 현장에서 쉽게 보게 되는 갈등상황이다.

☞행정의 일관성, 행정의 신축성, 정책의 일관성, 조직관리의 효율성, 인사관리의 효율성, 재정관리의 효율성 등 각종 관리 업무의 효율성, 역할분담과 업무기술의 명료성

7 교회교육 컨설팅의 방법

이상에서 활성적 교회교육을 위한 진단연구(컨설팅)에서 무엇을 진단해야 할 것인지에 대해 간략하게 살펴보았다. 이제 끝으로 진단의 방법에 대해 살펴보고자 한다. 여기서는 조사방법에 관하여 간략하게 소개하고자 한다.

진단을 위해서는 진단을 내리는 데 필요한 정보가 있어야 한다. 자료의 수집은 컨설팅을 위하여 필요한 정보를 확보하는 작업이다. 종합적인 컨설팅일 경우, 진단에 필요한 자료수집은 방대한 작업이다. 전체 부서의 모든 분야에 대한 자료를 수집해야 하기 때문이다. 이는 각 부서의 적극적인 협조와 도움이 없이는 불가능한 일이다. 교육 컨설팅을 위하여 필요한 자료로는 문헌자료, 통계자료, 설문조사자료 등이 필요하다. 이러한 자료의 수집을 위해서는 대개 네 가지 조사 방법을 사용할 수 있다. ① 문헌자료의 수집이다. 교회역사, 주보철, 출석부, 회의록, 예배일지 등 관련 문헌자료 일체를 수집하여 검토하는 작업이다. ② 설문조사방법이다. 필요한 조사대상을 선정하고 조사항목을 만들어 설문지 조사를 통하여 필요한 자료를 수집하는 방법이다. 가장 일반적인 조사방법이기는 하지만 객관적이고 신뢰성 있는 정보를 얻어내기 위해서는 표본을 뽑는다거나 설문지를 만드는 과정에 상당한 전문적 식견과 경험을 요한다. 이를 위해 컨설팅 팀에 조사방법론을 익힌 사람이 필요한 것이다. 설문조사를 통하여 얻어진 응답들이 다양한 변수에 따라 어떤 통계경향이 나오는 지를 알아보기 위해서는 통계처리 프로그램을 이용하여 입체적으로 분석해야 한다. ③ 관찰을 통한 조사방법이다. 컨설팅에 필요한 정보

를 얻어내는데 아주 요긴한 조사방법이다. 관찰에는 직접 참여하면서 관찰하는 참여관찰과 참여하지는 않으면서 관찰하는 비 참여관찰의 방법이 있다. 체계적이고 의도적인 관찰을 위해서는 사전에 관찰지를 만들어야 한다. 관찰지는 컨설팅을 위해 무엇을 관찰할 것인지를 사전에 계획하여 관찰지를 만들어야 한다. ④ 면담을 통한 조사방법이다. 면담조사를 위해서는 우선 1 : 1로 하는 개별 면담을 할 것인지, 아니면 그룹을 만들어서 그룹면담을 할 것이지를 정하고, 면담의 형태에 따라 누구와 어떤 내용에 관하여 면담을 할 것인지를 사전에 준비하여야 한다.

이상의 네 가지 조사방법을 통하여 우리는 컨설팅에 필요한 정보들을 얻을 수 있다. 다양한 조사방법들을 통하여 확보된 정보나 자료들은 정보의 내용들을 한 눈에 볼 수 있도록 도표화하는 것이 필요하다. 이때 교회의 교사나 교인 중에서 사회학 계통의 공부를 한 사람의 도움을 받을 수 있을 것이다.

여기까지 진행되고 나면 이제부터는 본격적인 진단작업에 들어가게 된다. 즉, 수집된 자료들과 정보를 바탕으로 문제를 진단하고 관련된 요인들을 분석하며 대안을 찾는 작업이다. 본격적인 진단작업에는 활용할 수 있는 논리적이고 단계적인 방법으로 '하바드식 사례연구법'(The Harvard Case Study Method)이 있다.[144] 이 기법은 6가지 요소로 구성되어 있다. 그 내용은 핵심문제의 정의 - 관련요인 분석 - 대안들의 작성 - 대안들의 분석 - 결론의 작성 - 실천사항의 진술로 구성되어 있다. 교회교육 컨설팅에서는 6요소를 다음 5개의 요소로 줄여서 사용할 수 있을 것이다. 즉, 핵심문제의 정의 - 관련요인 분석 - 대안들의 작성 - 대안들의 분석과 대안의 선택 - 실천사항의 진술이다.

8 교회교육 컨설팅의 연구과제

최근 여러 교회들로부터 컨설팅에 대한 문의를 받으면서 몇 가지 큰 고민을

---

144. 윌리암 코헨, 「컨설팅이란 무엇인가」(서울 : 도서출판 아이비에스, 1996), pp. 134 - 138.

갖게 되었다. 첫째는 교육 컨설팅 전문가가 없다는 점이다. 컨설팅을 하기 위해서는 기획론이나 조직환경론, 조사방법론 등에 대한 기본적인 이해가 선행되어야 한다. 그럼에도 기독교교육학을 전공하는 사람들조차도 이런 분야들을 접할 수 있는 기회가 없다. 그리고 최소한 전문 컨설턴트가 되기 위해서는 그 분야에 대한 전문 지식 뿐만 아니라 수년간의 현장 경험이 필요하다. 하지만 이처럼 전문적인 지식과 현장의 경험을 갖춘 컨설팅에 필요한 조사방법에 익숙한 사람을 찾을 수가 없다는 것이다. 두 번째는 컨설팅에는 너무 많은 비용이 든다는 점이다. 뭔가 새롭게 주일학교 교육을 해보려는 교회라면 교육 컨설팅에 관심을 갖기 마련이다. 하지만 막상 컨설팅을 하려고 할 때, 부딪히는 문제는 비용의 문제이다. 전문적인 컨설팅을 하려고 할 때, 기간도 많이 걸리지만 비용이 만만치가 않다. 최소한의 경비로 한다고 하더라도 수백만 원이 들기 때문이다. 아직 컨설팅에 대한 인식도 되어 있지 않은 상태에서 많은 예산을 들여 컨설팅을 생각한다는 것은 어려운 일이다. 세 번째는 선행연구가 거의 전무하다는 점이다. 우리 나라에 진단연구나 컨설팅의 개념이 처음 소개된 것은 미국 감리교 교육부의 「교육목회지침서」[145]를 통해서가 아닌가 한다. 하지만 그 후, 교육평가나 교육진단에 대한 연구는 제대로 이루어지지 않았다. 특히 교육진단(컨설팅)이라는 측면의 연구는 말 그대로 전무한 실정이다. 이에 관한 전문적인 연구서나 논문이나 전문연구가 역시 아직은 없다. 교회교육 진단 방법에 관계된 글로는 한국선교교육연구원이 1977년 펴낸 「교회교육핸드북」에 소개된 "교회교육행정에 있어서의 조사연구방법의 응용"이라는 글이 처음이 아닌가 한다. 그리고 1980년 한국기독교교육연구원에서 "한국 교회학교 교육 실태 조사"를 실시한 적이 있다. 1985~1986년 사이에는 기독교교육협의회 주관으로 "교회학교 교사훈련 실태 조사"를 한 바 있다. 이 조사의 결과는 「교회교사교육의 현실과 방향」이라는 책으로 묶어져 출간되기도 했다. 그후 개 교회 차원의 교육진단과 관련한 실제적인 연구는 장신대 기독교교육연구원을 통하여 이루어졌다. 1994년에서 1996년 사이에 본 연구원에서는 연동교회, 덕수교회, 영락교회의 교육진단과 개선방안에 관

---

145. 미국감리교교육국, 오인탁 역, 「교육목회지침서」, 서울 : 장신대출판부, 1980년.

한 진단조사를 실시한 바 있다. 교회적인 차원에서의 교육에 관한 진단연구로는 최초가 아닐까 한다. 또한 이문동교회로부터 교육 컨설팅을 의뢰 받아 컨설팅의 관점에서 진단연구를 실시한 바가 있다. 하지만 아직은 교회교육 컨설팅에 관한 선행연구가 절대적으로 부족한 상황이다. 네 번째는 공신력을 갖고 있는 진단도구가 없다는 점이다. 진단연구나 컨설팅에 있어서 진단도구는 핵심적인 문제이다. 객관적이고, 타당하고, 신뢰할 수 있는 도구가 없이 좋은 결과를 기대할 수는 없다. 최근 목회일반에 있어서는 컨설팅에 대한 관심이 높아 가면서 컨설팅과 관련한 많은 책들이 소개되고 있다. 하지만 대부분의 책들은 부분적인 통계자료의 주관적 분석에 근거한 목회지침서의 성격을 벗어나지 못하고 있다. 그 중에서 돋보이는 것은 자연적 교회성장(NCD : Natural Church Development) 이론이다. NCD는 사회과학적인 조사방법론을 교회 컨설팅에 적용시켜 전세계의 교회를 대상으로 조사를 실시한 후, 그 결과를 토대로 교회 컨설팅 이론과 도구를 개발하였다. 따라서 방법론적인 측면에서 NCD의 두드러진 장점은 객관적이고 공신력 있는 진단도구를 갖고 있다는 점이다. 교회교육 컨설팅이 개체 교회에서 제대로 활용되기 위해서는 개체 교회들이 손쉽게 사용할 수 있는 진단도구들이 개발되어야 한다.

교회교육행정론

초판발행 2002년 8월 1일
4쇄발행 2024년 3월 15일

지은이 홍정근
엮은이 총무 김명옥
        대한예수교장로회총회교육자원부
주　소 03128 서울특별시 종로구 대학로3길 29, 7층(연지동, 총회창립100주년기념관)
전　화 (02) 741-4356 / (02) 팩스 741-3477
홈페이지 www.edupck.net

펴낸이 진호석
펴낸곳 한국장로교출판사
주　소 03128 서울특별시 종로구 대학로3길 29, 신관 4층(연지동, 총회창립100주년기념관)
전　화 (02) 741-4381 / 팩스 741-7886
영업국 (031) 944-4340 / 팩스 944-2623
등　록 No. 1-84(1951. 8. 3.)

ISBN 978-89-398-0674-0 / Printed in Korea
값 20,000원

책임편집 정현선　**편 집** 오원택　**디자인** 남충우
경영지원 박호애　**마 케 팅** 박준기 이용성 성영훈 이현지

※ 이 출판물은 저작권법에 의해 보호를 받는 저작물이므로 무단전재와 무단복제를 할 수 없습니다.